Companhia Das Letras

MANIFESTOS VERMELHOS E OUTROS TEXTOS HISTÓRICOS DA REVOLUÇÃO RUSSA

DANIEL AARÃO REIS nasceu no Rio de Janeiro, em 1946. Na década de 1960, participou do movimento estudantil e da luta armada contra a ditadura militar. Exilou-se na Argélia e na França, onde obteve graduação (1975) e mestrado (1976) em história pela Universidade Paris VII Diderot. Doutorou-se em história social na Universidade de São Paulo (USP) em 1987. É professor titular de história contemporânea, vinculado aos Programas de Pós-Graduação em História da Universidade Federal Fluminense (UFF) e de Cultura e Língua Russa da USP. Pesquisador bolsista de produtividade IA do CNPq, publicou, entre outros livros, *Uma revolução perdida* (2007, reed.), *Ditadura e democracia no Brasil* (2014) e *Luís Carlos Prestes: Um revolucionário entre dois mundos* (2014).

CECÍLIA ROSAS é mestre e doutoranda em literatura e cultura russa pela Universidade de São Paulo. Traduziu, entre outros, Púchkin, Dostoiévski e Turguêniev, além de *A guerra não tem rosto de mulher*, de Svetlana Aleksiévitch (Companhia das Letras, 2016), e *A margem esquerda*, de Varlam Chalámov (Ed. 34, 2016).

ERICK FISZUK é mestre em história social pela Universidade Estadual de Campinas (Unicamp). Atualmente cursa o doutorado em história social na mesma universidade, onde pesquisa sobre as relações entre o Partido Comunista Brasileiro (PCB) e a Internacional Comunista. Traduz, legenda e publica on-line material histórico, político e cultural ao público interessado.

GRAZIELA SCHNEIDER URSO é tradutora, graduada em russo e português, mestre e doutora em literatura e cultura russa pela Universidade de São Paulo, com ênfase em estudos da tradução. Traduziu diversas autoras e autores russos, como Tolstói, Búnin, Nabókov, Teffi, Petruchévskaia, Tolstáia. Seu trabalho mais recente foi a organização de *A revolução das mulheres* (Boitempo, 2017).

KRISTINA BALYKOVA nasceu na cidade de Yoshkar-Ola, na Rússia, e é graduada em letras pela Universidade Federal do Rio de Janeiro (UFRJ). Atualmente, é mestranda em linguística na mesma instituição e pesquisa línguas indígenas. Colaborou como tradutora de alguns textos de *A revolução das mulheres* (Boitempo, 2017).

MARINA SINEGUB DINIZ é professora de russo com ampla experiência internacional. Trabalhou durante oito anos como professora e coordenadora de russo na Universidade Estatal do Pacífico em Khabarovsk, Rússia, com estudantes russos e chineses, além de ter orientado trabalhos acadêmicos. Também lecionou em outros países, como China (Changchun) e Japão (Niigata).

Manifestos vermelhos e outros textos históricos da Revolução Russa

Organização e introdução de
DANIEL AARÃO REIS

Tradução de
CECÍLIA ROSAS
DANIEL AARÃO REIS
ERICK FISZUK
GRAZIELA SCHNEIDER URSO
KRISTINA BALYKOVA
MARINA SINEGUB DINIZ

COMPANHIA DAS LETRAS

Grafia atualizada segundo o Acordo Ortográfico da Língua Portuguesa de 1990, que entrou em vigor no Brasil em 2009.

Published by Companhia das Letras in association with Penguin Group (USA) Inc.

CAPA
Claudia Espínola de Carvalho

PREPARAÇÃO
Erika Nakahata

CRONOLOGIA
Daniel Aarão Reis

REVISÃO
Jane Pessoa
Angela das Neves

Dados Internacionais de Catalogação na Publicação (CIP)
(Câmara Brasileira do Livro, SP, Brasil)

Manifestos vermelhos e outros textos históricos da Revolução Russa / introdução de Daniel Aarão Reis. — 1ª ed. — São Paulo: Penguin Classics Companhia das Letras, 2017.

Vários tradutores.
ISBN 978-85-8285-055-8

1. História política 2. Rússia — História 3. Rússia — História — Revolução, 1917-1921 I. Reis, Daniel Aarão.

17-05247 CDD-947.0841

Índice para catálogo sistemático:
1. Revolução Russa : História 947.0841

[2017]

EDITORA SCHWARCZ S.A.
Rua Bandeira Paulista, 702, cj. 32
04532-002 — São Paulo — SP
Telefone: (11) 3707-3500
www.penguincompanhia.com.br
www.companhiadasletras.com.br
www.blogdacompanhia.com.br

Aos que estiveram em Petrogrado e sonharam em mudar a cidade, o país e o mundo.

desta vez não vai ter neve como em petrogrado
[aquele dia [...]
nem casacos nem cossacos como em petrogrado
[aquele dia [...]
não vai mais ter multidões gritando como em
[petrogrado aquele dia [...]
nunca mais vai ter um dia como em petrogrado
[aquele dia [...].

Paulo Leminski

Mas,
dizei-me,
anêmicos e anões,
os grandes,
onde,
em que ocasião,
escolheram
uma estrada
batida?

Nesta vida
morrer não é difícil.
O difícil
é a vida e seu ofício.

V. Maiakóvski
(Tradução de Haroldo de Campos)

Estamos famintos de liberdade, e com nossa inclinação natural para a anarquia, podemos muito bem devorar nossa liberdade. É uma coisa bastante provável. Nós destruímos as velhas formas de vida apenas fisicamente; moralmente elas nos cercam e estão em nós mesmos.

M. Górki

Sumário

As revoluções que mudaram a história

DANIEL AARÃO REIS

I

Desde o início, a Revolução Russa suscitou intensos e apaixonados debates.

Não poderia ser de outra forma: além de questionar a autocracia russa, uma dinastia antiga de três séculos, seus propósitos desafiaram a propriedade dos nobres e dos capitalistas sobre a terra, a preeminência da burguesia sobre o comércio e a indústria, e colocaram em dúvida a participação na Primeira Grande Guerra, desequilibrando a correlação de forças até então existente, fundada na aliança da Rússia com a França e a Inglaterra contra os chamados impérios centrais (Alemanha e Austro-Hungria).

Além disso, na direção do processo, havia muitos socialistas que desejavam nada menos do que mudar o mundo, tanto o capitalismo internacional quanto os diversos outros sistemas já subordinados por este no quadro da expansão das grandes potências mundiais. Transformar o mundo em todos os níveis: economia, política, sociedade e cultura. Mudar o Homem, como se dizia orgulhosamente na época, em chave machista da qual nem se desconfiavam das premissas e das consequências. Parodiando o bardo português: "Se mais ambição houvera, lá chegara".

Os que se viram prejudicados ou ameaçados reagiram com a ira própria dos que se imaginam dominantes por natureza. Consideravam-se privilegiados pela bênção da tradição ou pela graça dos deuses, não aceitando serem expropriados de bens materiais e simbólicos que nunca imaginaram perder. Já os revolucionários, empolgados e inebriados pela utopia de refundação do humano universo, encontravam nos objetivos sublimes que tinham em vista a razão, a validação — e a justificação — de tudo que fosse necessário para alcançá-los.

As potências inimigas do experimento que se iniciava enlaçariam a nova terra da Promissão com o chamado "cordão sanitário", uma expressão que é todo um programa. Tratava-se não de compreender, nem de se opor ou mesmo de se combater, mas de exterminar a "peste". A revolução era mais que um inimigo, uma patologia. Era necessário vencer a doença, antes que a "praga" se alastrasse. Os revolucionários contestaram no taco a taco. De sua "fortaleza sitiada", erguer-se-iam contra tudo e contra todos, até converter, messiânicos, o conjunto da Humanidade a suas perspectivas, figuradas como um verdadeiro Credo.

Foi um entrechoque de concepções e ódios históricos e irredutíveis. Religiosos, no sentido próprio da palavra, porque, no pensamento e na ação dos contendores, tudo se ligava, em sistemas coerentes e autojustificados. Assim, seria mesmo muito difícil — como foi — encontrar campo para uma análise e um discurso comprometidos com o estabelecimento de verdades básicas, apoiadas em evidências, por mais fugazes e efêmeras, e sempre reconstruídas, e com a compreensão das ações e dos pensamentos das gentes, objetivo maior e razão de ser de Clio, a musa dessa arte que se chama história.

No contexto da Segunda Guerra Mundial, a Grande Aliança formada pelos Estados Unidos, Inglaterra e União Soviética para derrotar o nazismo, que a todos queria destruir, ensejou a esperança de que seria possível construir um mundo regido pela paz e pela cooperação, mesmo de pontos de vista contrários, mas que poderiam não ser excludentes. Entretanto, já há algum tempo se sabe que, antes do fim do conflito, moldavam-se, secretamente, perspectivas e propostas de novos enfrentamentos. Decantaram-se, assim, e em pouco tempo, expectativas positivas e construtivas. Prevaleceu, em seu lugar, a polarização entre as superpotências. Ao "cordão sanitário", sucedeu-se a "cortina de ferro". Contidos pelo equilíbrio do terror da paz atômica, Estados Unidos e União Soviética tentariam, de todo modo, em muitos casos com êxito, apropriar-se de conflitos específicos, acirrando-os e tentando fazer deles meros episódios de uma conflagração maior — universal. Assim, revoluções autônomas, de libertação nacional, ou outras contradições, sociais, políticas, étnicas, se viram convocadas a se submergirem no redemoinho de beira de abismo que marcou, enquanto durou, a rivalidade das superpotências. Ao período colou-se uma etiqueta: Guerra Fria. De fato, seria marcado por uma sucessão de guerras quentes, levando à destruição de milhões de vidas e de bens materiais de inestimável valor.

Mesmo nos últimos anos soviéticos, entre 1985 e 1991, sob a marca da "perestroika" (reestruturação) e da "glasnost" (transparência), não se arrefeceram as paixões, contaminando os trabalhos historiográficos com o selo das desconfianças mútuas. Estas ainda sobrevivem nos esforços intermitentes no sentido de restabelecer uma atmosfera de "guerra fria", reaquecendo rivalidades que, em certo momento, pareciam destinadas aos museus. A rigor, nada indica, pelo menos nas comemorações do primeiro centenário, ou num futuro próximo e previsível, que as paixões suscitadas pelo ano vermelho de 1917 estejam perto de se extinguirem, ainda que os estudos da sociedade russa já não alcancem a centralidade e o prestígio que, um dia, foram seus.

Em resumo, as pesquisas e as reflexões sobre a história da Revolução Russa e do socialismo soviético nunca deixaram de ser "armas de combate".

Do lado soviético, vencida a Guerra Civil, em 1921, e até o fim da primeira metade dos anos 1920, houve uma atmosfera de relativa liberdade, quando relatos e memórias puderam fluir sem muitas reservas. Mas, mesmo então, e sobretudo depois, os historiadores foram mantidos sob estrita vigilância. Nos anos 1950, depois da morte de I. Stálin, restauraram-se, durante algum tempo, margens de livre expressão, permitindo-se o aparecimento de algumas obras notáveis e esclarecedoras, em particular sobre os anos 1930. Mas o próprio N. Khruschóv, que leu o informe demolidor a respeito do tirano, diria, algum tempo depois, que "a história era muito séria para ser deixada nas mãos dos historiadores".

Na Europa Ocidental e nos Estados Unidos, onde se desenvolveu uma forte "sovietologia", até pelas exigências da Guerra Fria, a União Soviética, desde a revolução, era figurada como um mundo perigoso e "misterioso". W. Churchill, considerando a dificuldade de compreender o inimigo, daria o mote com a famosa frase: "A Rússia (as direitas nunca empregavam o termo "União Soviética") é uma charada embrulhada num mistério dentro de um enigma".

Escasseavam, realmente, as fontes passíveis de análise, que se reduziam, para quase todos, à parte da documentação oficial exarada pelo Estado e/ou pelo Partido Comunista, fazendo com que a União Soviética se convertesse numa espécie de *terra ignota*.[1] Desde os anos 1920 e 1930, essas circunstâncias condicionaram o vezo pela história política que, por sua vez, alimentava a preferência pelos arquivos disponíveis. Assim, independentemente da posição de cada pesquisador sobre o caráter da revolução e seu impacto (positivo/construtivo; negativo/destrutivo) na história russa, soviética, europeia ou mundial, prevaleceu a tendência a privilegiar a história baseada em fontes políticas, arquivísticas e escritas.

1. Nas palavras empregadas por J. A. Guetty (1987).

No mundo anglo-saxão e nos principais centros de reflexão da Europa Ocidental, destacou-se uma corrente que enfatizaria esse ângulo, articulando historiadores, cientistas políticos e homens de Estado. Formularam o conceito de "totalitarismo", que se tornaria, nas mãos de hábeis políticos, uma verdadeira "máquina de guerra".[2] A sociedade soviética perdera, esmagada por um Estado superpoderoso, qualquer condição de autonomia e de dinamismo interno. As comparações com o nazifascismo tornaram-se moeda corrente. Os mais ousados chegaram a caracterizar os cidadãos russos como seres humanos incapazes de vontade própria, "lobotomizados". Não se poderia esperar nenhuma evolução daquela sociedade. Nas entrelinhas, às vezes, explicitamente, a sugestão de uma "cruzada" libertadora, nos moldes da que fora desferida contra o nazismo alemão.

É curioso observar que a superestimação das instâncias políticas, em chave invertida, seria também acionada por grande parte de pesquisadores soviéticos, atribuindo-se ao Estado e ao Partido Comunista todos os feitos e realizações da revolução e do socialismo. O que para uns era o Mal, em estado puro, para outros, a própria identidade do Bem. Inimigos irredutíveis, tinham, porém, em comum, o ponto de vista de que as instâncias políticas "faziam" a história, de cima para baixo, anulando-se toda e qualquer iniciativa da sociedade.[3]

A partir dos anos 1960, no entanto, novas escolhas e ângulos de análise, beneficiados pelas aberturas relativas da sociedade soviética e pela atmosfera da coexistência

2. Ver L. Schapiro (1965), R. Conquest (1964 e 1970) e R. Pipes (1992 e 1995), entre muitos outros. Embora, a partir de certo momento, muitos se dissessem inspirados pelos trabalhos de H. Arendt, ela se demarcou claramente destes "falcões" de guerra.

3. Ver *História do Partido Comunista (bolchevique) da União Soviética*.

pacífica, apesar de suas contradições, limites e zigue-zagues, criariam as condições para uma renovação notável das pesquisas: surgiu uma história social, questionando os pressupostos e as conclusões dos partidários de uma história puramente política. Não se trataria mais de estudar a sociedade através do Estado, demonizando-o ou incensando-o, mas, sem negar a dimensão política, em sua autonomia relativa, proceder em sentido inverso — conceber as instâncias político-administrativas como uma expressão e condensação dos conflitos sociais.[4] Nas últimas décadas, a partir de pesquisas informadas por estes ângulos renovadores, surgiram obras esclarecedoras que puderam melhor colocar em perspectiva a Revolução Russa e seus desdobramentos.[5] Superando maniqueísmos reducionistas, tentaram, respeitando e valorizando evidências disponíveis, concentrar-se na arte da compreensão da Revolução Russa como um processo, destrinchando seus fundamentos sociais e históricos, desvelando o contexto onde se situaram as lideranças, as atividades e as propostas políticas. Esta antologia é tributária dessas inovações e nelas se inspira.

II

A Revolução Russa, ou melhor, as revoluções russas, eis que foram várias, como veremos, surgiram no contexto do Império russo, que é preciso conhecer para que seja possível compreendê-las. Com efeito, por mais que os revolucionários, animados por suas utopias, tenham pretendido efetivar rupturas drásticas com os passados, pró-

4. Ver o artigo seminal de R. Suny (1994).
5. Entre outros, destacamos M. Ferro (1967, 1990 e 2011); A. Rabinovitch (1968 e 1976); M. Lewin (1985, 1995 e 2007); C. Ingerflom (2015); G. T. Rittersporn (1988 e 1992); e J. Arch Getty (1987).

ximo e remoto; e por mais que as revoluções consigam de fato efetuar, contrariando o senso comum e a opinião e o desejo dos conservadores, mudanças de alcance histórico, eles e elas não conseguem *separar e apartar* completamente o passado do presente (Ingerflom, 2010).

Daí porque seja indispensável estudar o Império russo e seus nexos com a sociedade de cujo ventre irromperam as revoluções e os revolucionários.

Em 1913, a dinastia Románov comemorou seu tricentenário. A autocracia parecia muito sólida e se queria eterna. Como todo poder absoluto, tinha de fato pontos fortes, mas também vulnerabilidades.

Os pontos fortes: a tradição multissecular de mando, a simbiose com a Igreja ortodoxa que regia a extrema religiosidade do povo russo, a burocracia disseminada ("os olhos e os ouvidos do tsar"), insuscetível de controle social, um poderoso Exército, uma polícia política eficaz.

A natureza desse poder merece melhor exame. Como apontado por C. Ingerflom (2004 e 2015), ao se empregar o conceito de "Estado", construído no ocidente da Europa, à história da Rússia, corre-se o risco de perder de vista a natureza particular do poder autocrático. Ele não se distingue da sociedade, a abarca e a integra, sem mediações ou autonomias. O termo russo que designa correntemente o Estado, na argumentação de C. Ingerflom, é "Государство/Gossudarstvo", ou seja, "dominium", próximo de "Государ/Gossudar", que, de maneira muito sintomática e simbólica, quer dizer amo e proprietário de seu domínio e sujeitos. Embora polissêmico, o termo, em suas variadas significações, guarda um vínculo patrimonial, que se manteria, apesar das ressignificações operadas desde fins do século XVIII que passaram a "ler" o termo como tradução de Estado, segundo os parâmetros afirmados na área da Europa Ocidental.

Entretanto, nas concepções e, sobretudo, nas práticas, o Государство/Gossudarstvo russo mantém sua função peculiar de dominação patrimonialista, que exclui qualquer semelhança com o Estado que vai tomando corpo no Ocidente, assim como, no seu âmbito, atividades e instituições não guardem qualquer parentesco com o que se concebe como sociedade civil, que, de modo relativamente autônomo, distingue-se do Estado. Na tradição russa, ao contrário, o que se afirma é uma integração entre o poder do autocrata e as gentes que ele domina. Essa integração em geral une, coesiona, confere força, sobretudo quando assentada em longa tradição, mas, em circunstâncias de crise, como, por exemplo, no contexto da queda do autocrata (fevereiro de 1917), podem originar-se situações imprevisíveis, exatamente porque a sociedade carece de atores e instituições intermediárias, capazes de intervir de maneira autônoma na sustentação da ordem. Essa chave conceitual é importante porque nos permite compreender melhor, como se verá, a situação de relativo caos que passou a marcar a Rússia depois da deposição da autocracia tsarista.

Não se tenha, porém, da "integração" proporcionada pela autocracia a ideia de que se trata de um sistema "congelado". Sempre desestabilizadores, há movimentos de várias ordens no interior do Império e de suas relações com o mundo circundante.

Em primeiro lugar, o movimento demográfico. Entre 1860 e 1870, um saldo positivo anual de 1 milhão de habitantes. Desde então, e até 1913, cerca de 2,4 milhões a mais por ano.

Num outro nível, a expansão militar territorial registrou, ao longo de trezentos anos, um avanço médio diário de 140 quilômetros quadrados. Anexando culturas e povos diferentes, não russos, ampliavam-se fronteiras e possibilidades de migrações, reconfigurando-se o Império como multinacional. Dada a preeminência russa, um "cárcere de povos", com uma dinâmica particular, distinta da alcançada pelas potências europeias, pois se tratava aqui de uma expansão continental e incluindo povos que, de modo algum, sentiam-se inferiores aos russos e ao seu autocrata. Assim, mesmo que lhes fossem reconhecidas margens de autonomia cultural e religiosa, povos e nações não russas nunca se conformariam com a submissão imposta. Na espreita, aguardariam brechas para manifestar sua ambição de independência.

Um outro tipo de movimento foi conferido pelas guerras. Desde o século XVI, o tsarismo envolveu-se em conflitos bélicos com europeus e asiáticos, quase sempre vitoriosos. Na derrota de Napoleão, nos inícios do século XIX, a Rússia surgiu como potência mundial. Entretanto, na Guerra da Crimeia (1853-6), evidenciou-se sua inferioridade tecnológica, econômica e militar. Na análise de setores econômicos estratégicos da economia de então (carvão, ferro, ferrovias), era como se o império, em algumas poucas décadas, houvesse perdido sua condição de grande potência. Tornara-se um "gigante de pés de barro".

Nos anos 1860-70, um conjunto de reformas, com fulcro na abolição da servidão (1861), mas estendendo-se pelas mais diversas áreas (administração pública, educação, Justiça, Forças Armadas), abriu novos horizontes, propiciando, um pouco mais tarde, entre 1890 e 1910, um notável desenvolvimento capitalista (de 1888 a 1913, crescimento médio de 5% ao ano), também estimulado e apoiado por políticas formuladas pelos ministros da área econômica (S. Witte, 1892-1903; e P. Stolypin, 1906-11). Reformas e desenvolvimento econômico acelerado, contudo, são formas de movimento que geram, ao lado de prosperidade, tensões e contradições, mesmo entre as elites sociais e políticas, e tanto mais agudas quanto menos se amoldavam à armadura de um poder imperial que se mantinha colado a concepções que se tornavam cada vez mais anacrônicas. Um outro aspecto, igualmente gerador de contrastes e de oposições, diz respeito à combinação peculiar entre *modernidade* e *atraso*, associando-se de maneira inusitada e original, no conjunto do império e, às vezes, numa mesma região, localidade ou unidade de produção (agrária ou industrial), formas e relações de produção vinculadas a épocas distintas, o que um revolucionário chamou apropriadamente de desenvolvimento *desigual e combinado* (Nove, 1990; Trótski, 1966).

Na base da pirâmide social, mujiques e operários, sem falar nos povos oprimidos, fermentavam insatisfações, anotadas e comentadas pela polícia política, mas não atendidas pelo regime. Nas cidades, as tecnologias industriais de ponta, próprias de fins do século XIX, articulavam-se com condições de trabalho do século XVIII. Na agricultura, a Rússia exportava cereais e se convertia num dos celeiros do mundo... à custa da fome e da miséria dos que trabalhavam a terra. Finalmente, quanto aos não russos, mesmo que houvesse margens de autonomia religiosa e cultural, pesava o jugo da dominação política e militar do império.

Para completar o quadro em que se inseririam as revoluções russas, faltariam aduzir algumas palavras sobre as correntes de oposição.

Os populistas ou народники/narodniks (de народ/narod — povo), ao longo do século XIX e desde a insurreição decembrista, de 1825, constituíram-se como o veio principal de questionamento da autocracia (Franco Venturi, 1972; Berlin, 1988). Queriam demoli-la, revolucioná-la, substituindo o poder imperial pela livre associação das comunas agrárias, o мир/mir. Horrorizados com a degradação da espécie humana, promovida pelo desenvolvimento industrial no ocidente da Europa, imaginavam instituir um socialismo agrário, uma espécie de modernidade alternativa aos padrões do capitalismo liberal.

Tratava-se de estimular a insurreição dos mujiques, e para esse propósito diversificaram-se as formas de luta e de organização. Em pequenos grupos, dedicados ao trabalho de agitação e de propaganda, infiltrando-se nas instituições e nas aldeias, recorrendo às palavras, aos atentados e às bombas, bateram-se com raro heroísmo contra o tsarismo. No início do século XX, organizaram-se no Partido Socialista Revolucionário (SR), embora sempre tenham sido mais uma confederação de grupos do que um partido centralizado (Baynac, 1979). Suas principais lideranças alcançariam notável preeminência antes de outubro de 1917, em particular no Comitê Executivo Central do Soviete Pan-Russo dos Deputados Operários e Soldados e na direção do movimento dos comitês agrários.

Já para o final do século XIX, inícios do século XX, tomou forma uma outra alternativa revolucionária, o Partido Operário Social-Democrata Russo (POSDR). De inspiração marxista, concentrado politicamente nas fábricas das grandes cidades, o partido se dividiria, enfraquecendo-se, logo depois da fundação, em alas rivais (bolcheviques/majoritários e mencheviques/minoritários). Apesar das tentativas de reunificação, estimuladas pela Segunda Internacional Socialista, e que chegaram a obter certos resultados (IV Congresso, em 1906), a divisão tendeu a se cristalizar, sobretudo entre as lideranças no exílio, embora no interior do império partidários das duas alas cultivassem alianças e propósitos de união. A partir de 1913, sempre no exílio, os bolcheviques se constituiriam como partido próprio e oficialmente independente dos mencheviques. No entanto, quando emergiu a Revolução de Fevereiro, ambas as frações continuavam relativamente enfraquecidas. Até agosto/setembro de 1917, os mencheviques desempenhariam papel importante. Quanto aos bolcheviques, como se sabe, seriam decisivos na preparação e no desencadeamento da Revolução de Outubro e no exercício do poder revolucionário instituído a partir de então (Cohen, 1990; Deutscher, 1966; Hobsbawn, 1982-5; Lênin, 1966-72; Trótski, 1924 e 1966).

Restaria mencionar as correntes liberais. Em oposição não revolucionária à autocracia tsarista, aparecem na cena política desde as reformas dos anos 1860-70, com atuação nos órgãos que instituíram um ensaio de descentralização do poder: os parlamentos urbanos, as dumas; e os órgãos administrativos rurais, os zemstvos. No começo do século, em 1902, seria fundada uma revista no exílio: *Liberdade*. Pouco depois, um grupo político tomou forma, a União pela Liberdade. No contexto da Revolução de 1905, a corrente liberal dividiu-se em duas frações distintas: o Partido Constitucional-Democrata, conhecidos pelas iniciais russas KD, ou kadetes, partidários de uma monarquia constitucional; e a União 17 de Outubro, ou Outubristas, mais moderados, por se remeterem ao manifesto que o tsar fez publicar nessa data, anunciando concessões aos movimentos da primeira Revolução Russa. Em 1917, com a queda do tsar, que os liberais tentaram evitar, eles iriam ainda desempenhar um certo papel, mas declinante, até se tornarem irrelevantes a partir de agosto-setembro de 1917.[6]

III

Nos começos do século XX, houve várias revoluções entrelaçadas na Rússia.

A primeira surgiu de surpresa. O império, imprevidente, adicionou às contradições internas agudas um fermento detonador: uma guerra, em 1904, contra o Japão, um outro império emergente na Ásia Oriental. Em disputa, as ricas terras e jazidas minerais da Manchúria, no nordeste da China.

Não se podia, no caso, acionar referências patrióticas, porque a "pátria" não estava ameaçada. Os teatros de batalha, longe, estenderam e estressaram demais as linhas de fornecimento de tropas, munições e mantimentos.

6. Ver V. Leontovitch (1974).

Diante de carências de todo o tipo, a sociedade, sobretudo as camadas populares, começou a articular demandas e protestos. Em 9 de janeiro de 1905, uma manifestação popular pacífica foi massacrada à porta do Palácio de Inverno, em São Petersburgo, gerando centenas de mortos e feridos.

Quebraram-se então elos tradicionais de coesão e de confiança, explodiu a revolução.

Nas cidades, três grandes ondas de greves (fevereiro, maio e outubro), de caráter político, exigiram o reconhecimento de direitos que já eram consagrados no ocidente da Europa, mas ignorados na Rússia. No campo, revoltas camponesas faziam cantar o galo vermelho, balançando o consagrado domínio dos senhores de terra. Na retaguarda, exprimindo difusos sentimentos de contestação, rebelaram-se os marinheiros da frota de guerra do mar Negro. Nas brechas, entre os não russos, irromperam propostas de autonomia e de independência. Mesmo entre as elites, corporações profissionais federavam-se e reclamavam cidadania. Os mais decididos, em consonância com o que havia de mais radical nos movimentos populares, propunham a eleição de uma Assembleia Constituinte com base no sufrágio universal (masculino). O mundo de ponta-cabeça, como acontece nas situações excepcionais de revolução social.

No processo de lutas urbanas veio à luz uma original e inusitada forma de organização: os conselhos (sovietes) operários. Como se fossem parlamentos plebeus, apareceram em cidades grandes e de médio porte. Os de São Petersburgo e de Moscou adquiriram maior notoriedade e chegaram a ter papel relevante na liderança das lutas que se travaram.[7]

Depois de muitas hesitações, a autocracia reagiu e cedeu. Em manifesto publicado em 17 de outubro, admitiu

7. Ver o estudo clássico de O. Anweiller (1974).

o reconhecimento de liberdades fundamentais e a eleição de um Parlamento (Duma Imperial). No mês anterior, num outro movimento, decisivo, reconheceu a derrota na guerra e suspendeu as hostilidades, cujo encerramento foi consagrado no tratado de Portsmouth, em setembro de 1905.

O ímpeto revolucionário tendeu a refluir. Setores mais radicais, inconformados com o caráter vago das concessões, ainda tentaram incentivar lutas, mas seriam derrotados em São Petersburgo (dissolução do Soviete e prisão de suas lideranças) e em Moscou (esmagamento de uma insurreição popular em dezembro).

Entre os revolucionários, permaneceram vivas expectativas de que viriam outras ondas. Mas aquela revolução fora vencida.

Na sequência, houve eleições para a Duma, em 1906. Contudo, a legislação que a permitiu foi tão restritiva que os deputados eleitos, até 1917, seriam atores muito secundários na cena política, quase irrelevantes.

O império manteve-se por anos na paz dos cemitérios. Havia brechas legais nas muralhas de silêncio e de repressão erguidas pela autocracia, mas elas não eram capazes de alterar o quadro geral da correlação de forças. Muitas lideranças, confinadas nos cárceres ou no exílio distante, apenas sobreviviam, quando não se entregavam ao misticismo ou ao desespero.

A partir de 1910-1, porém, começou a despontar um novo quadro de lutas sociais. Nas bases da sociedade, nas cidades e nos campos, os documentos da polícia política registravam uma curva ascensional do descontentamento, expressada em manifestações e greves. No primeiro semestre de 1914, 1,5 milhão de grevistas evidenciavam um novo ânimo combativo.

A irrupção da Primeira Grande Guerra, em agosto de 1914, cortou esse processo. Tratava-se, agora, de um embate contra um tradicional inimigo — os germânicos.

Eles estavam às portas do império, prontos a invadi-lo. Foi possível agora incentivar o nacionalismo das gentes, agrupando-as em torno da autocracia. Como os habitantes de outras potências da Europa Ocidental e Central, os russos acorreram *en masse* em defesa da honra da pátria e de seus símbolos. Os poucos que resistiram foram encarcerados e exilados.

Entretanto, os desastres da Guerra, "o melhor presente que o tsar poderia nos dar", nas palavras de V. Lênin, foram corroendo o ânimo combativo das gentes. Sucederam-se derrotas catastróficas. Em fins de 1915, já se contabilizavam 4 milhões de perdas, entre mortos, feridos, prisioneiros e desaparecidos. Embora nunca tenha faltado coragem aos soldados russos, faltavam, nas frentes de batalha, armas, munições, uniformes, botas, boa alimentação. Os transportes eram precários. Eram também insuficientes o atendimento dos feridos e a assistência às famílias dos mortos. Na retaguarda, as classes populares sofriam com a fome e o frio.

A partir de 1915, teve início um processo de auto-organização da sociedade. Em torno de uniões profissionais, empresários, instituições de governo e organizações locais, cooperativas, grupos operários, um enorme esforço foi empreendido para suprir carências e demandas. Mas as Forças Armadas, e o Exército em particular, pareciam incapazes de alterar o curso da guerra. O governo e os governantes transmitiam uma impressão de inépcia e desorientação. "Seriam incapazes ou traidores?", indagou, da tribuna da Duma, um líder liberal (Miliukov), exprimindo a insatisfação geral.

A curva de greves entrou em nova ascensão desde 1916. Mesmo arriscando a repressão e os tribunais de guerra, os operários ousavam desafiar a ordem. Até entre as elites, murmurava-se e se conspirava contra o governo, ensaiava-se a constituição de oposições mais ou menos dissimuladas.

Contudo, nada de extraordinário acontecia, como se aquela situação devesse prolongar-se indefinidamente. Mesmo um revolucionário provado e bem informado, como V. Lênin, em conferência a jovens socialistas na Suíça, em janeiro de 1917, admitiria que, talvez, não tivesse tempo para ver o triunfo da revolução socialista.

Os acontecimentos o surpreenderam.

Nos últimos dias de fevereiro, cinco dias de intensas manifestações em Petrogrado[8] derrubariam a dinastia tricentenária dos Románov. O "trabalho da velha toupeira" (K. Marx) fazia novamente irrupção na história.[9] O notável é que fora uma revolução "anônima", sem lideranças ou partidos dirigentes, como observaram os próprios contemporâneos.

Considerando as particularidades do poder imperial autocrático, examinadas acima, a deposição do tsar Nicolau II não se resumiu à mudança de uma pessoa ou de um nome. Eram uma concepção, uma tradição — e uma prática — de poder que vinham abaixo sem que tivesse havido um processo de amadurecimento de alternativas institucionais. Abriu-se assim uma conjuntura bastante marcada por uma propensão à desagregação e ao predomínio de forças centrífugas.

8. Por decreto do tsar, russificou-se o nome da capital do império: de São Petersburgo passou a se chamar Petrogrado. Seus habitantes, contudo, continuaram a chamá-la pelo nome carinhoso de Piter.

9. Os movimentos sociais que derrubaram a autocracia russa realizaram-se entre 23 e 27 de fevereiro de 1917, datas segundo o calendário juliano (instituído por Júlio César, em 46 a.C.), com uma defasagem, no século XX, de treze dias em relação ao calendário gregoriano (promulgado pelo papa Gregório XIII, em 1582), adotado no resto da Europa. A Rússia ajustou o calendário a partir de 10 de fevereiro de 1918. As datas aqui referidas e também nos documentos desta antologia referem-se, até a mudança acima indicada, ao calendário juliano.

De um lado, e tentativamente, depois de muito hesitar, os deputados da Duma Imperial chegaram a um acordo quanto à constituição de um governo provisório. Ele gerenciaria a ordem em caráter temporário. Muitos, partidários de uma monarquia constitucional, procuraram soluções intermediárias, com a preservação do tsarismo sem o tsar. Não tendo sido possível encontrá-la, por oposição feroz das multidões, também não se proclamou a República. O tipo de regime ficou em suspenso até que fosse convocada uma Assembleia Constituinte, eleita e representativa de todo o povo, com legitimidade, assim, para estabelecer as bases de uma nova ordem.

A guerra era uma outra questão maior. Dar-se-ia continuidade à carnificina? Afirmou-se que, deposto o tsar, a guerra mudara de caráter: não mais em defesa do império e de seus interesses, mas em defesa da revolução, vitoriosa. O argumento tinha sua lógica e, num primeiro momento, imediato, convenceu a maioria dos soldados. No entanto, através de seus representantes eleitos, eles fizeram saber que queriam a paz, embora não desejassem ser acusados de "covardes" e "coveiros" da revolução. Esperariam que iniciativas fossem tomadas e chegassem a resultados positivos em prazos razoáveis.

No caminho do governo provisório, contudo, apareceu outro desafio, bem mais importante e concreto: reemergiu da experiência de 1905 o conselho (soviete) de deputados eleitos por operários e soldados da capital do império — o soviete de Petrogrado. Muito rapidamente, os governantes perceberam que eles estavam enredados num paradoxo — destinados a governar, não tinham, de fato, poder, porque o poder — real — estava nas mãos do soviete. Para evitar que fossem responsáveis pelo poder sem dispor do mesmo, logo tentaram associar representantes soviéticos ao governo provisório. Não o conseguiram de imediato. Porém, como se verá, mesmo depois que lideranças soviéticas passaram a integrar o governo, manteve-se, e largamente, a autonomia das organizações soviéticas.

Entretanto, se os sovietes detinham o poder de fato, quem detinha o poder nos sovietes? A revolução que fora anônima, logo passou a ter nome e sobrenome, os dos dirigentes dos sovietes. Vinculavam-se eles aos vários partidos socialistas que surgiram, então, das sombras da clandestinidade para o sol da legalidade. Deu-se então um fato notável: aqueles partidos que tinham apenas acompanhado as manifestações sociais que derrubaram o tsar, quando não tentado freá-las, com receio de que desembocassem num massacre, assumiram rapidamente as direções soviéticas — em Petrogrado, em Moscou e em outras cidades. É claro que, com frequência, tinham de se amoldar aos movimentos, às vezes, erráticos, dos deputados operários e soldados, ainda não enquadrados, em sua grande maioria, em nenhuma disciplina partidária, mas era evidente que estava em curso uma espécie de "colonização" dos sovietes pelos partidos políticos.[10] Os anarquistas perceberam e criticaram o processo, mas não tiveram força para revogá-lo. Os partidos socialistas tinham legitimidade reconhecida por décadas de trabalho e de enfrentamentos desiguais com a repressão. Além disso, e mais importante, eles eram as únicas organizações com concepções e propostas a apresentar. Era entre eles largamente hegemônica a ideia de que, derrubado o tsar, a revolução "pertencia" à burguesia e a seus sócios. Na república democrática, cujas bases seriam lançadas por uma futura Assembleia Constituinte, haveria liberdade para que as forças democráticas e socialistas pudessem operar, "conscientizando" as gentes e preparando o terreno para uma futura revolução socialista.

Na "etapa" atual da revolução, tratava-se de manter vivos os sovietes com a tarefa de fiscalizar, controlando,

10. A expressão é de Marc Ferro (1980).

o governo provisório, impedir suas derivas autoritárias e conduzir as coisas até que se pudesse eleger uma Constituinte soberana.

O desafio era fazer dos sovietes um poder unificado. Brotando em toda a parte, estes tinham os freios nos dentes, e exerciam sua respectiva autonomia, o que, desde cedo, foi um complicador. Para além do prestígio e da preeminência do soviete de Petrogrado; muito embora tivesse havido um Congresso Pan-Russo dos Sovietes, em junho, e se constituído um Comitê Executivo Central (CEC), os sovietes que se constituíam em toda a parte, como cogumelos depois da chuva, primavam pela autonomia local. Havia ali um reconhecimento da legitimidade das instâncias centrais, mas não uma obediência automática às suas orientações. Nesse sentido, seria mais próprio falar de uma "rede" de conselhos, de *múltiplos poderes*, e não de uma "dualidade de poderes", conforme a clássica formulação, dando a entender que, ao "poder" do governo provisório, se antepunha outro "poder" — o do soviete de Petrogrado e, depois, o do CEC do Congresso dos Sovietes.

Numa certa historiografia, haveria, portanto, um duplo erro de avaliação. Não apenas o governo provisório nunca foi, desde o início, um "poder" digno desse nome (era um governo sem poder), mas também o "poder" dos sovietes nunca assumiu um caráter centralizado, pelo menos ao longo de 1917. Nessa apreciação, de acordo com a concepção que se defendeu do caráter da autocracia tsarista, as circunstâncias estavam particularmente favoráveis a suscitar, do ponto de vista da ordem constituída, um processo social de "deslizamento" para a desagregação e para o caos.

Um fator suplementar foi decisivo nesse sentido — a aprovação do Приказ/Prikaz ou ordem de serviço nº 1. Com esse nome anódino, burocrático, um grupo de deputados soldados — anônimos — determinou que, entre outros direitos, ficava estabelecido que haveria um tratamento respeitoso para todos nas Forças Armadas; que os soldados teriam ampla liberdade de palavra e que, em todos os níveis, cada unidade militar deveria eleger um comitê de soldados que assumiria o controle do movimento das tropas e das munições. Ou seja, em poucas palavras, revolucionou-se a estrutura das Forças Armadas, detonando a hierarquia e a disciplina imposta de cima para baixo através do oficialato.

É interessante observar que soldados e operários — e também camponeses e povos não russos —, num primeiro momento, como que não perceberam a força que tinham concentrado em suas mãos e, em correspondência, a fraqueza inerente ao governo provisório. Suas reivindicações, formuladas em moções dirigidas aos sovietes, eram relativamente modestas, aquém do que as classes populares já haviam alcançado em diversos países europeus.[11]

O governo provisório, porém, em vez de fazer o possível para atendê-las, fez o impossível para adiar decisões a respeito. Em conjunto com lideranças moderadas dos sovietes, estabeleceu uma agenda amarrada à continuação da guerra. Tudo seria resolvido pela Assembleia Constituinte, mas, antes de convocá-la, era preciso vencer a guerra. Até lá, tratava-se de designar comissões para estudar as questões na sua complexidade, sem simplismos e imediatismos.

Era uma equação lógica, mas apostava demasiadamente na paciência das gentes, o que pode ser viável em tempos "normais", mas se verifica inadequado em tempos revolucionários. Naquela sociedade, "libertada" do jugo autocrático, a "mais livre" do mundo de então, sem respeito pelos padrões tradicionais de coesão, e sem consideração pelas instituições centralizadas, então fragilizadas, desencadearam-se os movimentos sociais em luta por

11. Ver M. Ferro (1967).

suas demandas, de modo progressivo e tomando ritmo cada vez mais veloz e agressivo.

A história das crises do ano de 1917 é a história da radicalização desse processo. E evidencia a curva ascensional da influência dos bolcheviques — de um pequeno partido, em fevereiro, para um partido de massas, em outubro —, um partido que defendeu a imediata satisfação das reivindicações populares e a transferência de "todo o poder" aos sovietes,[12] apostando suas fichas na onda de radicalização e nas forças desagregadoras em operação na sociedade.[13]

A primeira crise veio em abril.

Foi consequência de uma nota emitida pelo ministro das Relações Exteriores, o liberal P. Miliukov, em 18 desse mês. Estava ali escrito que a Rússia manter-se-ia na guerra até o seu fim, disposta a honrar os tratados com seus aliados. Soldados, marinheiros e operários foram às ruas de Petrogrado, exigindo a demissão do ministro. O governo provisório cedeu às pressões, mas reivindicou, em contrapartida, como já o fizera anteriormente, que representantes do soviete de Petrogrado passassem a integrar o ministério. Depois de muitas conversas e hesitações, líderes mencheviques e socialistas revolucionários passaram a fazer parte do ministério. Assim, a partir de 5 de maio, deu-se início à chamada Primeira Coalizão.

12. Em certo momento, como se verá a seguir, ao longo do mês de agosto, os bolcheviques chegaram a usar este slogan em surdina, mas sem recusá-lo abertamente.

13. Seja feita a ressalva de que os anarquistas também defenderam pontos de vista muito semelhantes, aliando-se inclusive aos bolcheviques em vários momentos e lutas particulares. Não gratuitamente, lideranças socialistas moderadas, fiéis à tradição da Internacional Socialista, criticariam propostas e formulações de V. Lênin, como "anarquizantes", acusando-o, e aos bolcheviques, de cumplicidade com o anarquismo.

Entre 24 e 29 de abril, ocorreu também um fato que, se não chamou grande atenção dos contemporâneos, teria decisivas consequências no futuro: uma conferência pan-russa dos bolcheviques aprovou resoluções favoráveis às teses defendidas por V. Lênin — pela derrubada do governo provisório e pela transferência de "todo o poder" aos sovietes. No pequeno mundo dos partidos socialistas, houvera ali uma radical mudança, pois, até então, só os anarquistas defendiam essas propostas.

A onda dos movimentos sociais em maio e junho aumentou significativamente de volume. No campo, onde viviam cerca de 85% da população, sucediam-se atos de rebeldia. As agências policiais anotariam: em março, 49 episódios em 34 distritos; em abril, 378 ações em 174 distritos. Em maio, 678 ocorrências em 236 distritos. Em junho, 988 atos de rebelião em 280 distritos.

Esse processo fora respaldado e, em grande medida, incentivado, pelo I Congresso Pan-Russo de Deputados Camponeses, realizado entre 4 e 17 de maio, na Casa do Povo, em Petrogrado, reunindo 1105 representantes credenciados (537 socialistas revolucionários; 465 sem partido; e 103 sociais-democratas). Aprovaram-se teses favoráveis à expropriação e à nacionalização das terras, sem nenhum tipo de indenização, e sua distribuição igualitária sob controle dos comitês agrários locais e segundo normas que eles definiriam autonomamente. Entretanto, o Comitê Executivo Central eleito pelo congresso, presidido por N. D. Avxentiev (SR), foi hegemonizado pelos socialistas revolucionários, entre os quais já se prenunciavam cisões entre moderados — alinhados à ideia de esperar a Constituinte — e radicais — dispostos a passar imediatamente às ocupações das terras, de todas as terras.

A crise de junho foi disparada, em 7 de junho, pela invasão policial e pelo fechamento, a mando do governo provisório, do clube Durnovo, uma chácara que servia de sede a movimentos anarquistas e a sindicatos do distrito de Viborg, um dos mais aquecidos e organizados da periferia próxima de Petrogrado. A arbitrariedade suscitou revolta, e foi marcada, com apoio bolchevique, uma grande manifestação de protesto para o dia 10 de junho.

A iniciativa comoveu os dirigentes socialistas moderados do I Congresso Pan-Russo de Deputados Operários e Soldados, iniciado no dia 3, também em Petrogrado. Classificaram a manifestação convocada como uma pressão ameaçadora — e inaceitável — ao congressso e determinaram sua anulação. Depois de muitas negociações, marcou-se outra manifestação, para o dia 18, a ser convocada pelo próprio congresso e onde todos os partidos teriam liberdade de apresentar suas propostas e palavras de ordem.

A passeata, enorme, evidenciou uma força inesperada dos bolcheviques e, em menor medida, dos anarquistas. Suas bandeiras e faixas, defendendo a transmissão de "todo o poder aos sovietes", impactaram a cidade, os deputados e os observadores. No mesmo dia, os anarquistas atacaram uma prisão, libertando presos ali detidos. Em represália, a polícia voltou a atacar o clube Durnovo, matando um anarquista e prendendo dezenas de outros.

Apesar das crises e do aquecimento da atmosfera política, o I Congresso dos Deputados Operários e Soldados (3-16 de junho) evidenciou a hegemonia dos socialistas moderados. Entre os 882 representantes com direito a voto, havia 285 socialistas revolucionários, 248 mencheviques e 105 bolcheviques. Os demais 244 deputados vinculavam-se a pequenos partidos ou se declararam sem vinculação partidária. O Comitê Executivo Central eleito tinha 104 mencheviques, 99 socialistas revolucionários, 35 bolcheviques e dezoito de outros partidos ou sem partido.

Cada vez mais ativos e reivindicantes, era como se os movimentos sociais — radicalizando-se — continuassem, porém, apostando em lideranças moderadas no sentido de soluções negociadas.

Em maio e junho também se realizaram congressos pan-russos de sindicatos e de comitês de fábricas. Nestes últimos, prevaleceram os bolcheviques, avançando a proposta de "controle operário", ou seja, não se tratava de expropriar os capitalistas, mas de estabelecer, através de comitês eleitos em cada fábrica, uma estrita supervisão sobre as contas das empresas e sobre admissões e demissões de empregados. Nessa altura, multiplicavam-se, ao lado dos sovietes, e para além dos sindicatos e dos comitês de fábricas, um sem-número de organizações e instituições populares: clubes, milícias, associações de bairro, de mulheres, de jovens. Seria difícil encontrar alguém vinculado apenas a uma organização. Múltiplas identidades, múltiplas organizações, múltiplos poderes. O poder saíra efetivamente dos palácios e dos gabinetes e caíra, literalmente, na rua.

Sobreveio, então, a crise de julho.

Ela anunciou-se quando começaram a circular notícias dando conta da derrocada, em 29 de junho, de uma ofensiva militar na Galícia decidida pelo governo provisório e pelo Estado-Maior do Exército. A ideia era "elevar" o moral das tropas e recuperar o prestígio das Forças Armadas, intensificando, de quebra, o do próprio governo. O tiro saiu pela culatra e suscitou indignação entre operários e soldados. As coisas pioraram com a renúncia dos ministros kadetes do governo, em 3 de julho, insatisfeitos com a decisão do governo de reconhecer a autonomia nacional ucraniana.

Soldados, marinheiros e operários foram para as ruas, registrando-se choques e tiroteios. A seção operária do soviete de Petrogrado, hegemonizada pelos bolcheviques, chegou a aprovar a resolução de tomar o poder, mas foi, logo depois, dissuadida pelo Comitê Central do partido, que, sob orientação de V. Lênin, ordenou o recuo.

No dia 6, depois de muita confusão, as manifestações tenderam a se aquietar, mas o governo, em conjunto com os socialistas moderados, passou a acusar os bolcheviques de terem urdido um "golpe". Ordenou-se a prisão de várias lideranças do partido, enquanto, nas brechas, as direitas bradavam que Lênin e os bolcheviques não passavam de "agentes alemães", devotados a enfraquecer a Rússia e suas condições de travar a guerra. Lênin optou pela clandestinidade, mas outros dirigentes partidários, como L. Kamenev e L. Trótski, foram parar na cadeia.

Somente em 24 de julho foi possível reconstituir uma nova coalizão, agora, sob liderança, como primeiro-ministro, de A. Kerenski. Fora singular a trajetória desse homem. Em março, logo depois da deposição do tsar, era o único líder que, simultaneamente, tinha um pé na Duma (deputado de um pequeno partido popular) e outro no soviete (eleito dirigente logo na primeira reunião). Contrariando a resolução do soviete, que resolvera não participar do governo, limitando-se a fiscalizá-lo e a vigiá-lo, quase que impôs seu ingresso no governo, como ministro da Justiça. Na Primeira Coalizão, em maio, tornou-se ministro da Guerra. Com a crise de julho, assumiu o cargo de primeiro-ministro. Nessa altura, seus laços com a estrutura soviética, que nunca tinham sido fortes, eram apenas formais. De sorte que sua identidade política, a cada crise, mais se vinculava ao governo provisório. Pertencia àquele tipo de liderança que fundamenta seu prestígio num jogo complexo de forças e tendências contraditórias que se equilibram de modo instável, aparecendo o governante como árbitro. O processo de radicalização em curso liquidaria esse jogo.

Na sequência da crise de julho, V. Lênin e os bolcheviques operariam uma primeira reviravolta. Acuados na defensiva, perseguidos pela coalizão governamental que contava em seu seio com ministros socialistas, também líderes soviéticos, não poucos bolcheviques, inclusive V. Lênin, passaram a duvidar do potencial revolucionário das estruturas soviéticas. Mas esse ponto de vista não persuadiu a maioria. No VI Congresso do Partido, realizado na semiclandestinidade, em Petrogrado, entre 26 de julho e 3 de agosto, reunindo cerca de 175 delegados, houve debates contraditórios, chegando-se, ao final, a uma resolução que procurava conciliar as divergências.[14] A possibilidade de uma revolução socialista imediata foi confirmada, nos termos estabelecidos pela conferência de abril. Entretanto, o lema "Todo o poder aos sovietes" foi retirado de circulação. Como observa A. Rabinovitch, ele não seria acionado ao longo do mês de agosto. Mas não seria também abertamente recusado, como pretenderam, em certo momento, as propostas de V. Lênin. Permaneceram, assim, indefinidas as modalidades e as vias concretas que conduziriam à revolução almejada, assim como ainda vagos o momento e as circunstâncias em que ela ocorreria.[15]

Agosto trouxe em suas asas uma nova crise, bem mais profunda que as anteriores. Para legitimar a nova coalizão recém-constituída, A. Kerenski convocou para Moscou uma chamada "Conferência de Estado", realizada entre 12 e 15 do mês. Reunia representantes de um conjunto amplo de instituições, mas a particularidade de ter sido convocada para Moscou suscitou a desconfiança dos sovietes, preocupados também com os critérios — obscuros — que haviam determinado a sub-representação dos deputados representantes de operários, soldados e camponeses (entre cerca de 2500 delegados, apenas 429 representavam os sovietes). Brilhou em Moscou a estrela do general L. Kornilov, designado por Kerenski, em 19 de julho, comandante supremo das Forças Armadas russas. Ele se apresentava como uma espécie de "salvador da pátria" e explicitava a perspectiva de "disciplinar as gentes" e "impedir o caos". As classes proprietárias e as correntes

14. Os delegados representavam 112 organizações e um total de 177 mil filiados. Ver J. Bunyan e H. H. Fisher (1934).
15. Ver A. Rabinovitch (1976).

conservadoras imaginaram que, enfim, aparecera alguém com decisão e poder para "restabelecer a ordem".

Em 21 de agosto, os alemães tomaram Riga, capital da Letônia, aproximando-se perigosamente de Petrogrado. Empolgado pelo apoio recebido, L. Kornilov tentou um golpe de Estado, em 26 de agosto. Depois de um momento de indecisão, os sovietes e as organizações populares mobilizaram-se intensamente para deter a tentativa golpista. O próprio A. Kerenski, ameaçado, conclamou a resistência, no contexto de uma ampla frente social e política, incluindo os bolcheviques, que puderam, então, sair do relativo isolamento em que se encontravam depois da crise do início de julho.

Alguns poucos dias depois, em 30 de agosto, confirmou-se a debandada e a derrocada dos golpistas. Nem foi preciso travar batalhas. As tropas golpistas dissolveram-se, fazendo recordar as tentativas militares de esmagamento das jornadas de fevereiro. Mais uma vez, e de forma decisiva dessa vez, evidenciara-se onde se encontrava o poder real naquela sociedade — nas organizações populares, nos sovietes de operários e soldados, nos sindicatos, nos comitês de fábrica, nas milícias operárias, por mais desorganizadas e caóticas que, às vezes, parecessem suas assembleias e deliberações.

O fracasso do golpe demoliu de vez o que restava de prestígio dos oficiais do Exército, o mesmo acontecendo com os líderes kadetes, desmoralizados por sua vinculação — declarada ou velada — a L. Kornilov. Seriam obrigados a se demitir do governo. O próprio A. Kerenski, apesar de suas conclamações antigolpistas de última hora, não conseguiria mais recuperar-se, eis que sua associação com L. Kornilov fora notória.

Em sentido oposto, e simetricamente, ampliaram-se ainda mais a força, o poder e o prestígio dos sovietes e das organizações populares, entre as quais a Guarda Vermelha, milícia operária que recebeu desde o dia 28 de agosto autorização formal para se armar. No interior dos sovietes, beneficiaram-se os setores mais radicais e, dentre eles, os bolcheviques, que eram os mais organizados, que assumiram a direção política dos sovietes de Petrogrado e de Moscou e outras grandes cidades.[16] Enquanto isso, condicionado pelo período das novas semeaduras, o movimento camponês, com dinâmica própria, sob a liderança de comitês e sovietes agrários, desde julho, ocupava e expropriava terras, levando alguns autores a sustentar a ideia de que a revolução social no campo realizou-se, de fato e em larga medida, em julho e agosto, quando teriam sido registrados, respectivamente, 1122 e 691 atos de violência.[17]

Para completar o quadro de instabilidade e desagregação é preciso incorporar o movimento das nações não russas, muito ativo desde a deposição do tsar. No Ocidente, destacaram-se os ucranianos[18] e os finlandeses,[19] constituindo parlamentos próprios e reivindicando auto-

16. É importante recordar que os deputados soviéticos não tinham mandato fixo, podendo ser revogados/eleitos a qualquer momento.

17. Ver S. Grooskopf (1976); K. G. Kotelnikov e V. L. Meller (1927), citados por H. Bunyan e H. H. Fisher (1934). Em outros registros, anotaram-se em julho 1777 casos de violência; entre 10 de setembro e 20 de outubro, 5140 casos, sem contar os que se realizaram sem registro oficial.

18. A Rada (assembleia nacional ucraniana) constituiu-se em 5 de março, três dias depois da abdicação do tsar. Em fins de maio, um congresso camponês reivindicaria a autonomia para a Ucrânia. Dias depois, a Rada proclamou a autonomia do país. Recorde-se que o reconhecimento dessa autonomia pelo governo provisório, em 2 de julho, deflagrou a "crise de julho".

19. Em 6 de março, uma assembleia reivindicou a autonomia da Finlândia. Em 6 de julho, no rescaldo da crise desse mês, o Seim (Parlamento finlandês) proclamou a autonomia do país.

nomia e/ou independência.[20] No Cáucaso, na Ásia Central e no Extremo Oriente, povos que pareciam submissos ou esquecidos também se punham em ação, clamando por direitos e autonomia e instaurando conferências e assembleias.[21] Pareciam todos à espera da desagregação do império, mas já se constituíam, eles próprios, como fatores nesse sentido.

Procurando reequilibrar-se e restaurar um mínimo de credibilidade, A. Kerenski, em 10 de setembro, proclamou a república, formou um "diretório" com cinco ministros e convocou uma nova instituição, a Conferência Democrática, que se realizaria entre 14 e 27 de setembro no Teatro Alexandrinsky em Petrogrado. A ideia era discutir, em foro amplo, a formação de uma nova coalizão.

Entre os socialistas, a chamada "democracia", havia muitas divergências, mas era forte a tendência em formar um governo apenas com representantes de partidos populares e socialistas. O próprio V. Lênin, logo depois do fracasso do golpe, reconheceu a vitalidade recuperada dos sovietes, propôs a reatualização do lema: "Todo o poder aos sovietes" e sustentou a hipótese de um governo exclusivamente socialista, apostando numa eventual hegemonia bolchevique no quadro de uma crescente radicalização das lutas sociais e políticas. No entanto, dias depois, mudou

20. Em 16 de março, o governo provisório reconheceu a independência da Polônia. Embora grande parte da Polônia russa estivesse ocupada pelos alemães, teve um efeito simbólico e político.
21. Em 25 de março, em Irkutsk, na Sibéria, delegados dos buriatas e de outros povos do leste da Sibéria, reivindicaram autonomia em assuntos locais. Um mês depois, em Tomsk, deputados siberianos discutiriam uma administração regional própria para a Sibéria. Em resposta, no começo de junho, o governo estabeleceu um autogoverno para a região. Na Ásia Central, em 8 de julho, um congresso de quirguizes, em Oremburgo, proclamou a autonomia local.

de ideia e passou a defender que os bolcheviques deveriam retirar-se da Conferência Democrática e, aproveitando-se das posições conquistadas em Petrogrado,[22] em Moscou e em outros estratégicos sovietes de soldados e marinheiros (Kronstadt e Helsingfors), desferir imediatamente uma insurreição.[23]

Essa nova reviravolta, assim como a anterior, pegou de surpresa as lideranças bolcheviques que se preparavam para participar da Conferência Democrática, esperando que nela se aprovasse a proposta de um governo exclusivamente socialista e que passasse a ser expressão dos sovietes. Resolveram, por maioria, não divulgar, nem mesmo dentro do partido, as novas propostas de V. Lênin. Entretanto, as expectativas otimistas em relação à Conferência Democrática não se justificaram, prevalecendo tendências que se dilaceravam de maneira sem fim e sem saírem do lugar. Depois de intermináveis *palabras*, a proposta de uma nova coalizão foi aprovada por 766 a 688 votos. Contudo, quando chegou a hora do voto decisivo, se os ministros kadetes participariam ou não, decidiu-se pela exclusão por 595 a 493. Em novo escrutínio, a coali-

22. Os bolcheviques conseguiram um primeiro voto majoritário no soviete de Petrogrado em 31 de agosto. Mas foi só em 25 de setembro que essa maioria ganhou uma espécie de consolidação, com a eleição de uma nova direção política (presidium), formada por quatro bolcheviques, dois SRs e um menchevique. L. Trótski tornou-se, então, presidente do soviete, substituindo o menchevique N. Chkeidze.

23. Para as flutuações de V. Lênin, ver A. Rabinovitch (1976, cap. 10). O texto conciliador "Sobre os compromissos" foi publicado em 6 de setembro e desagradou profundamente os mais radicais, ainda comprometidos com as resoluções do VI Congresso. A reviravolta exprimiu-se nos textos "Os bolcheviques devem assumir o poder" e "Marxismo e insurreição", de 12 e 13 de setembro. Agora, foi a vez dos moderados se desconcertarem.

zão foi esmagadoramente rejeitada, por 813 a 183. Entretanto, dias depois, e de forma contraditória, foi acolhida por 829 a 106, desde que não participassem os kadetes (Bunyan e Fisher, 1934, p. 21).

Antes de se dissolver, a conferência elegeu um Conselho Provisório da República Russa, constituído por 555 delegados, que serviria como uma espécie de Parlamento antes da convocação da Assembleia Constituinte. Por essa razão foi chamado de Pré-Parlamento. Realizou seu primeiro encontro em 7 de outubro e continuou funcionando até ser dissolvido pela revolução vitoriosa em 25 de outubro.

Antes das votações acima referidas, os bolcheviques já haviam se retirado, denunciando a inconsequência e o imobilismo da Conferência Democrática, mas mantendo o lema: "Todo o poder aos sovietes". No entanto, para desespero de V. Lênin, que os apostrofava em sucessivas cartas, muitos ainda tinham dúvidas, ou eram decididamente contrários a qualquer ação revolucionária de envergadura antes da abertura do II Congresso Pan-Russo dos Sovietes.

Em 23 de setembro, cedendo a pressões de todo lado, o Comitê Executivo Central, eleito no I Congresso dos Sovietes de junho, com maioria de socialistas moderados (mencheviques e SRs), convocou, finalmente, o II Congresso para 21 de outubro, logo depois, uma vez mais, adiado para 25 de outubro. Era como marcar data para a nova crise, pois era mais do que provável, caso o congresso se realizasse, que os deputados iriam aprovar a proposta de transferir todo o poder aos sovietes, como queriam os bolcheviques, já aí também uma fração dos SRs, os chamados SRs de esquerda, e outros grupos menores, como os anarquistas.

Ao longo desse período, os bolcheviques oscilaram entre três posições. V. Lênin, como já referido, superado um primeiro movimento de conciliação, após a derrota de L.

Kornilov, pressionava o partido a promover uma insurreição imediata. Estava seguro de que, tomando o poder em Petrogrado e Moscou, o país e os sovietes acompanhariam. Por outro lado, receava que o governo provisório "entregasse" Petrogrado aos Exércitos alemães, o que enfraqueceria de modo decisivo a revolução. Em duas reuniões do Comitê Central Bolchevique, em 10 e 16 de outubro, e mesmo enfrentando dúvidas e oposições, V. Lênin aprovaria suas propostas, mas sem conseguir que elas fossem implementadas na prática. Com outros argumentos, L. Kamenev e G. Zinoviev continuavam insistindo num governo formado exclusivamente por partidos socialistas. Estavam convencidos de que seria possível aprovar essa proposta no II Congresso dos Sovietes e que um governo de "unidade socialista" teria muito mais respaldo e condições de assegurar a vitória. Numa posição intermediária, L. Trótski, eleito presidente do soviete de Petrogrado, e não compartilhando os receios catastróficos de V. Lênin, organizava, no interior do soviete sob sua presidência, um Comitê Militar Revolucionário (CMR), federando todas as tropas aquarteladas em Petrogrado e, se fosse o caso, e se as circunstâncias fossem favoráveis, pronto a desfechar um processo insurrecional. Em 21 de outubro, em conferência, deputados de todas as guarnições de Petrogrado aprovaram a transferência de "todo o poder aos sovietes" e reconheceram a autoridade do CMR.

Na véspera do início do referido congresso, 24 de outubro, A. Kerenski ensaiou uma "prova de força", mandando fechar jornais bolcheviques e conservadores que estariam, segundo ele, propondo a derrubada do governo, em violação clara da lei. Esquecendo-se de que apenas governava, mas não tinha poder, ofereceu o pretexto esperado por L. Trótski. Imediatamente, por ordem do CMR, tropas não apenas garantiram que os jornais funcionassem, como também, sob o argumento de que pretendiam "defender" a revolução ameaçada, ocuparam todos os pontos estratégicos da cidade. De noite, cercaram o Palácio de Inverno, onde se encontrava deliberando o governo, inteiramente isolado.

Os apelos do governo a diferentes unidades militares do front caíram em ouvidos surdos. A. Kerenski ainda conseguiu fugir do cerco, chegou a estar em alguns centros de comando na periferia próxima de Petrogrado, tentando persuadir comandantes a lutar. Quanto ao Palácio de Inverno, caiu, por fim, nas mãos dos revolucionários na noite de 26 de outubro.

No dia anterior, 25, o CMR já declarara deposto o governo provisório, mas o II Congresso Pan-Russo dos Sovietes só se iniciou na noite alta desse dia.[24] Dos 670 deputados credenciados, trezentos eram bolcheviques; 193 vinculavam-se aos SRs (mais de metade, SRs de esquerda); 68 aos mencheviques; catorze aos mencheviques internacionalistas, sob liderança de J. Martov; os 95 restantes pertenciam a pequenos grupos e organizações socialistas ou não tinham filiação partidária. De acordo com o critério da proporcionalidade, as 25 posições da direção do Congresso (presidium) foram atribuídas da seguinte forma: catorze para os bolcheviques, sete para os SRs, três para os mencheviques e uma para os mencheviques internacionalistas.[25]

Logo no início dos trabalhos, foi aprovada por unanimidade uma proposta de J. Martov no sentido da for-

24. Exatamente às 22h40. Ver A. Rabinovitch (1976, p. 291). Os bolcheviques esperavam — e desejavam — que o Congresso tivesse início após a queda definitiva do Palácio de Inverno, símbolo e sede do governo provisório, mas não foi possível adiar mais a abertura do Congresso. O palácio, como referido, só caiu na madrugada do dia 26 de outubro.

25. Observe-se a completa "colonização" do presidium pelos partidos políticos, os sem partido não tendo acesso a nenhum posto de direção.

mação de uma comissão pluripartidária para negociar o encaminhamento pacífico da crise e a constituição de um governo de partidos socialistas e populares.

Entretanto, em seguida, tomaram a palavra representantes dos SRs e dos mencheviques, além de outros partidos socialistas menores. Eles protestaram contra o movimento de tropas, consideradas e denunciadas como golpistas. E anunciaram que se retiravam do recinto do Congresso, pressagiando um futuro sombrio para a revolução que se anunciava. Ela seria decerto esmagada, por irresponsabilidade e aventureirismo dos liderados por V. Lênin e L. Trótski. A maioria dos deputados presentes vaiou demoradamente os que se retiravam, denunciados como "traidores", "desertores" e mesmo "kornilovistas". Enfraqueceu-se, no mesmo movimento, a proposta aventada por J. Martov, com largo apoio entre os SRs de esquerda e os bolcheviques moderados (L. Kamenev e G. Zinoviev). Ela voltaria a ser considerada em momentos seguintes, mas, em condições muito mais desfavoráveis, não teria sucesso.

A retirada dos opositores à insurreição liderada pelo CMR e pelos bolcheviques do Congresso soviético desempenharia um papel importante na quase monopolização do Congresso — e do governo que iria se constituir — pelos bolcheviques,[26] eis que eles passavam a ser, desde então, amplamente majoritários.

Foi possível aprovar, então, com apoio dos SRs de esquerda, que permaneceram no recinto do Congresso, um manifesto de apoio irrestrito e entusiástico à insurreição, contra apenas dois votos e doze abstenções. Eram já cinco horas da madrugada de 26 de outubro. Nessa mesma noite e na madrugada do dia 27, a segunda sessão do Congresso soviético aprovou os principais Decretos Revo-

26. Ver N. Sukhanov (1922-3), v. 7, citado por A. Rabinovitch (1976, p. 294).

lucionários — sobre a Paz e sobre a Terra — que dariam corpo àquela revolução.

O Decreto sobre a Paz propunha o fim da diplomacia secreta, o estabelecimento de um armistício imediato e o início de conversações em prol de uma paz, "sem anexações e indenizações". O Decreto sobre a Terra incorporava as reivindicações e propostas formuladas pelo I Congresso dos Deputados Camponeses, prevendo, e legalizando, a imediata expropriação e nacionalização de todas as terras, sem nenhuma indenização, e sua distribuição pelos comitês agrários locais.

Elegeu-se, em seguida, um novo Comitê Executivo Central do Congresso, formado por 62 bolcheviques, 29 SRs de esquerda, seis mencheviques internacionalistas e quatro representantes de outros pequenos grupos e partidos. Enfim, já madrugada alta do dia 27 de outubro, foi constituído o Conselho dos Comissários do Povo (CCP), exclusivamente composto por bolcheviques, mas com assentos reservados para os SRs de esquerda, desde que deliberassem sua integração.[27]

Interessante observar que esse governo, como o anterior, era percebido como provisório, eis que foi mantida, por uma de suas primeiras decisões, a data de 12 de novembro para a eleição da Assembleia Constituinte. A ela, em princípio, seria delegado o poder para estabelecer instituições e governo definitivos.

A Revolução de Outubro, assim, foi inteiramente diferente da de Fevereiro. Uma operação militar organizada,

27. O CCP foi assim constituído: V. Lênin, presidente; L. Trótski, Relações Exteriores; A. Rikov, Interior; V. Miliutin, Agricultura; A. Chliapnikov, Trabalho; V. Nogin, Indústria e Comércio; A. Lunatchárski, Educação; V. Antonov-Ovseenko, N. Krylenko e P. Dybenko, Exército e Marinha de Guerra; G. Lomov, Justiça; I. Skvortsov, Finanças; I. Teodorovitch, Abastecimento; N. Avilov, Correios e Telégrafos; I. Stálin, Nacionalidades.

em vez de vagas sucessivas de movimentos sociais. Objetivos definidos no lugar de esperanças e expectativas marcadas com o selo da indefinição. Uma tarde/noite decisivas em contraste com cinco dias que se desdobraram sem nenhum planejamento prévio. Soldados como atores principais, em vez de trabalhadores. Um comando centralizado no lugar de inúmeras coordenações dispersas e que nem sequer se conheciam. Uma revolução dirigida por lideranças visíveis, conhecidas, nomeadas, em comparação com uma revolução anônima.

Um golpe ou uma revolução?

A controvérsia atravessaria décadas e demarcaria campos polarizados. A um melhor exame, poderia ser dito que foi um golpe *e* uma revolução.

Golpe no sentido de que foi preparado e desferido sem acordo ou prévia aprovação das instituições democráticas existentes. Não esquecer que a insurreição foi iniciada no dia 24 de outubro, mas já fora *decidida* pelo Comitê Central Bolchevique como *tarefa imediata* em 10 e 16 de outubro.[28]

Revolução no sentido de que efetuou de fato profundas transformações sociais, econômicas, políticas e culturais, respaldadas por dezenas de milhões de operários, soldados e camponeses.

IV

A primeira e principal preocupação do governo revolucionário recém-constituído foi sobreviver. A ameaça mais séria e imediata era de caráter militar, representada por tropas que A. Kerenski conseguira mobilizar. Foram ven-

28. Como se verificou, V. Lênin já a defendia resolutamente desde a primeira quinzena de setembro, como uma tarefa partidária imediata.

cidas em Pulkovo, nas cercanias de Petrogrado, em 30-31 de outubro. De Moscou e outras grandes cidades, as notícias eram positivas e animadoras. É interessante observar que, nessas primeiras batalhas, a vitória foi obtida graças à participação decisiva das milícias operárias — a Guarda Vermelha — e dos marinheiros de Kronstadt e da Finlândia. Os soldados aquartelados em Petrogrado, tão presentes nas ruas da cidade em manifestações, não demonstraram apetite combativo quando se tratou de arriscar a vida pela revolução.

Num outro movimento, o Conselho dos Comissários do Povo tentou fazer da paz uma realidade. Essa era a reivindicação central dos soldados, urgia atendê-la, mesmo porque o Exército se decompunha a passos largos. Foi necessário enfrentar a oposição do alto-comando, a *stavka*, e de inúmeros oficiais do Exército e da Marinha de Guerra. Vários foram fuzilados ou linchados pelos próprios soldados nas bases navais e nas frentes de batalha. Outra dificuldade teve a ver com a oposição anglo-francesa e norte-americana. Para o CCP, seria importante que as negociações de paz envolvessem todos os beligerantes. Não foi possível. Conseguiu-se a "suspensão das hostilidades", e apenas com as potências centrais, em 22 de novembro, quase um mês depois da revolução. Dias antes, os bolcheviques publicaram os tratados secretos assinados entre a Rússia tsarista, a Inglaterra e a França, evidenciando manobras inconfessáveis e prometendo manter doravante uma diplomacia aberta ao escrutínio da opinião pública, promessa que eles manteriam por muito pouco tempo. Um armistício em boa e devida forma só seria assinado em 2 de dezembro. Os revolucionários o desejavam válido por três meses, mas os alemães impuseram-no por apenas um mês.

Através de outros decretos, o CCP procurou alargar e consolidar suas bases de sustentação política. Em 29 de outubro, garantiu-se a jornada de trabalho de oito horas;

em 2 de novembro, reconheceu-se o direito dos povos não russos à autodeterminação; uma semana depois, aboliram-se as distinções civis e de classe; em 14 de novembro, estabeleceu-se o controle operário sobre as empresas. Amplas bases da sociedade, operários, camponeses, soldados e marinheiros, mulheres, jovens e povos não russos encontravam-se contemplados em suas reivindicações essenciais, formuladas ao longo do ano.

As reticências das lideranças camponesas, cuja maioria não confiava nos bolcheviques, só seriam, porém, vencidas, e provisoriamente, no Congresso Pan-Russo de Deputados Camponeses que se reuniu em Petrogrado entre 26 de novembro e 9 de dezembro. V. Lênin, ao falar para o Congresso, foi ouvido como líder dos bolcheviques e não como o chefe de um novo governo revolucionário. Por fim, quando convencidos de que o "seu" programa fora integralmente adotado, é que os deputados camponeses "reconheceriam" o novo governo revolucionário.[29]

Entretanto, havia ainda uma resistência política multiforme, e ativa, sem contar setores que, embora não hostis, observavam criticamente os primeiros passos do governo revolucionário.

O sindicato pan-russo dos ferroviários pressionava pela constituição de um governo socialista e popular pluripartidário. Chegou a ameaçar com uma greve geral, caso essa proposta não fosse levada à prática. O aparecimento de setores favoráveis ao novo governo, porém,

29. Havia fundamento nessa desconfiança: é que o programa agrário dos bolcheviques propunha alianças revolucionárias apenas com os camponeses pobres e os assalariados agrícolas. Só depois do I Congresso dos Camponeses, em maio de 1917, é que os bolcheviques passaram a prestar apoio integral a suas resoluções, mas não chegaram a revogar formalmente suas propostas anteriores.

inviabilizou esse propósito. Os funcionários públicos de diversas agências estatais e empregados em estabelecimentos privados entraram em greve, em protesto contra o "golpe" bolchevique. Em alguns casos, ela se prolongaria até janeiro, sem alcançar seus objetivos de abalar as bases do governo ou impedir por completo seu funcionamento.

Em 9 de dezembro, os SRs de esquerda ingressaram no governo, atenuando o monopólio dos bolcheviques. Mas as tratativas com outros partidos socialistas cedo chegaram a um impasse. Há controvérsias até hoje sobre o inventário das "responsabilidades" a respeito do fracasso dessas difíceis negociações. Incompreensões, um certo sectarismo de lado a lado, sem contar fortes e antigos ressentimentos bloquearam progressos nesse campo. Assim, um governo socialista pluripartidário, embora desejado por diversas correntes, inclusive pelos bolcheviques mais moderados (L. Kamenev) e pelos mencheviques internacionalistas (J. Martov), não chegaria a tomar corpo, minando as condições para a constituição de um estado de direito socialista democrático.

Os opositores da nova ordem apostaram suas fichas nas eleições da Assembleia Constituinte, confirmadas, como referido, por um dos primeiros atos do CCP. Elas, de fato, se realizaram entre 12 e 14 de novembro, mas em condições bastante precárias. Em muitas partes do país, houve acusações e contra-acusações de atos de violência e de intimidação, desorganização nos locais de votação, destruição de urnas e roubo de votos, entre outros "incidentes". Embora os bolcheviques tivessem eleito maiores bancadas em Petrogrado, Moscou e outras grandes cidades, computados os votos, eis os resultados anunciados pela Comissão Eleitoral em número de deputados: 267 SRs; 161 bolcheviques; quinze kadetes; cinco representantes dos sovietes de camponeses; três mencheviques; um socialista populista; cinco SRs muçulmanos; 41 nacionalistas ucranianos (SRs e SDs); 22 deputados de pequenas nacionalidades (estonianos, letões, muçulmanos, judeus etc.), num total de 520 deputados.[30]

Verificado o ânimo hostil da maioria dos deputados, e receando o surgimento de um "poder paralelo", o CEC dos sovietes aprovou uma resolução, escrita por V. Lênin, sob o título "Declaração dos direitos do povo trabalhador e explorado". Adotada em 3 de janeiro de 1918, ela relacionava as principais características do novo regime (incluindo o conteúdo dos decretos revolucionários mais importantes) como "base" para o eventual reconhecimentos de qualquer instituição política. Em consequência, tão logo se abriram os trabalhos da Assembleia Constituinte, em 5 de janeiro, os bolcheviques a apresentaram à discussão e à votação dos deputados como um "texto preliminar e condicionante". A maioria o rejeitou, por avaliar que feria a soberania da assembleia eleita, suscitando a retirada da bancada dos bolcheviques.

A partir daí o filme começou a passar depressa. No dia seguinte, 6 de janeiro, o CEC dos sovietes votou moção apresentada por V. Lênin, contra apenas dois votos, favorável à dissolução da assembleia, cumprida imediatamente. Menos de uma semana depois, o III Congresso dos Sovietes de Operários e Soldados e o III Congresso dos Deputados Camponeses, reunidos em 10 e 13 de janeiro, respectivamente, avalizariam a decisão do CEC, aprovando a primeira Constituição revolucionária, da República Socialista Federativa Soviética da Rússia (RSFSR). Assim, a Assembleia Constituinte, antiga aspiração dos democra-

30. Dias antes, o jornal dos SRs oferecera outros números, mas com ordem de grandeza similar: 270 SRs de direita; 36 SRs de esquerda; 167 bolcheviques; 53 socialistas ucranianos; 25 muçulmanos, a maioria dos quais identificados com os SRs; e mais 52 representantes de pequenas nacionalidades, num total de 603 deputados. Ver, para ambos os números, J. Bunyan e H. H. Fisher (1934, p. 368).

tas e socialistas russos, não terá existido por muito mais do que 24 horas.

A repressão às oposições ao novo regime começara, de fato, logo após o encerramento do II Congresso Pan-Russo dos Sovietes. Ela se abateu de modo intermitente contra os kadetes, seus jornais, e outros grupos políticos considerados "burgueses" e "inimigos do povo". Em momentos seguintes, estendeu-se a outros grupos e organizações, mas sempre de modo descontínuo, pois ainda não havia uma política sistemática definida, nem tampouco uma instituição destinada a controlar e, eventualmente, reprimir as oposições. Para suprir, pelo menos em parte, tais "carências", foi criada em 7 de dezembro a Comissão Extraordinária para o combate da contrarrevolução e da sabotagem, a Tcheka.[31] Seus alvos eram diversificados: incluíam desde políticos kadetes, passando por oficiais das Forças Armadas, e alcançando socialistas revolucionários de direita, mencheviques, anarquistas, especuladores e até mesmo funcionários e trabalhadores que ameaçavam o novo governo com greves ou outras manifestações de insatisfação.[32]

Os bolcheviques, de fomentadores da desagregação e da ruptura, convertiam-se, agora, uma vez no governo, em força centrípeta, campeões de um processo rápido de centralização autoritária da sociedade.

31. Abreviatura de Чрезвычайная Комиссия/Tchresvitchainaia Komicia, Comissão Extraordinária. Na mesma data, um decreto do CCP aboliu todas as instituições legais que ministravam a Justiça, tribunais de primeira e segunda instância, civis e militares, procuradoria e advocacia privada. Os juízes passariam a ser democraticamente eleitos e, enquanto isso não fosse possível, a administração da Justiça passaria para os sovietes. Um outro decreto, de 19 de dezembro, criou os tribunais revolucionários.

32. Ver depoimento de M. Latsis, que foi chefe da seção secreta da Tcheka. In: J. Bunyan e H. H. Fisher (1934, p. 295).

A aspiração à autonomia e à independência das nacionalidades não russas, que eles haviam fermentado e consagrado juridicamente com o reconhecimento explícito do direito de secessão,[33] aparecia agora com aspectos ameaçadores e desagregadores.

Antes mesmo de outubro, como se apontou, vários povos não russos, a ocidente, no Cáucaso e mesmo na Sibéria, tinham proclamado a própria autonomia em tudo que dissesse respeito a assuntos de interesse local ou regional.

Em 7 de outubro, liderada por generais hostis ao processo revolucionário (A. Kaledin, L. Kornilov e A. Dutov, entre outros), uma Assembleia dos Cossacos proclamou a independência da República de Kuban. Dias depois, criou-se a União do Sudeste, incluindo os cossacos de Kuban, do Don, do Terek e de Astrakhan, mais os povos do norte do Cáucaso. Quando se abriu o II Congresso dos Sovietes, um congresso militar moldavo proclamou a autonomia da Bessarábia, com perspectivas de união com a Romênia. Duas semanas depois, em 7 de novembro, foi a vez da Rada ucraniana, em Kiev, proclamar o nascimento da República Nacional da Ucrânia. Mais oito dias, em 15 de novembro, formou-se um governo regional na Transcaucásia e um Conselho Nacional Estoniano assumiu o governo local. Em seguida, quatro dias depois, o Conselho Nacional da Moldávia proclamou a República Democrática da Moldávia, embora mantendo-a nos quadros de uma Federação Russa, que nem sequer existia. Antes do fim do mês, a assembleia nacional tártara nomeava um governo para a autoproclamada República Tártara da Crimeia e um Congresso muçulmano no Turquestão anunciava a autonomia da região.

A desagregação do antigo império adquiria velocidade e parecia tornar-se irreversível.

33. Ver, na p. 52, o decreto sobre as nacionalidades, promulgado em 2 de novembro de 1917.

Em fins de novembro, já relativamente estabilizado em Petrogrado e Moscou, o governo revolucionário ensaiou uma reação contra o processo de desmembramento — declarou guerra aos chefes cossacos e enviou tropas para derrotar aquela rebelião. Ao mesmo tempo, passou a incentivar as contradições internas no interior das nações e dos movimentos nacionais que tentavam a secessão. No leste da Ucrânia, em Kharkiv,[34] sovietes locais elegeram um Comitê Executivo Central identificado com a insurreição vitoriosa em Petrogrado. Em 18 de dezembro, tropas soviéticas dispersaram um congresso na Bielorrússia que tinha propósitos independentistas. Por outro lado, sem meios para debelá-la, o CCP reconheceu a independência da Finlândia.[35]

A situação complicava-se, pois as potências estrangeiras (Alemanha e Império Otomano) aproveitavam a situação para fomentar a secessão dos povos não russos, com o duplo objetivo de enfraquecer a nascente república russa, desmembrando-a, e a revolução vitoriosa.

Assim, nos começos de janeiro, o comando militar otomano propôs um tratado de paz a um governo independente do Cáucaso. Em movimento análogo, a Alemanha impôs o autoproclamado governo ucraniano nas conversações de paz que se desenrolavam em Brest-Litovski.

Tentando atalhar o processo, o CEC dos sovietes russos aprovou, em 3 de janeiro de 1918, uma resolução determinando que o direito de secessão só poderia ser exercido pelas organizações soviéticas existentes nas nações não russas. Uma hábil manobra. De fato, era comum,

34. A grafia Kharkov é mais conhecida no Brasil. Do russo Харков/Rarkov.

35. Chegou a haver nesse país um processo de guerra civil, em janeiro de 1918, vencido pelos nacionalistas conservadores, resultando em prisões, exílios e matanças de revolucionários.

nas maiores cidades existentes entre essas nações, haver fortes minorias, ou, às vezes, maiorias russas. O mesmo acontecia entre os operários que ali trabalhavam. Organizados em sovietes, eles, de modo geral, queriam permanecer no quadro de uma federação russa, por serem revolucionários ou apenas nacionalistas russos. É verdade que, por sua condição social, muitos se identificavam ou simpatizavam com as políticas revolucionárias definidas após a vitória da insurreição de outubro. Assim, ao reconhecer propósitos autonomistas ou independentistas apenas provindos de sovietes, o CEC explicitava uma política de não reconhecimento, pois os sovietes (constituídos em sua maioria por russos) dificilmente aprovariam uma decisão de secessão. O CEC perseguia um duplo objetivo: desqualificar os propósitos autonomistas ou independentistas como "contrarrevolucionários" e legitimar uma cruzada anti-independentista em nome da revolução.

Foi o que se fez, enviando tropas para combater os nacionalistas ucranianos e cossacos e explorando e incentivando as contradições sociais, internas, entre estes e aqueles. Em 16 de janeiro de 1918, as tropas soviéticas tomariam Kiev, bastião do nacionalismo ucraniano, depondo o governo da Rada ucraniana. Pouco mais de um mês depois, também seria debelada a rebelião dos cossacos do Don. Eram as primeiras ações do recém-criado Exército Vermelho de operários e camponeses, fundado por decreto do CCP em 15 de janeiro de 1918.

A questão da paz definitiva com os alemães, porém, tornou-se mais difícil do que o previsto pelos revolucionários vitoriosos.

Nos argumentos favoráveis à insurreição de outubro, V. Lênin e seus seguidores mais próximos estavam convencidos de que uma vitória na Rússia impulsionaria decisivamente o movimento revolucionário europeu. Acreditavam que a confraternização de soldados nas trincheiras criaria uma pressão inexorável. No limite, operários e soldados alemães, franceses e ingleses imporiam uma paz revolucionária aos seus respectivos governos.

Entretanto, tal esperança não se concretizou. Nessas condições, a proposta de uma paz "sem anexações e indenizações" foi recusada pelos alemães. Embora também estivessem interessados em assinar rapidamente um tratado de paz na frente oriental, o que lhes permitiria transferir tropas para a frente ocidental, sabiam da fraqueza relativa do governo revolucionário e da inapetência combativa dos soldados russos, que desertavam aos milhares, naquele momento, para participar do processo de distribuição de terras. Assim, deixaram claro que assinariam um tratado de paz com anexações e indenizações. E se o governo revolucionário não aceitasse seus termos, eles simplesmente ordenariam uma ofensiva militar.

Entre os revolucionários, instaurou-se a perplexidade. Aceitar os termos propostos pelos alemães significava renunciar aos princípios revolucionários mais caros. No Comitê Central Bolchevique, debateram-se três posições. N. Bukhárin defendia o rompimento das negociações e o recurso à "guerra revolucionária". V. Lênin argumentava que não havia condições para isso. Era indispensável ceder e salvar o governo e a revolução, que precisavam, a todo o custo, sobreviver. Mais tarde, em outras condições, já fortalecidos, os revolucionários rasgariam os tratados assinados. L. Trótski defendeu uma terceira e curiosa alternativa, afinal, vencedora: "nem paz nem guerra". Nem aceitar as imposições dos alemães nem lhes fazer guerra, por absoluta impossibilidade. A expectativa era de que os soldados alemães se recusariam a liquidar a Revolução Russa. Quando ouviram a estranha proposta, os diplomatas e militares alemães ficaram atônitos, mas isso não os impediu de retomar imediatamente a ofensiva.

Como previra V. Lênin, foi um desastre para os revolucionários. Os soldados russos debandavam, e os alemães não mostravam nenhuma piedade ou inclinação revolucionária, obedecendo sem reservas aos seus chefes. Para evitar uma derrocada catastrófica, foi necessário, então, aceitar os termos do inimigo, que acabaram sendo piores do que os anteriormente oferecidos. Em 3 de março de 1918, foi assinado, afinal, o tratado de paz entre a Rússia revolucionária e a Alemanha, na localidade de Brest-Litovski.

Para vencer as muitas oposições e resistências, convocaram-se congressos do partido bolchevique e dos sovietes. Em seu VII Congresso, realizado entre 6 e 8 de março, os bolcheviques aprovaram o tratado, repudiaram e denunciaram a tradição social-democrata, reformista e conciliatória, e adotaram um novo nome, transformando-se em Partido Comunista (bolchevique) da Rússia.

O IV Congresso dos Sovietes de operários, soldados e camponeses (unificado desde janeiro), realizado pouco depois, em 14-16 de março, também ratificou o Tratado de Paz.

Encerrava-se em Brest-Litovski uma primeira etapa da revolução. Os revolucionários guarneciam o eixo Petrogrado-Moscou e tinham a vantagem de estar na região mais bem servida por transportes e comunicações. Com o Tratado de Paz, a Revolução Russa ganhava um respiro, mas o horizonte imediato parecia sinistro. Internamente, a repressão desencadeava-se com toda a força. Multiplicavam-se os "inimigos do povo", e a ditadura revolucionária tornava-se cada vez mais violenta.

Os inimigos pareciam também dispostos à luta. Tropas inglesas desembarcaram em Mursmansk em 5 de março. Enquanto isso, os alemães restabeleciam a Rada em Kiev, tomando a cidade no dia 16. No mês seguinte, as coisas ainda piorariam: enquanto os alemães invadiam quase toda a Ucrânia, incluindo Odessa, a Crimeia e Kharkiv, os romenos ocupavam a Bessarábia, os otomanos chegavam a Batum e uma República Transcaucasiana proclamava sua independência. No extremo leste, japoneses e ingleses ocupavam Vladivostok. Todos decididos a incentivar as contradições da jovem república, apoiando seus inimigos internos com armas, munições e conselheiros.

Esboçavam-se as linhas de uma prolongada guerra civil entre "vermelhos" e "brancos". A rigor, múltiplas guerras civis, pois, em outras frentes, os vermelhos se enfrentariam com oposições socialistas e também com forças nacionalistas não russas. Essas guerras destruiriam o país, instaurariam a "brutalização das relações sociais",[36] e uma outra revolução, consolidando a ditadura política e condicionando aquele processo que nascera libertário, mas que se perdera no enfrentamento de seus desafios e nas dobras de seus caminhos.

V

Optamos, na presente antologia, por restringir a análise a um período curto — de fevereiro de 1917 à paz de Brest-Litovski, em março de 1918. O que legitima a opção é que, nesses doze meses, afirmou-se e consolidou-se o novo governo revolucionário, o Conselho dos Comissários do Povo (CCP), adquirindo a revolução certo nível de coesão interna, embora ainda fossem instáveis os horizontes do futuro imediato. Como é comum em períodos açoitados por contradições agudas, desdobraram-se acontecimentos, surgiram características e se condensaram tendências históricas que marcaram os caminhos e descaminhos futuros da Revolução Russa e do socialismo soviético.

Os documentos que se seguem (discursos, textos escritos, manifestos, poesias e canções, manchetes de jornais, memórias etc.), baseados fundamentalmente na história política, anotados e contextualizados, foram di-

36. A expressão é de N. Werth (1992).

vididos em três partes. A primeira cobre o período até a Revolução de Fevereiro, incluindo testemunhos a respeito dela e documentos anteriores, considerados relevantes, por exprimirem análises e/ou tendências da sociedade anteriores à explosão revolucionária. A segunda acompanha as crises que se desdobram de março de 1917 à Revolução de Outubro, incluindo textos e acontecimentos imediatamente posteriores à insurreição vitoriosa. A terceira e última parte trata do período que vai de novembro de 1917 até a paz de Brest-Litovski, em começos de março de 1918, incluindo documentos que, por sua importância, embora produzidos um pouco depois, podem ainda ser considerados como parte desse primeiro tempo de afirmação da revolução.

Houve a preocupação de incluir, ressalvada certa ênfase em textos formulados pelos bolcheviques, propostas e análises de outros atores políticos. Lateralmente, ângulos adicionais também foram escolhidos para que a visão dos acontecimentos fosse ampliada. Da mesma forma, procurou-se dar preferência a textos integrais, quase sempre traduzidos diretamente da língua russa, embora, às vezes, tenha sido necessário publicar apenas seus trechos considerados mais importantes e/ou se recorrer a textos ingleses e franceses.

Completam o volume uma bibliografia, permitindo aos interessados um aprofundamento dos conhecimentos, e uma cronologia com as principais referências do ano que mudou a história da Rússia e do mundo.

A expectativa é que a leitura e o conhecimento destes materiais suscitem dúvidas e controvérsias e se insiram na construção de uma perspectiva compreensiva e crítica do socialismo que predominou no século XX. O ano de 1917 na Rússia assistiu a uma aventura épica e trágica, fundada numa revolução catastrófica, com circunstâncias e propostas específicas que, certamente, não se repetirão no futuro. Constituíram, contudo, um concentrado de experiências humanas que, por seu alcance histórico e universal, vale sempre rever, tornando-as objeto de uma reflexão permanente que oriente a construção de um futuro politicamente democrático e socialmente justo. Afinal, eram essas as aspirações básicas do socialismo democrático do século XIX, a serem consideradas nas propostas e programas socialistas do século XXI.

PARTE I
FEVEREIRO: A REVOLUÇÃO ANÔNIMA E UNÂNIME

1. A formação da burocracia tsarista: a tabela de patentes

Tabela de patentes
(*Tabel' o rangakh*) (Versão original de Pedro, o Grande, no decreto de 24 de janeiro de 1722.)

Classe	Serviço militar				Serviço público	Serviço na Corte
	Exército	Guarda	Artilharia	Marinha		
1ª	General-marechal de campo			General-almirante	Chanceler	
2ª	General de cavalaria e infantaria; estatuder		General mestre de artilharia	Almirante de outras bandeiras	Conselheiro privado titular	Grande marechal
3ª	Tenente-general; cavaleiro da Ordem de Santo André, o Protóclito; general-comissário de guerra		Tenente-geral	Vice-almirante; general-comissário de guerra	Procurador-geral	Grande mestre dos estábulos
4ª	Major-general	Coronel	Major-general; major-general de fortificações	Contra-almirante; mestre sênior de artilharia	Presidente de colégio e ofício civil; conselheiro privado; procurador sênior	Mestre sênior da Corte; camareiro sênior
5ª	Brigadeiro-comissário de guerra e finanças; general mestre das provisões alimentares	Tenente-coronel	Tenente-coronel da artilharia	Capitão-comandante; capitão do porto de Kronshlot; inspetor sênior de construção naval; intendente; mestre de artilharia; capitão comissário de guerra e finanças	Mestre-heraldista; mestre ouvidor geral; mestre sênior de cerimônias; superior supervisor das florestas; vice-presidente de colégio; mestre policial-geral; diretor de construção; diretor-geral de postos; arquiatra	Mestre da Corte; mestre áulico; sênior de estábulo; secretário privado de gabinete; mestre sênior da Corte de Sua Majestade, a Imperatriz; copeiro sênior

6ª	Coronel; tesoureiro; mestre sênior das provisões alimentares; comissário sênior; general-ajudante; procurador; tenente-general quartel-mestre	Major	Tenente-coronel de artilharia; tenente-coronel engenheiro; comissário sênior	Capitão de primeira classe; capitão de outros portos; inspetor de navios; procurador; intendente do particular estaleiro de Petersburgo; tesoureiro; mestre sênior das provisões alimentares; comissário sênior	Procurador de colégio civil; presidente de tribunais de Corte; conselheiro privado de chancelaria do colégio de assuntos estrangeiros; secretário sênior do Senado; comissário civil; tesoureiro sênior em residência; conselheiro de colégio	Mestre de estábulo; camareiro titular; marechal da Corte; mestre caçador sênior; primeiro médico da Corte
7ª	Tenente-coronel; general auditor; tenente-general mestre das provisões alimentares; general mestre de comboios; general policial; general-ajudante de general-marechal de campo; controlador	Capitão	Tenente-coronel; general auditor; tenente-general mestre das provisões alimentares; general mestre dos comboios; general policial; general-ajudante de general-marechal de campo; controlador	Capitão de segunda classe; controlador	Vice-presidente de tribunais de Corte; secretário sênior dos colégios do Exército, Marinha e assuntos estrangeiros; executor do Senado; fiscal sênior de Estado; procurador de tribunais de Corte; mestre de cerimônias	Mestre da Corte de Sua Majestade, a Imperatriz; médico de Sua Majestade, a Imperatriz
8ª	Major; general-ajudante de general titular; tenente-general auditor; quartel-mestre sênior; fiscal sênior; mestre da caixa de pagamentos e recebimentos	Capitão-tenente	Major engenheiro; capitão; mestre de estábulo; guardião sênior de arsenal; controlador	Capitão de terceira classe; mestre naval; mestre da caixa de pagamentos e recebimentos; fiscal sênior	Sub-estatuder em residência; intendente de economia; conselheiros de Estado nas governadorias; diretor sênior de taxas alfandegárias e impostos em residência; juiz de governadoria em residência; presidente de magistratura em residência; comissário sênior de colégio; assessor de colégio; mestre sênior de provisões alimentares em residência; secretário sênior de outros colégios; secretário do Senado; mestre sênior de mineração; supervisor sênior de minas e usinas; mestre sênior da Casa da Moeda; conselheiro de Corte; supervisor de	Camareiro honorário; mestre de estábulo da Corte; intendente de Corte

9ª	Capitão; ajudante de campo de general-marechal de campo e de general titular; ajudante de tenente-general; mestre sênior das provisões alimentares; general quartel-mestre sênior; mestre dos correios de campanha; general-preboste	Tenente	Capitão-tenente; capitão engenheiro; auditor sênior; quartel-mestre; comissário de fábrica de pólvora e salitre	Capitão-tenente; mestre de galeras	Conselheiro honorário; secretários dos colégios do Exército, Marinha e assuntos estrangeiros; tesoureiro sênior nas governadorias; mestre policial em residência; burgomestre de magistratura em residência permanente; juiz de província; professor de academia; doutor de qualquer faculdade ingressado no serviço público; arquivista dos dois arquivos de Estado; tradutor e protocolador do Senado; tesoureiro da Casa da Moeda; assessor de tribunal de Corte em residência; diretor de alfândega nos portos	Mestre caçador da Corte; mestre de cerimônias da Corte; mestre cozinheiro sênior; valete
10ª	Capitão-tenente	Segundo-tenente	Tenente; capitão-tenente engenheiro; auditor; guardião de arsenal; controlador; mestre sênior de comboio; capitão supervisor de mestres	Tenente	Secretários de outros colégios; burgomestre de magistratura em governadoria; tradutor dos colégios do Exército, Marinha e assuntos estrangeiros; protocolador desses mesmos colégios; comissários seniores de governadoria; assessores de tribunal da Corte em governadoria; tesoureiro sênior; mestre de mineração; ensaiador de minérios sênior	
11ª				Secretário naval		
12ª	Tenente	Porta-bandeira	Segundo-tenente; tenente engenheiro; tenente de comboio; mestre de comboio	Segundo-tenente; capitão de Marinha Mercante de primeira classe	Secretário de tribunal da Corte, chancelaria e governadoria; tesoureiro em colégios; conselheiros municipais em residência; mestre da Casa da Moeda; mestre florestal; administrador de usina metalúrgica; agrimensor de minas	*Junker* da Corte; médico da Corte

13ª	Segundo-tenente; ajudante de campo de major-general		*Junker* de baioneta; segundo-tenente engenheiro		Secretário de província; mestre de mecânica; chefe dos correios em São Petersburgo e Riga; tradutor e protocolista de colégio; registrador/ atualizador do Senado	
14ª	Porta-bandeira; ajudante de campo de tenente-general e brigadeiro; furriel de Estado-Maior		Porta-bandeira de engenharia	Comissário naval; capitão de Marinha Mercante de segunda classe; artilheiro naval	Comissário de colégio, fiscal de tribunal de Corte e de governadoria; tesoureiro de província; comissário de distrito; assessor de tribunal provincial; arquivista, atualizador, registrador e contador de colégio; tesoureiro de distrito; mestre dos correios de Moscou e outras cidades notáveis onde há governadores; *junker* de colégio	Regulamentador de igrejas de Corte; mestre dos pajens da Corte; secretário da Corte; antiquário; tesoureiro da Corte; auditor da Corte; quartel-mestre da Corte; boticário da Corte; administrador de prédios governamentais; mestre de artilharia da Corte; mensageiro de gabinete; copeiro; mestre cozinheiro; mestre da adega; mestre de exercícios; barbeiro da Corte

Fonte: Polnoe Sobranie Zakonov Rossiiskoi Imperii ("Coleção Completa das Leis do Império Russo), série 1, v. 6, pp. 486-9, lei nº 3890. Disponível em: <www.nlr.ru/e-res/law_r/search.php> (lei nº 3890).

Essa tabela de patentes, ou de níveis, foi promulgada por Pedro, o Grande, em 24 de janeiro de 1722 e serviu, embora modificada, como referência para a organização da burocracia tsarista até a Revolução de 1917. Ela compreendia catorze níveis ou categorias, em três carreiras: serviço público, serviço militar e serviço na Corte.

A tabela foi traduzida pela primeira vez para o português, em versão simplificada, por Camilo José Teixeira Lima Domingues e, depois, em forma completa, de acordo com a original russa, por Angelo Segrillo. O documento anterior é uma reprodução da tabela integral original traduzida por Angelo Segrillo e publicada no livro *Rússia, ontem e hoje* (São Paulo: FFLCH, 2016, pp. 139-49). Disponível em: <http://lea.vitis.uspnet.usp.br/arquivos/russiaoh_lea.pdf>.

2. Uma bofetada no gosto público

Os intelectuais que assinam este manifesto tomariam parte no movimento futurista russo, inspirado no texto clássico do italiano F. T. Marinetti, publicado em 1909. Críticos contundentes das tradições conservadoras, eles contribuíram, voluntária ou involuntariamente, para preparar o ambiente intelectual para o cataclismo político e social que viria. A partir de 1917, vários aderiram à revolução, embora não poucos revolucionários os considerassem como perigosos, por imprevisíveis e visceralmente indisciplinados a qualquer ordem partidária ou convencional.

UMA BOFETADA NO GOSTO PÚBLICO

Aos leitores, nossa Nova Primeira Novidade. Apenas *nós somos a face do nosso* Tempo. Nós tocamos a trombeta do tempo na arte literária. O passado é estreito. Púchkin e a academia são mais incompreensíveis do que hieróglifos. Joguemos Púchkin, Dostoiévski, Tolstói e quejandos fora do Vapor da Atualidade. Quem não esquecer seu *primeiro* amor não vai encontrar o último. Quem será o ingênuo que vai *transformar* o último amor numa transa superficial de Balmont? É nele por acaso que está o espelho da alma corajosa dos dias de hoje? Quem será o covarde que vai ter pavor de arrancar a couraça de algodão do fraque preto do soldado Briusov? Ou neles despontam misteriosos encantos? Lavem suas mãos envolvidas na sujeira secretada pelos livros desses inumeráveis Leonid Andreiev. Todos esses Maksim Górki, Kuprin, Blok, Sollogub, Remizov, Averchenko, Chorny, Kuzmin, Búnin etc. só precisam de uma casinha na beira de um rio. Tal é a recompensa que o destino dá aos alfaiates. Do alto dos arranha-céus contemplamos sua nulidade!... Nós *ordenamos* que se respeitem os *direitos* dos poetas a:

1. ampliar o *volume* de palavras no léxico por seu arbítrio e labor (*Novi-vocabulismo*);
2. odiar incuravelmente a língua como ela existiu antes deles;
3. afastar com horror de suas cabeças os Louros da Fama Miserável que vocês tecem com ervas de banho;
4. achar-se no bloco da palavra "nós" num mar de vaia e indignação. E se, por enquanto, em nossas linhas ainda restam sinais imundos do "bom senso" e "bom gosto" de vocês, mesmo assim já fulguram nelas os Clarões da Nova Beleza Futura da Palavra Autovaliosa (autoespiralada).

D. Burliuk, A. Kruchonykh, V. Maiakóvski,
V. Khlebnikov
Moscou, dezembro de 1912

3. Os poeteiros do futuro

Nesta tentativa de elaborar a institucionalização do movimento futurista na Rússia, destacam-se a abrangência (literatura — prosa e poesia —, teatro, artes plásticas, música, artes gráficas) e as características singulares do grupo de intelectuais engajados no processo. Observa-se não apenas o caráter crítico-destrutivo, mas também a proposta de construir alternativas às tradições dominantes.

PRIMEIRO CONGRESSO PAN-RUSSO DOS POETEIROS (*BAIATCHI*)[1] DO FUTURO

Reunimo-nos aqui para indispor o mundo contra nós! O tempo das bofetadas passou: o estampido dos bombaços (*vzorvali*) e o entalhe das carrancas (*pugali*) alvoroçarão

1. Neste manifesto se apresentam alguns dos muitos neologismos criados pelos futuristas russos, por meio da livre combinação de prefixos, radicais e sufixos. Em português, pareceu lícito traduzi-los com derivações populares ou pouco usuais, mas de sentido facilmente deduzível, ou com palavras cujo significado pretendido não é dicionarizado, mas corrente na fala comum. Nos dois casos buscou-se alguma aproximação com o que os escritores russos quiseram expressar. [Esta e as demais notas são dos tradutores.]

as artes no próximo ano! Queremos que nossos adversários defendam sem medo seus trastes que se desmancham. Que eles não chicaneiem com suas caudas, pois não saberão se esconder atrás delas. Havíamos prescrito às massas de milhares nos clubes e nos teatros e nas páginas de nossos nítidos livros, e agora declaramos os direitos dos poeteiros (*baiatchi*) e artistas, dilacerando os ouvidos dos que vegetam sob o tronco da covardia e do imobilismo:

1) liquidar a "límpida, clara, íntegra, sonora Língua Russa", castrada e aplainada pelas línguas dos homens da "crítica e literatura". Ela não é digna do grande "Povo Russo"!
2) exterminar a desusada direção do pensamento pela lei da causalidade, o raquítico "bom senso", a "lógica simétrica" e a vagueação pelas sombras cinzentas do simbolismo, e usar, num genuíno mundo de pessoas modernas, a própria perspicácia criativa;
3) aniquilar a elegância, a frivolidade e a beleza dos medíocres artistas e escritores públicos, produzindo sem cessar obras cada vez mais modernas em discursos e livros, em tela e papel;
4) com esse objetivo, virão à luz em 10 de agosto deste ano os novos livros *Os três*, de Khlebnikov, Kruchonykh e E. Guro, ilustrado por K. Malevich; *Camelinhos celestes*, de E. Guro; *Lua morrediça* — dos companheiros do "Gileia" —, *A imprensa e nós* etc;
5) fixar-se no esteio da estagnação artística, o Teatro Russo, e transformá-lo resolutamente. Nos Teatros de Arte, Korsh, Alexandra, Bolshoi e Maly não há lugar para o presente! Diante disso se constituirá O NOVO TEATRO "Futur-Russos" (*Budetlianin*);
6) e nele serão exibidos alguns espetáculos (Moscou e Petrogrado). Serão encenadas as agidas (*deima*):

Vitória sobre o sol, de Kruchonykh (ópera); *Ferrovia*, de Maiakóvski; *Um conto de Natal*, de Khlebnikov e outros. A direção ficará a cargo dos próprios discursólogos (*rechetvortsy*), os artistas K. Malevich e D. Burliuk e o músico M. Matiushin. Varramos o quanto antes as velhas ruínas e elevemos o arranha-céu, tenaz, como uma bala!

Certifico e dou fé.

Presidente: M. Matiushin. Secretários:
A. Kruchonykh, K. Malevich
Usikirko, 20 de julho de 1913

4. P. Durnovo: um memorando premonitório

O memorando ao tsar foi escrito por Pedro Nicolaevitch Durnovo (1845-1915) ao tsar Nicolau II poucos meses antes de ter início a Primeira Grande Guerra. De formação militar, Durnovo desempenhou vários importantes cargos na administração imperial, como chefe de polícia e ministro do Interior.

No texto a seguir ele faz uma análise das relações internacionais com ênfase na política de alianças do Império russo. O autor opunha-se à aliança com a Inglaterra e recomendava uma reaproximação com a Alemanha. O texto é notável pela antecipação da revolução social e dos desastres que uma guerra de grandes proporções provocaria na Rússia.

MEMORANDO AO TSAR

O principal fator do período da história mundial pelo qual estamos passando agora é a rivalidade entre a Inglaterra e a Alemanha. Essa rivalidade deve levar inevitavelmente a uma luta armada entre elas, cujo desfecho se mostrará, com toda a probabilidade, fatal para o lado derrotado. Os interesses dessas duas potências são por demais incompatíveis, e sua existência simultânea como potências mundiais, mais cedo ou mais tarde, se revelará impossível. De um lado, um Estado insular, cuja importância mundial fundamenta-se em seu domínio sobre o mar, seu comércio global e suas inúmeras colônias. Do outro, um poderoso império continental cujo limitado território não basta para uma crescente população, e que declarou, aberta e francamente, que seu futuro está nos mares. Com magnífica rapidez, desenvolveu um enorme comércio mundial, construiu uma formidável Marinha para protegê-lo e, com sua famosa marca registrada, "Made in Germany", criou um perigo mortal ao florescimento industrial e econômico de seu rival. Naturalmente, a Inglaterra não pode se render sem luta, e entre ela e a Alemanha é inevitável uma luta de vida ou morte.

O iminente conflito armado resultante dessa rivalidade não pode se limitar a um duelo apenas entre a Inglaterra e a Alemanha. Seus recursos são desiguais ao extremo e, ao mesmo tempo, elas não são suficientemente vulneráveis uma à outra. A Alemanha poderia provocar rebeliões na Índia, na África do Sul e, sobretudo, uma perigosa revolta na Irlanda, e paralisar o comércio marítimo inglês por meio da pirataria e, talvez, da guerra submarina, criando assim dificuldades para a Grã-Bretanha suprir-se de alimentos; mas, apesar de toda a ousadia dos chefes militares alemães, eles mal se arriscariam a desembarcar na Inglaterra, ao menos que um acaso feliz os ajudasse a destruir ou razoavelmente enfraquecer a Marinha inglesa. Quanto à Inglaterra, ela encontrará a Alemanha totalmente invulnerável. Tudo o que ela pode conseguir é tomar as colônias alemãs, barrar o comércio marítimo alemão e, na melhor das hipóteses, aniquilar a Marinha alemã, e nada mais. Isso, porém, não forçaria o inimigo a implorar pela paz. Não há dúvidas, portanto, de que a Inglaterra irá usar o método que mais de uma vez empregou com sucesso, arriscando uma ação armada apenas depois de estar segura de que, na guerra, a seu lado, estarão as potências mais fortes em sentido estratégico. Mas, uma vez que a Alemanha, de seu lado, não se encontrará isolada, a futura guerra anglo-alemã, sem dúvida, se transformará num conflito armado entre dois grupos de potências, um de orientação alemã e outro de orientação inglesa.

Até a Guerra Russo-Japonesa, a política russa não tinha nenhuma orientação. A partir do reino do imperador Alexandre III, a Rússia teve uma aliança defensiva com a França, firme o bastante para garantir a ação comum de ambas as potências no caso de uma delas ser atacada, mas, ao mesmo tempo, não tão íntima que as obrigasse a apoiar incondicionalmente, pela força das armas, todas as ações e reivindicações políticas do aliado. Ao mesmo tempo, a Corte russa manteve as tradicionais relações amistosas, baseadas nos laços de sangue, com a Corte de Berlim. Justo devido a essa conjuntura, a paz entre as grandes potências se manteve intacta ao longo de muitíssimos anos, apesar das inúmeras situações potencialmente explosivas na Europa. Estando aliada com a Rússia, a França estava garantida contra um ataque da Alemanha; esta estava protegida, graças ao provado pacifismo da Rússia, das ambições revanchistas francesas; e a Rússia estava blindada, por conta da necessidade de a Alemanha manter relações amigáveis com ela, contra as intrigas desmesuradas da Áustria-Hungria na península dos Bálcãs. Por último, a Inglaterra, isolada e contida por sua rivalidade com a Rússia na Pérsia, pelo histórico medo de seus diplomatas de que avancemos sobre a Índia, e pelas tensas relações com a França, visíveis em especial durante o conhecido incidente de Fashoda, via com alarme o aumento do poder naval da Alemanha, sem arriscar, porém, nenhuma ação decidida.

A Guerra Russo-Japonesa mudou radicalmente as relações entre as grandes potências e retirou a Inglaterra de seu isolamento. Como sabemos, durante toda a Guerra Russo-Japonesa, a Inglaterra e os Estados Unidos guardaram benévola neutralidade ante o Japão, enquanto fruíamos de uma semelhante neutralidade benévola por parte da França e da Alemanha. Aqui pareceria ter se dado o princípio do arranjo político mais natural para nós. Mas, depois da guerra, nossa diplomacia mudou de repente e entrou definitivamente na rota da aproximação com a Inglaterra. A França foi atraída para a órbita da política britânica; estava formado o grupo de potências da Tríplice Entente, com a Inglaterra exercendo o papel principal; e, mais cedo ou mais tarde, um choque com as potências agrupadas em torno da Alemanha se tornou inevitável.

Agora, que vantagens o abandono de nossa velha política de desconfiança da Inglaterra e a ruptura das relações corteses, senão amigáveis, com a Alemanha nos garantiu na época e agora? Seja como quisermos considerar os acontecimentos que se desenrolaram desde o Tratado de Portsmouth, achamos difícil observar quaisquer vantagens práticas que tenhamos obtido em aproximarmo-nos da Inglaterra...

Em suma, o acordo anglo-russo nada nos trouxe de prático até agora, enquanto no futuro ele nos ameaça com um inevitável choque armado com a Alemanha.

Em que condições se dará esse choque e quais poderão ser as consequências? Os agrupamentos básicos numa futura guerra são óbvios: Rússia, França e Inglaterra, de um lado, Alemanha, Áustria e Turquia, do outro. É mais do que provável que outras potências também participem da guerra, dependendo das circunstâncias que possam existir quando de sua eclosão. Mas, seja a causa imediata para o conflito fornecida por outro choque de interesses conflitantes nos Bálcãs ou por um incidente colonial, tal como o de Algeciras, o alinhamento essencial permanecerá o mesmo.

A Itália, se ela tiver alguma ideia de seus reais interesses, não entrará no campo alemão. Por razões tanto políticas quanto econômicas, ela, sem dúvida, espera expandir seu atual território. Tal expansão só pode se dar à custa da Áustria, de um lado, e da Turquia, de outro. Desse modo, é natural que a Itália não se alie à parte que protegeria a integridade territorial dos países a cuja custa ela espera realizar suas ambições. Além disso, não está fora de cogitação que a Itália se junte à coalizão antialemã, caso a escalada da guerra penda a seu favor, de forma a garantir para si as condições mais favoráveis ao partilhar a subsequente divisão dos espólios...

O maior ônus da guerra, sem dúvida, cairá sobre nós, visto que a Inglaterra é muito pouco capaz de tomar parte considerável numa guerra continental, enquanto a França, pobre em poderio humano, é provável que recorra a táticas estritamente defensivas, tendo em conta as enormes perdas que, no atual estado da tecnologia militar, a entrada na guerra lhe causará. Barragens de artilharia, abrindo uma brecha na defesa alemã bastante fortificada, caberá a nós, que lidaremos com muitos fatores adversos que merecem de nossa parte esforço e atenção.

Descontados esses fatores desfavoráveis, devemos considerar o Extremo Oriente. Tanto os Estados Unidos quanto o Japão são hostis à Alemanha, o primeiro, de forma enraizada, e o segundo, em virtude de sua atual orientação política, e não há razão para esperá-los atuarem no lado alemão. Além disso, a guerra, qualquer que seja seu desfecho, enfraquecerá a Rússia, e desviará nossa atenção para o Ocidente, um fato que obviamente serve aos interesses tanto japoneses quanto americanos. Assim, nossa retaguarda estará bastante segura no Extremo Oriente, e o máximo que pode lá ocorrer será nos solicitarem algumas concessões de natureza econômica como compensação pela benévola neutralidade. De fato, é possível que os Estados Unidos ou o Japão possam entrar no campo antialemão, mas, é claro, como meros usurpadores de uma ou outra das colônias alemãs desprotegidas.

Estamos preparados para uma guerra tão inflexível quanto, sem dúvida, vai se tornar o futuro conflito das nações europeias? Devemos responder a essa questão, sem titubear, por uma negativa. Sou a última pessoa a negar o tanto que tem sido feito para nossa defesa desde a guerra japonesa, mas, ainda assim, é bem insuficiente, considerando a escala inédita em que inevitavelmente se travará uma futura guerra. A falha reside, em considerável medida, em nossas jovens instituições legislativas, que têm mostrado um interesse superficial por nossas defesas, mas ainda estão longe de entender a gravidade da situação política que emerge de uma nova orientação seguida nos últimos anos, com a simpatia do público, por nosso ministro das Relações Exteriores...

Outro fator desfavorável para nossa defesa é sua vastíssima dependência, falando no geral, da indústria estrangeira, um fato que, em ligação com a acima mencionada interrupção de comunicações mais ou menos satisfatórias com o estrangeiro, criará uma série de obstáculos de difícil superação. Nossa artilharia pesada, cuja importância foi demonstrada na guerra japonesa, é muito insuficiente em quantidade, e há poucos tanques de guerra. A organização de nossas fortificações defensivas mal foi iniciada, e mesmo a fortaleza de Reval, que deve defender a rota para a capital, ainda não foi concluída.

A rede de ferrovias estratégicas é inadequada. As ferrovias possuem um material rodante que basta, talvez, para um tráfego normal, mas não à altura das colossais demandas que lhe seriam feitas no caso de uma guerra europeia. Por último, não se deve esquecer que a guerra iminente será travada entre as nações mais civilizadas e tecnicamente mais avançadas. Todas as guerras anteriores de uma maneira ou de outra foram acompanhadas por alguma novidade no domínio da tecnologia militar, mas o atraso técnico de nossas indústrias não cria condições favoráveis para adotarmos essas novas invenções.

Todos esses fatores geraram reflexões muito pouco adequadas em nossos diplomatas, cuja atitude em face da Alemanha, em alguns sentidos, é até agressiva e pode acelerar excessivamente o momento do conflito armado, um momento que, sem dúvida, é mesmo inevitável em vista de nossa orientação pró-britânica.

A questão é se essa orientação é correta e se mesmo um desfecho favorável da guerra nos garantirá vantagens suficientes para nos compensarem todas as privações e sacrifícios que deve provocar uma guerra sem paralelos em sua provável dimensão.

Os interesses vitais da Rússia e da Alemanha não se contrapõem. Há bases sólidas para uma coexistência pacífica desses dois Estados. O futuro da Alemanha baseia-se no mar, isto é, um domínio em que a Rússia, essencialmente a mais continental das grandes potências, não tem nenhuma ambição. Não temos colônias ultramarinas e é provável que nunca teremos, e a ligação entre as muitas partes de nosso império é mais fácil por terra do que por água. Não é visível nenhum excedente populacional, exigindo expansão territorial, mas, mesmo do ponto de vista de novas conquistas, o que podemos obter se vencermos a Alemanha: Posen, ou a Prússia Oriental? Mas por que precisamos dessas regiões, tão densamente povoadas por poloneses, se achamos bastante difícil dirigir até mesmo nossos próprios poloneses russos? Por que fomentar tendências centrípetas, que não cessaram mesmo hoje no território do Vístula, ao se incorporarem ao Estado russo os inquietos poloneses de Poznań e da Prússia Oriental, cujas demandas nacionais nem mesmo o governo alemão, que é mais firme do que o russo, consegue reprimir?...

Em todo caso, mesmo que devêssemos reconhecer a necessidade de erradicar o domínio alemão no campo de nossa vida econômica, mesmo ao custo de banir totalmente o capital alemão da indústria russa, poderiam ser tomadas medidas apropriadas, ao que parece, sem guerrear a Alemanha. Uma tal guerra exigirá gastos tão enormes que eles excederão em muitas vezes nossas vantagens mais do que duvidosas em abolir o domínio [econômico] alemão. Mais do que isso, o resultado dessa guerra será uma situação econômica que, comparada ao jugo do capital alemão, será muito mais penosa.

Porquanto não se pode duvidar de que a guerra exigirá gastos situados além dos limitados recursos financeiros da Rússia, teremos de conseguir créditos dos países aliados e neutros, mas isso não será concedido de graça. Quanto ao que acontecerá se a guerra terminar em desastre para nós, não desejo discutir agora. As consequências financeiras e econômicas da derrota não podem ser calculadas nem previstas, e certamente resultarão na ruína completa de toda nossa economia nacional.

Mas, mesmo vencendo, encararíamos um panorama financeiro extremamente desfavorável; uma Alemanha toda arruinada não teria condições de nos ressarcir os custos despendidos. Ditado no interesse da Inglaterra, o tratado de paz não facilitará à Alemanha uma recuperação econômica suficiente para cobrir todos os gastos bélicos, mesmo num longo prazo. O pouco que talvez possamos conseguir lhe arrancar terá de ser dividido com nossos aliados, e em nosso butim não cairão mais do que migalhas insignificantes, comparadas com o custo bélico. Enquanto isso, teremos de pagar nossos empréstimos de guerra, não sem pressão por parte dos aliados, pois, após ter sido destruída a potência alemã, eles não precisarão mais de nós. Ou pior, nossa força política, melhorada com nossa vitória, induzi-los-á a enfraquecer-nos, ao menos economicamente. Portanto, é inevitável que, embora terminemos ganhando a guerra, cairemos no mesmo tipo de dependência financeira e econômica ante nossos credores, que fará nossa atual dependência ante o capital alemão parecer um sonho.

Contudo, por mais nocivas que possam ser as perspectivas econômicas que nos esperam como resultado da união com a Inglaterra e, nessa trilha, da guerra com a Alemanha, elas têm ainda importância secundária quando pensamos nas decorrências políticas dessa aliança essencialmente anormal.

Não devemos esquecer que a Rússia e a Alemanha são os representantes do princípio conservador no mundo civilizado, em oposição ao princípio democrático encarnado pela Inglaterra e, num grau infinitamente menor, pela França. Por estranho que possa parecer, a Inglaterra, no âmbito interno monarquista e conservadora até a medula, sempre atuou em suas relações externas como protetora das tendências mais demagógicas, fomentando de forma variada todos os movimentos populares que visam enfraquecer o princípio monárquico.

Desse ponto de vista, um combate entre a Alemanha e a Rússia, qualquer que seja seu desfecho, é extremamente indesejável por ambos os lados, por acarretar a inevitável debilitação do princípio conservador, em cujo universo as duas grandes potências mencionadas acima são os únicos baluartes seguros. Mais do que isso, pode-se supor que, nas excepcionais condições existentes, uma guerra geral europeia é mortalmente perigosa tanto para a Rússia quanto para a Alemanha, não importa quem ganhe. É nossa firme convicção, baseada em demorado e cuidadoso estudo de todas as tendências subversivas contemporâneas, que de uma maneira ou de outra deverá irromper no país derrotado uma revolução social que, tal como as coisas são, naturalmente, espraiar-se-á para o país vencedor.

Durante os longos anos de pacífica coexistência cordial, os dois países se tornaram ligados por muitos laços, e uma agitação social em um decerto afetará o outro. Não há dúvida de que esses distúrbios serão de natureza social, e não política, o que se mostrará válido não apenas para a Rússia, mas também para a Alemanha. Um terreno particularmente fértil para levantes sociais existe na Rússia, onde, sem dúvida, as massas professam, de forma inconsciente, os princípios do socialismo. Apesar do clima de oposição ao governo na sociedade russa, tão inconsciente quanto o socialismo das vastas massas populares, uma revolução política é impossível na Rússia, e todo movimento revolucionário deve degenerar invariavelmente num movimento socialista. Os opositores do governo não têm apoio popular. O povo não vê nenhuma diferença entre um funcionário do governo e um intelectual. As massas da Rússia, sejam operárias ou camponesas, não buscam direitos políticos que elas não querem nem compreendem.

O camponês sonha em obter de graça um pedaço da terra de qualquer um; o operário, em se apossar de todo o capital e lucros do industrial. Essas são suas únicas aspirações. Se esses motes se propagarem por todo lado entre o populacho, e se o governo permitir agitações de acordo com essas linhas, a Rússia se afundará na anarquia, do mesmo modo que sofreu o inesquecível período de revoltas em 1905-6. Uma guerra com a Alemanha criaria condições extremamente favoráveis para uma agitação assim. Como já mencionado, essa guerra engendra enormes dificuldades para nós e não tem como desembocar numa simples marcha triunfal sobre Berlim. Tanto as catástrofes militares — que esperamos serem parciais — quanto todo tipo de problemas com nossas provisões são inevitáveis. Ante os excessivos nervosismo e espírito de oposição de nossa sociedade, esses eventos receberão uma importância exagerada, e toda a culpa será jogada sobre o governo.

Será bom se o governo não ceder, mas declarar prontamente que, em tempo de guerra, não deve ser tolerada nenhuma crítica à autoridade governamental e deve-se reprimir toda oposição. Em não havendo nenhuma sólida influência da oposição sobre o povo, isso resolveria a questão. O povo não prestou atenção nos redatores do Manifesto de Viborg na época, e não os seguirá agora.

Mas algo pior pode acontecer: a autoridade governamental pode fazer concessões, tentar chegar a um acordo com a oposição e dessa forma enfraquecer a si mesma, exatamente quando os elementos socialistas estiverem prontos para agir. Mesmo podendo parecer um paradoxo, ocorre que esse acordo com a oposição na Rússia enfraquece positivamente o governo. O problema é que nossa oposição se recusa a levar em conta o fato de que ela não representa nenhuma força real. Por toda parte a oposição russa é intelectual, o que constitui sua fraqueza, pois entre a intelligentsia e o povo há um profundo abismo de desconfiança e divergência mútuas. Precisamos de uma lei eleitoral artificial, de fato, necessitamos da influência direta da autoridade governamental para blindar a eleição para a Duma Estatal dos ainda mais zelosos campeões dos direitos populares. Se o governo se recusar a apoiar as eleições, deixando-as correr naturalmente, as instituições legislativas não veriam entre suas paredes um só intelectual, exceto uns poucos demagogos agitadores. Por mais que os membros de nossas instituições legislativas possam insistir em que o povo confia neles, o camponês preferiria na Duma antes o funcionário estatal sem terra do que o senhor outubrista de terras, enquanto o operário trata o inspetor de fábrica assalariado com mais confiança do que o industrial legislador, mesmo que este professe cada princípio do Partido Kadete.

Nessas circunstâncias, é mais do que estranho que a autoridade governamental seja solicitada a levar seriamente em conta a oposição; renuncie, com esse fim, ao papel de regulador imparcial das relações sociais e apresente-se diante das vastas massas populares como o órgão submisso às aspirações classistas da minoria proprietária e intelectual da população. A oposição exige que o governo responda perante ela, que represente uma classe e obedeça ao Parlamento que ele criou artificialmente. (Lembremos a famosa expressão de V. Nabokov: "Que o Poder Executivo se submeta ao Poder Legislativo!".) Em outras palavras, a oposição exige que o governo adote a psicologia do selvagem e venere o ídolo que ele mesmo criou.

Se sairmos vencedores da guerra, a repressão ao movimento socialista não oferecerá nenhum obstáculo insuperável. Haverá distúrbios agrários, resultantes da agitação para que os soldados sejam compensados com lotes adicionais de terra; haverá distúrbios operários ao se transitar dos salários provavelmente aumentados durante a guerra para tabelamentos normais; e esperamos que isso seja tudo, enquanto a vaga da revolução social alemã não nos atingir. Mas em caso de derrota, cuja possibilidade não se deve negligenciar numa luta contra um inimigo como a Alemanha, será inevitável a revolução social em seu modelo mais extremado.

Como já foi dito, o problema começará quando culparem o governo por todos os desastres. Nas instituições legislativas começará uma amarga campanha contra o governo, seguida de agitações revolucionárias por todo o país, com palavras de ordem socialistas capazes de incitar e congregar as massas, partindo da divisão das terras e passando pela divisão de todas as propriedades e objetos de valor. O Exército derrotado, tendo perdido seus homens mais confiáveis e impressionado pela maré da secular sede camponesa pela terra, sentir-se-á desmoralizado demais para servir de bastião da lei e da ordem. Carentes de autoridade efetiva aos olhos do povo, as instituições legislativas e os partidos da oposição intelectual ficarão impotentes para estancar a onda popular que eles mesmos atiçaram, e a Rússia cairá numa irremediável anarquia, cuja solução não pode ser prevista.

Por mais estranho que isso possa parecer à primeira vista, diante do surpreendente equilíbrio do caráter alemão, igualmente a Alemanha está destinada, caso vencida, a sofrer não menos insurreições sociais. O efeito de uma guerra desastrosa sobre a população será severo demais para não trazer à tona tendências destrutivas, hoje profundamente ocultas. A peculiar ordem social da Alemanha moderna assenta na influência de fato dominante dos agrários os *junkers* prussianos e os camponeses proprietários.

Esses elementos são o esteio do regime alemão profundamente conservador, liderado pela Prússia. Os interesses vitais dessas classes exigem uma política econômica que favoreça a agricultura, os impostos sobre a importação de grãos e, em decorrência, preços altos para todos os produtos agrícolas. Mas a Alemanha, com seu território limitado e sua população crescente, há muito tempo está se convertendo de um Estado agrícola num industrial, de forma que a proteção à agricultura, de fato, traduz-se em taxar a maior parte da população em benefício de poucos. Essa maioria é compensada com o extenso desenvolvimento da exportação de produtos industriais alemães para os mercados mais distantes, de forma que as decorrentes vantagens permitem, assim, que patrões e trabalhadores paguem os caros preços dos produtos agrícolas consumidos no país.

Derrotada, a Alemanha perderá seus mercados mundiais e seu comércio marítimo, pois o objetivo da guerra — da parte de seu real instigador, a Inglaterra — será a destruição da competição alemã. Depois que isso acontecer, as massas trabalhadoras, privadas não apenas dos salários mais altos, mas de todo e qualquer salário, tendo sofrido enormemente durante a guerra e, como esperado, se ressentido, oferecerá um solo fértil para a propaganda antiagrária e, a seguir, antissocial dos partidos socialistas.

Esses partidos, por sua vez, manipulando a revolta patriótica sentida pelo povo devido à derrota na guerra e a exasperação dele contra os militaristas e o regime feudal-burguês que o traíram, abandonarão a rota da evolução pacífica que havia muito estavam seguindo com tanta firmeza e tomarão um rumo puramente revolucionário. Sobretudo caso haja distúrbios agrários na Rússia vizinha, haverá também alguma participação da classe de agricultores sem terra, que é bem numerosa na Alemanha. Fora isso, haverá um renascimento de tendências separatistas até agora dissimuladas no sul da Alemanha, e o antagonismo oculto da Baviera contra a dominação da Prússia emergirá com toda força. Resumindo, criar-se-á uma situação que (em gravidade) será pouco melhor do que a da Rússia.

Um resumo de tudo o que foi afirmado acima deve levar a concluir que uma aproximação com a Inglaterra não nos garante nenhuma vantagem e que a orientação pró-inglesa de nossa diplomacia é essencialmente errônea.

Não andamos na mesma trilha que a Inglaterra: deixemo-la seguir seu próprio rumo, e assim não brigaremos com a Alemanha por causa dela. A Tríplice Entente é um arranjo artificial, baseado em nenhum interesse efetivo, e nada se pode esperar dela. O futuro reside numa aproximação estreita e muitas vezes mais vital entre a Rússia, a Alemanha, a França (pacificada com a Alemanha) e o Japão (aliado à Rússia por uma união estritamente defensiva). Uma tal combinação política, imune a qualquer agressividade ante outros Estados, conservaria por muitos anos a paz entre as nações civilizadas, ameaçada não pelas ambições combativas da Alemanha, como a diplomacia inglesa está tentando mostrar, mas unicamente pelo esforço bastante natural da Inglaterra em manter a qualquer preço seu decadente domínio sobre os mares. É nesse caminho, e não na infrutífera busca em sustentar um acordo com a Inglaterra, tão contrário à natureza de nossos planos e metas nacionais, que devem se centrar todos os esforços de nossa diplomacia. É evidente por si que a Alemanha, de sua parte, irá ao encontro de nosso desejo de restaurar nossas provadas relações e a aliança amistosa com ela, e de elaborar, em perfeito acordo conosco, os termos dessa nossa coexistência cordial, de forma a não dar ensejo à agitação antialemã por parte de nossos partidos constitucional-liberais, os quais são impelidos, por sua própria natureza, a aderir não à orientação alemã conservadora, mas à liberal inglesa.

P. N. Durnovo
São Petersburgo, fevereiro de 1914

5. O inferno dos poetas

No manifesto a seguir, torna-se explícita, mais uma vez, a proposta de provocar escândalo e subverter a ordem e as tradições do mundo intelectual e literário. Ao mesmo tempo que se autointitulam "futuristas", os autores não se privam de criticar o futurismo e seus adeptos. No ambiente cultural que era o deles, anunciavam e antecipavam a revolução que viria.

VÃO PRO INFERNO!

O ano de vocês começou no dia em que saíram nossos primeiros livros: *Bofetada*, *Taça altifervente*, *Viveiro de juízes* e outros. O surgimento de Novas Poesias surtiu efeito nos velhotes ainda rastejantes da literaturícula russa, como o marmóreo Púchkin dançando tango.

Os velhacos comerciantes atinaram obtusamente, antes do público que eles fazem de bobo, o valor do novo e, "como sempre", olharam para nós com o bolso. K. Chukovski (outro desse naipe!) espalhou por todas as cidades mercantis um artigo procurado: os nomes de Kruchonykh, Burliuk, Khlebnikov...

F. Sologub apanhou o gorro de I. Severianin para esconder seu talentozinho encalvecido. Vasili Briusov costumava mastigar a poesia de Maiakóvski e de Livshits com as páginas do *Pensamento russo* (*Russkaia Mysl*). Deixe, Vasia, isso não é comida pra você!... Não seria por isso que os velhacos acediam aos nossos caprichos, para se costurarem às pressas, com as centelhas da nossa poesia provocativa, uma cinta elétrica, e assim se relacionarem com as musas? Esses sujeitos deram pretexto para que uma multidão de jovens, antes sem profissão definida, se lançasse à literatura e ficasse fazendo suas caretas: vaiados pelos ventos do *Mezzanino da poesia*, do *Arauto de São Petersburgo* etc. E ao lado se arrastava uma corja de Adões com risca no cabelo — Gumiliov, S. Makovski, S. Gorodetski, Piast, que tentou pregar uma capa de acmeísmo e apolonismo em canções já foscas sobre samovares de Tula e leões de brinquedo, e depois começou a girar numa misturada dança de roda em torno dos futuristas consolidados. Estamos hoje cuspindo o passado grudado nos nossos dentes, declarando:

1) *todos os futuristas estão unidos apenas pelo nosso grupo;*
2) *nós abandonamos todas as nossas ocasionais alcunhas "ego-" e "cubo-" e nos reunimos numa única sociedade literária futurista.*

David Burliuk, Aleksei Kruchonykh,
Benedikt Livshits, Vladímir Maiakóvski,
Igor Severianin, Viktor Khlebnikov
Parnaso rugidor (São Petersburgo:
Ed. Zhuravl, 1914)

6. A Revolução de 1905

V. Lênin proferiu esta conferência em 9/22 de janeiro de 1917[1] na Casa do Povo, em Zurique, Suíça, para uma reunião de jovens socialistas daquele país. A exposição é relevante porque descreve com ricos pormenores como a Revolução de 1905 foi analisada pelos revolucionários socialistas e, em especial, pelos bolcheviques e por Lênin. Além disso, também oferece um quadro das expectativas desses revolucionários quanto ao futuro imediato da Europa e da Rússia. Destaque aí merece o ceticismo de Lênin quanto à iminência da própria Revolução Russa, que explodiria, ao contrário de suas expectativas, em pouco mais de um mês.

SOBRE A REVOLUÇÃO DE 1905

Jovens amigos e camaradas!

Hoje é o 12º aniversário do "Domingo Sangrento", que é justamente considerado o início da Revolução Russa.

1. A primeira data refere-se ao calendário juliano, e a segunda, ao calendário gregoriano. O calendário juliano permaneceu vigente na Rússia até 10 de fevereiro de 1918, quando houve o ajuste com o calendário gregoriano, já usado no restante da Europa.

Milhares de trabalhadores, não sociais-democratas, mas crentes, leais ao tsar, chegam, sob a liderança do padre Gapon, de todas as partes da cidade para o centro da capital, até a praça em frente ao Palácio de Inverno para entregar sua petição ao tsar. Os trabalhadores vão com os ícones, e seu líder, Gapon, tinha assegurado, por escrito, ao tsar que ele garantia sua segurança pessoal, pedindo-lhe que viesse ao encontro do povo.

Chamam as tropas. Ulanos e cossacos se lançam contra a multidão com arma branca, atirando em trabalhadores desarmados que, de joelhos, imploraram aos cossacos que os deixassem passar para ver o tsar. De acordo com os relatórios da polícia, foram mais de mil mortos e mais de 2 mil feridos. A indignação dos trabalhadores foi indescritível.

Esse é o quadro geral de 22 de janeiro de 1905 — o "Domingo Sangrento".

Para mostrar a vocês mais claramente a importância histórica desse evento, vou ler-lhes algumas passagens da petição dos trabalhadores. A petição começa da seguinte forma:

> Nós, trabalhadores, moradores de São Petersburgo, viemos até Vós. Nós — infelizes, escravos, injuriados, estamos esmagados pelo despotismo e pela tirania. Quando o copo da paciência se esgotou, deixamos o trabalho e pedimos aos nossos donos para nos dar somente aquilo sem o que a vida é um tormento.
>
> Mas tudo isso foi rejeitado, dizem os donos das indústrias que o que nós pedimos não está conforme a lei. Nós, aqui, somos milhares, assim como todo o povo russo, não temos quaisquer direitos humanos. Por causa de Vossos funcionários nos tornamos escravos.

A petição enumera as seguintes exigências: a anistia, as liberdades civis, os salários normais, a transferência gradual da terra para o povo, a convocação de uma assembleia constituinte com base no sufrágio universal e igual, e se termina com estas palavras: "Ó imperador! Não vos recusai a ajudar o Vosso povo! Derrubai os muros entre Vós e o Vosso povo! Ordenai e jurai que se cumpram nossos pedidos, e Vós ireis fazer a Rússia feliz; se não, estamos prontos para morrer aqui mesmo. Temos apenas dois caminhos: a liberdade e a felicidade ou a sepultura."

Causa uma impressão estranha ler hoje essa petição de trabalhadores iletrados, analfabetos, liderados por um padre patriarcal. Não podemos deixar de traçar um paralelo entre essa petição ingênua e as modernas resoluções pela paz dos sociais-pacifistas, ou seja, pessoas que querem ser socialistas, mas na realidade são apenas burgueses fazedores de frases.

Os trabalhadores da Rússia pré-revolucionária não sabiam que o tsar é a cabeça da classe dominante, ou seja, a classe dos grandes proprietários, que estão ligados à grande burguesia por milhares de laços e preparados para defender por todos os meios violentos o seu monopólio, privilégios e lucros. Sociais-pacifistas modernos, que — sem nenhuma brincadeira! — querem parecer pessoas de "educação alta", não sabem que esperar uma paz "democrática" dos governos burgueses que levam a guerra imperialista de rapina é tão estúpido como é estúpida a ideia de que é possível persuadir um tsar sangrento com pacíficas petições a realizar reformas democráticas.

Entretanto, existe entre eles uma grande diferença: consiste no fato de que os modernos sociais-pacifistas, em grande medida, são hipócritas que aspiram, com sugestões suaves, desviar o povo da luta revolucionária, enquanto os trabalhadores incultos da Rússia pré-revolucionária provaram por seus atos que eram pessoas sinceras, pela primeira vez despertadas para a consciência política.

E é exatamente nesse despertar de grandes massas do povo para a consciência política e para a luta revolucionária que consiste o significado histórico do 22 de janeiro de 1905.

"Na Rússia ainda não há revolucionários", assim escreveu, dois dias antes do "Domingo Sangrento", o sr. P. Struve, na época líder dos liberais russos, que publicava um órgão ilegal, livre, no exterior. Essa ideia de que um país camponês analfabeto poderia dar à luz um povo revolucionário parecia tão absurda para esse líder dos reformistas burgueses, para essa pessoa arrogante, estúpida e de "alta educação"! Tão profunda era a convicção dos reformistas daquele tempo — bem como a dos atuais — na impossibilidade de uma verdadeira revolução!

Até o 22 de janeiro (dia 9 no velho calendário) de 1905, o partido revolucionário na Rússia não passava de um pequeno grupo de pessoas — os reformistas daquele tempo (exatamente como nos dias de hoje), zombando, nos chamavam de "seita". Várias centenas de organizadores revolucionários, alguns milhares de membros de organizações locais, uma meia dúzia de jornais revolucionários que eram publicados sobretudo no exterior e, de forma clandestina, contrabandeados para a Rússia, com incríveis dificuldades, a custo de muitos sacrifícios — eis o que eram os partidos revolucionários na Rússia e, antes de tudo, a social-democracia revolucionária.

Essa circunstância aparentemente dava aos reformistas limitados e arrogantes o direito de afirmar que ainda não existia um povo revolucionário na Rússia.

No entanto, em alguns meses, o quadro mudou completamente. As centenas de sociais-democratas revolucionários de repente se transformaram em milhares. E esses milhares se tornaram os líderes de 2 milhões a 3 milhões de proletários. A luta proletária causou grande agitação, até mesmo, em parte, um movimento revolucionário, nas profundezas de 50 milhões a 100 milhões de camponeses.

O movimento camponês encontrou ressonância no Exército e levou às revoltas dos soldados, a confrontos armados entre as tropas. Assim, um enorme país com 130 milhões de habitantes entrou em revolução, de modo que a Rússia adormecida transformou-se na Rússia do proletário revolucionário e do povo revolucionário.

É necessário estudar essa transformação, entender o que a tornou possível, analisar seus métodos e suas formas.

A ferramenta mais importante dessa transformação foi a greve de massas. A peculiaridade da Revolução Russa consiste no fato de que ela foi, em seu conteúdo social, democrático-burguesa, mas proletária, pelos seus meios de luta.

Foi uma revolução democrático-burguesa, pois o alvo dela era uma república democrática, a jornada de trabalho de oito horas, o confisco dos enormes latifúndios da nobreza — medidas realizadas quase inteiramente pela revolução burguesa na França em 1792 e 1793.

Mas a Revolução Russa foi, ao mesmo tempo, proletária, não só no sentido de que o proletariado era a principal força, a vanguarda do movimento, mas também no sentido de que o meio especificamente proletário de luta, que é a greve, representou o principal recurso de pôr as massas em movimento e o fenômeno mais característico na vaga crescente dos principais eventos.

A Revolução Russa é a primeira grande revolução na história do mundo, mas, sem dúvida, não será a última em que a greve política de massas desempenhou um papel extraordinariamente importante. Posso até afirmar que é impossível compreender os acontecimentos da Revolução Russa e a mudança de suas formas políticas se não se estudarem as estatísticas das greves, base desses eventos e dessas mudanças de formas.

Sei muito bem como não é adequado usar para uma conferência oral os dados secos da estatística, como eles são capazes de assustar os ouvintes. Ainda assim, devo dar alguns números redondos para vocês terem a oportunidade de avaliar a base real objetiva de todo o movimento. O número médio anual de grevistas na Rússia durante dez anos antes da revolução foi de 43 mil. Portanto, o número total de grevistas para a década anterior à revolução foi de 430 mil. Em janeiro de 1905, o primeiro mês da revolução, o número de grevistas foi de 440 mil. Assim, em apenas um mês, mais do que em toda a década anterior!

Em nenhum país capitalista do mundo, mesmo nos países mais avançados, como a Grã-Bretanha, ou os Estados Unidos, ou a Alemanha, o mundo tinha visto um movimento de greve tão enorme como na Rússia em 1905. O número total de grevistas foi de 2,8 milhões, o dobro do número total de trabalhadores de fábrica! Isso, naturalmente, não prova que os operários fabris da Rússia eram mais educados, ou mais fortes, ou mais aptos para a luta do que os seus irmãos na Europa Ocidental. Na verdade, o contrário é que é verdadeiro.

Mas isso mostra quão grande pode ser a energia latente do proletariado. Sugere que, em uma época revolucionária — digo isso sem nenhum exagero, com base nos dados mais precisos da história da Rússia —, o proletariado pode desenvolver uma energia combativa cem vezes maior do que num tempo normal e calmo. Isso sugere que a humanidade até 1905 ainda não sabia quão grande, quão grandiosa pode ser e será a tensão das forças do proletariado, se ele estiver prestes a lutar de verdade por grandes objetivos, de uma forma de fato revolucionária!

A história da Revolução Russa mostra-nos que foi exatamente a vanguarda, elementos selecionados dos operários assalariados, que lutou com a maior tenacidade e o maior sacrifício. Quanto maiores foram as fábricas, mais tenazes foram as greves, e mais elas se repetiram no curso de um mesmo ano. Quanto maior a cidade, mais significativo foi o papel do proletariado na luta. As três grandes cidades onde são mais numerosos e conscientes os trabalhadores, Petersburgo, Riga e Varsóvia, fornecem, em relação à totalidade, um número muito maior de grevistas que todas as outras cidades, para não mencionar os campos.

Os metalúrgicos na Rússia — provavelmente como em outros países capitalistas — se apresentam como a vanguarda do proletariado. E aqui podemos observar o seguinte fato instrutivo: para cada cem operários fabris da Rússia em 1905, houve 160 grevistas. Enquanto isso, no mesmo ano, para cada cem metalúrgicos houve 320 grevistas! Calcula-se que cada operário perdeu em 1905, devido às greves, dez rublos em média — cerca de 26 francos, à taxa de câmbio pré-guerra — por assim dizer, doou-os para a luta. Se tomarmos apenas os metalúrgicos, temos uma quantia três vezes superior! Os melhores elementos da classe operária iam na frente, arrastando consigo os indecisos, despertando os adormecidos e encorajando os fracos.

Excepcionalmente original foi o entrelaçamento das greves econômicas e políticas durante a revolução. Não há dúvida de que só a ligação estreita dessas duas formas de greves assegurou um grande poder ao movimento. Seria impossível envolver as enormes massas dos explorados no movimento revolucionário se essas massas não vissem, sob seus olhos, em todos os dias, exemplos de como trabalhadores assalariados em várias indústrias forçavam os capitalistas a melhorar direta e imediatamente a sua situação. Através dessa luta, um novo espírito soprou em toda a massa do povo russo. Foi só então que a Rússia serva, dormindo numa hibernação de urso, patriarcal, piedosa e obediente, tirou de si a pele do velho Adão; só então o povo russo recebeu uma educação verdadeiramente democrática, verdadeiramente revolucionária.

Quando os senhores burgueses e seus comparsas sem espírito crítico, socialistas-reformistas, falam com tanta arrogância da "educação" das massas, entendem vulgarmente com isso algo escolar, pedante, que desmoraliza as massas e incute nelas preconceitos burgueses.

A verdadeira educação das massas nunca pode ser apartada de uma luta política independente, separada sobretudo de uma luta revolucionária das próprias massas. Apenas a luta educa a classe explorada, apenas a luta revela a ela a magnitude de seu poder, amplia seu horizonte, reforça a sua capacidade, esclarece a sua mente, forja sua vontade. E por isso até reacionários tinham que reconhecer que o ano de 1905, o ano de luta, o "ano louco", definitivamente enterrou a Rússia patriarcal.

Vamos examinar com mais atenção a correlação entre os metalúrgicos e os operários da indústria têxtil na Rússia na época das greves em 1905. Os metalúrgicos são os mais bem pagos, mais conscientes em termos políticos, os proletários mais cultos. Os operários têxteis, cujo número na Rússia em 1905 era mais de duas vezes e meia o número de metalúrgicos, são os mais atrasados, recebem salários piores do que todos os outros, e ainda não cortaram completamente a sua ligação com a família de camponeses na aldeia. E aqui deparamos com o seguinte fato muito importante: entre os metalúrgicos ao longo de 1905 há uma preponderância da greve política sobre a econômica, embora no início do ano esse predomínio ainda não seja tão grande como no final do ano. Pelo contrário, os operários têxteis no começo de 1905 têm grande predomínio de greves econômicas, e apenas no final do ano há um predomínio de greves políticas entre eles. Daqui decorre claramente que só a luta econômica, só a luta pela melhoria imediata e direta de seu estado é capaz de sacudir as pessoas mais atrasadas das massas exploradas, dar a elas uma educação verdadeira e transformá-las — em um período revolucionário —, em alguns meses, num exército de combatentes políticos.

Claro, para isso foi necessário que a vanguarda dos trabalhadores não entendesse a luta de classes como uma luta pelos interesses de uma pequena camada superior, como muitas vezes tentaram incutir os reformistas nos trabalhadores, mas que os proletários fossem realmente a vanguarda da maioria dos explorados, envolvendo a maioria na luta, como foi o caso na Rússia em 1905 e como deve acontecer, e, sem dúvida, acontecerá, na revolução proletária futura na Europa.

O início do ano de 1905 trouxe a primeira onda significativa de greves em todo o país. Já na primavera desse ano, vimos na Rússia o despertar do primeiro grande movimento camponês, não só econômico, mas também político. Para compreender a importância dessa reviravolta para a história, é indispensável recordar que os camponeses na Rússia apenas em 1861 foram liberados da servidão mais opressiva, que a maioria dos camponeses era analfabeta, viviam um sofrimento indescritível, oprimidos pelos proprietários, embriagados pelos sacerdotes, isolados uns dos outros por vastas distâncias na ausência quase completa de estradas.

A Rússia conheceu pela primeira vez um movimento revolucionário contra o regime tsarista em 1825, e esse movimento foi representado quase exclusivamente por nobres. Desde então, e até 1881, quando Alexandre II foi assassinado por terroristas, os intelectuais de classe média encabeçaram o movimento. Deram provas do maior espírito de sacrifício, e com o seu modo heroico de luta terrorista surpreenderam todo o mundo. Sem dúvida, eles não caíram em vão, e claro, têm contribuído — direta ou indiretamente — para a educação revolucionária posterior do povo russo. Mas não atingiram nem podiam alcançar seu objetivo imediato, despertar a revolução popular.

Isso só foi conquistado pela luta revolucionária do proletariado. Apenas as ondas de greves de massas que varreram o país, conjugadas às lições cruéis da guerra imperialista russo-japonesa, despertaram as grandes massas dos camponeses de sua letargia. A palavra "grevista" adquiriu um novo significado para os camponeses: significava algo como um rebelde, um revolucionário, algo que outrora se expressava pela palavra "estudante". Mas, na medida em que o "estudante" pertencia à classe média, aos "eruditos", aos "senhores", ele era um estranho para o povo. Pelo contrário, o "grevista" saía do povo, pertencia aos explorados; expulso de Petersburgo, ele voltava muitas vezes para a aldeia e contava aos seus companheiros sobre o incêndio que tomava conta das cidades e que devia destruir tanto os capitalistas quanto os nobres. Na aldeia russa apareceu um novo tipo — o jovem camponês consciente. Ele se comunicava com os "grevistas", lia jornais, explicava aos camponeses acontecimentos nas cidades, explicava aos companheiros da aldeia o significado das reivindicações políticas, exortando-os à luta contra a nobreza latifundiária, os sacerdotes e os funcionários do Estado.

Os camponeses se reuniam em grupos, discutindo sua situação e, pouco a pouco, entravam na luta; atacavam em multidões os latifundiários, queimavam seus palácios e herdades ou expropriavam suas reservas de trigo e outros víveres, matavam policiais e exigiam a transferência das enormes propriedades de terra dos nobres para o povo.

Na primavera de 1905, o movimento camponês era apenas embrionário, estendia-se apenas a uma minoria dos distritos, aproximadamente um sétimo deles. Mas a combinação das greves das massas proletárias nas cidades com o movimento camponês nas aldeias foi o suficiente para abalar o suporte mais "firme" e último do tsarismo. Refiro-me ao Exército.

Começam revoltas na Marinha e no Exército. Cada movimento ascendente de greves e de movimentos camponeses durante a revolução é acompanhada de revoltas de soldados em todas as partes da Rússia. A mais famosa entre elas é a revolta no encouraçado *Príncipe Potemkin*, no mar Negro, que, nas mãos dos rebeldes, participou da revolução em Odessa e, após a derrota da revolução e tentativas frustradas de invasão dos outros portos (por exemplo, Teodósia, na Crimeia), se entregou nas mãos das autoridades romenas em Constanza.

Permitam-me contar detalhadamente um pequeno episódio dessa revolta da frota do mar Negro, para que vocês tenham o quadro concreto dos acontecimentos no seu ponto culminante:

> Foram organizadas reuniões de operários revolucionários e marinheiros; tornaram-se cada vez mais frequentes. Como os militares tinham ordens para não comparecer aos comícios dos operários, então os operários começaram a assistir aos comícios dos militares. Eles se reuniam aos milhares. A ideia de uma ação conjunta encontrou enorme eco. Nas companhias mais conscientes elegeram-se deputados.
>
> As autoridades militares decidiram então agir. Alguns oficiais (do Exército) tentaram fazer discursos "patrióticos" nos comícios, mas os resultados foram desanimadores: acostumados às discussões, os marinheiros fizeram seus superiores fugir envergonhados. Considerando esses fracassos, as autoridades decidiram proibir os comícios em geral. Na manhã de 24 de novembro de 1905, uma companhia foi colocada de prontidão no portão do quartel naval. O contra-almirante Pisarevsky ordenou publicamente: "Não deixem ninguém sair do quartel! Em caso de desobediência, atirar!". O marinheiro Petrov saiu da companhia que recebera tal ordem, carregou na frente de todos seu rifle, com um tiro matou o capitão Stein do regimento do Belostok, e com um segundo tiro feriu o contra-almirante Pisarevsky. Um oficial ordenou: "Prendam-no!". Ninguém se mexeu. Petrov jogou sua arma no chão. "Por que estão parados? Levem-me!" Ele foi preso. Os marinheiros, chegando de

> todos os lados, exigiram imperativamente sua libertação, declarando-se dispostos, em caso contrário, a serem presos como ele. A excitação atingiu seu apogeu.
>
> "Petrov, o tiro foi um acidente, não é?", perguntou um oficial para encontrar uma maneira de sair da situação.
>
> "Como por acidente? Dei um passo para a frente, carreguei e apontei a arma, será que isso é um acidente?"
>
> "Eles exigem a sua libertação..."
>
> Petrov foi posto em liberdade. Mas esses homens não estavam satisfeitos com isso, todos os oficiais de plantão foram presos, desarmados e levados para seus gabinetes... Os delegados dos marinheiros, cerca de quarenta representantes, conferenciaram durante toda a noite. Decidiram libertar os oficiais, mas não deixar mais que entrassem no quartel...

Essa pequena cena mostra claramente como aconteceram os eventos na maioria das revoltas militares. A efervescência revolucionária do povo não podia deixar de ganhar também o Exército. Caracteristicamente, os líderes do movimento vieram daqueles elementos da Marinha e do Exército, recrutados sobretudo entre os operários industriais, com maior formação técnica, por exemplo, os sapadores. Mas as massas eram ainda muito ingênuas, muito calmas, muito complacentes, demasiado cristãs. Eles se irritavam com bastante facilidade, qualquer caso de injustiça, maus-tratos de oficiais, a má alimentação etc., podiam causar indignação. Mas faltavam-lhes perseverança e a clara consciência dos problemas: faltou um entendimento suficiente do fato de que apenas a continuação mais vigorosa da luta armada, apenas uma vitória sobre todas as autoridades civis e militares, somente a derrubada do governo e a tomada do poder em todo o Estado poderiam garantir o sucesso da revolução.

As grandes massas de marinheiros e soldados facilmente rebelavam-se. Mas, com a mesma facilidade e ingênua tolice, libertavam os oficiais presos; deixavam-se envolver por promessas e exortações das autoridades; assim, as autoridades ganhavam um tempo precioso, recebiam reforços e esmagavam as forças dos rebeldes, depois do que se seguiam a repressão mais brutal e a execução dos líderes.

É especialmente interessante comparar as revoltas militares na Rússia em 1905 com a revolta militar dos Dezembristas em 1825. Naquela época a organização do movimento político pertencia quase com exclusividade a oficiais, mais exatamente, a oficiais nobres; eles tinham sido contaminados pelo contato com ideias democráticas europeias durante as guerras napoleônicas. A massa dos soldados, constituída por servos, ainda permanecia passiva.

A história de 1905 nos mostra um quadro em tudo diferente. Os oficiais, com poucas exceções, professavam ideias liberal-burguesas, reformistas, ou abertamente contrarrevolucionárias. Os operários e camponeses de uniforme militar foram a alma das revoltas; o movimento tornou-se popular. Pela primeira vez na história da Rússia, abrangia a maior parte dos explorados. O que faltou nesse movimento, por um lado, foram a resolução, a firmeza das massas, que sofriam demais com a doença da credulidade; por outro lado, faltava organização dos operários social-democratas revolucionários fardados: eles não tinham capacidade de assumir a liderança, de se pôr à cabeça do exército revolucionário e começar uma ofensiva contra o poder do governo.

A propósito — talvez mais lentamente do que gostaríamos, mas com certeza —, essas duas falhas serão eliminadas não só pelo desenvolvimento geral do capitalismo, mas também pela guerra atual...

Em qualquer caso, a história da Revolução Russa, como a história da Comuna de Paris de 1871, oferece-nos uma lição indiscutível: o militarismo nunca e em nenhum caso poderá ser derrotado e destruído, senão através da luta vitoriosa de uma parte do Exército nacional contra uma outra parte dele. Não é suficiente apenas repudiar, amaldiçoar, "negar" o militarismo, criticar e provar o quanto é nocivo; é estúpido recusar de maneira pacífica o serviço militar — a tarefa é manter em tensão a consciência revolucionária do proletariado, não só em geral, mas especificamente preparando os seus melhores elementos para tomarem a liderança do exército revolucionário, no momento em que a efervescência revolucionária tenha chegado ao ponto culminante.

A experiência do dia a dia de qualquer Estado capitalista também nos ensina isso. Cada "pequena" crise que enfrenta esse tipo de Estado nos mostra em miniatura os elementos e os germes dos combates que, em um período de grande crise, terão inevitavelmente de ser retomados em grande escala. E o que é, por exemplo, qualquer greve senão uma pequena crise da sociedade capitalista? Será que o ministro do Interior da Prússia, sr. Von Puttkamer, não tinha razão, proferindo sua famosa frase: "Em cada greve se esconde a hidra da revolução"? O recurso à tropa quando das greves, em todos os países capitalistas, e até mesmo, se for possível usar esse termo, nos mais pacíficos e nos mais "democráticos", não nos ensina como se passarão as coisas durante as crises realmente graves?

Mas volto outra vez à história da Revolução Russa.

Tentei descrever para vocês como as greves dos trabalhadores despertaram todo o país e as camadas mais amplas, mais atrasadas dos explorados, como começou o movimento camponês, como foi acompanhado de revoltas militares.

No outono de 1905 o movimento atingiu o seu apogeu. Em 6/19 de agosto apareceu um manifesto do tsar sobre a criação de uma instituição (Duma) representativa. A Duma chamada de Bulygin deveria ser criada com base em uma lei eleitoral, que admitia um pequeno número de eleitores e não concedia a esse "parlamento" nenhum direito legislativo, mas apenas direitos consultivos!

A burguesia, os liberais, os oportunistas estavam prontos para pegar com as duas mãos esse "presente" do tsar assustado. Como todos os reformistas, os nossos reformistas de 1905 não poderiam compreender que há situações históricas quando as reformas, especialmente as promessas de reformas, têm um único objetivo: paralisar a efervescência do povo, forçar a classe revolucionária a interromper, ou pelo menos, a enfraquecer a sua ação.

Os sociais-democratas revolucionários russos entenderam muito bem a verdadeira natureza dessa outorga, desse presente de uma constituição ilusória em agosto de 1905. E por isso, sem um momento de hesitação, eles lançaram as palavras de ordem: "Fora a Duma consultiva!", "Boicotar a Duma!", "Fora o governo tsarista!", "Continuação da luta revolucionária com o objetivo de derrubar este governo!", "Não é o tsar, mas um governo provisório revolucionário que deve convocar a primeira verdadeira assembleia representativa do povo na Rússia!".

A história deu razão aos sociais-democratas revolucionários, porque o fato é que a Duma do Bulygin nunca foi convocada. O turbilhão da revolução a varreu antes que isso acontecesse; esse turbilhão forçou o tsar a publicar uma nova lei eleitoral, que aumentou bastante o número de eleitores, e a reconhecer o caráter legislativo da Duma.

Outubro e dezembro de 1905 marcam o ponto mais alto da linha ascendente da Revolução Russa. Todas as fontes das forças revolucionárias do povo jorraram mais fortemente do que nunca. O número de grevistas, que em janeiro de 1905, como já informei, foi de 440 mil, em outubro de 1905 superou meio milhão (reparem, apenas durante um mês!). Mas a esse número, que inclui apenas os operários fabris, devem ser adicionadas centenas de milhares de trabalhadores ferroviários, funcionários dos correios e telégrafos etc.

A greve ferroviária geral na Rússia parou todo o tráfego ferroviário e paralisou seriamente a força do governo. As portas das universidades se abriram, e os auditórios, que, em tempos pacíficos, se destinavam apenas a entorpecer as cabeças jovens com a sabedoria catedrática dos professores e a transformá-los em lacaios da burguesia e do tsarismo, tornaram-se agora o lugar de reuniões para milhares e milhares de trabalhadores, artesãos e funcionários que, de forma aberta e livre, discutiam questões políticas.

Foi conquistada a liberdade de imprensa. A censura foi simplesmente eliminada. Nenhum editor atrevia-se a fornecer às autoridades o exemplar obrigatório, e as autoridades não se atreviam a empreender qualquer ação contra isso. Pela primeira vez na história da Rússia apareceram livremente jornais revolucionários em São Petersburgo e em outras cidades. Apenas em Petersburgo publicavam-se três jornais diários social-democratas com uma tiragem de 50 mil a 100 mil exemplares.

O proletariado estava à frente do movimento. Ele impôs-se a tarefa de ganhar a jornada de trabalho de oito horas por meios revolucionários. O slogan de combate do proletariado de São Petersburgo passou a ser: "Dia de oito horas de trabalho e às armas!". Para a massa crescente de operários, tornou-se óbvio que somente a luta armada poderia resolver e resolveria os destinos da revolução.

No fogo da luta foi formada uma original organização de massas: os famosos sovietes de deputados operários, assembleias de delegados de todas as fábricas. Esses sovietes de deputados trabalhadores, em várias cidades da Rússia, cada vez mais começaram a desempenhar o papel de um governo provisório revolucionário, o papel de autoridades e líderes das revoltas. Foram feitas tentativas para organizar sovietes dos deputados soldados e marinheiros e articulá-los com os sovietes de deputados operários.

Algumas cidades russas naqueles dias passaram pela experiência de se tornar pequenas "repúblicas" locais, em que a autoridade do governo foi deslocada e o soviete de deputados trabalhadores de fato funcionava como o novo poder do Estado. Infelizmente, esses períodos foram demasiado curtos, as "vitórias", muito fracas e bastante isoladas.

O movimento camponês no outono de 1905 atingiu ainda maiores dimensões. Mais de um terço dos distritos em todo o país passou pelos assim chamados "distúrbios camponeses", verdadeiras revoltas camponesas. Os camponeses queimaram cerca de 2 mil propriedades e distribuíram entre si meios de subsistência, roubados do povo pelos nobres predadores.

Infelizmente, esse trabalho foi muito pouco profundo! Infelizmente, os camponeses destruíram apenas 1/15 do número total de propriedades, apenas uma pequena fração do que deveriam destruir, para limpar de uma vez por todas da terra russa a vergonha dos latifúndios feudais. Infelizmente, os camponeses agiram de maneira dispersa demais, desorganizada demais, não de modo ofensivo o bastante, e essa foi uma das causas da derrota da revolução.

Entre os povos oprimidos da Rússia eclodiu um movimento de libertação nacional. Na Rússia, mais da metade, quase três quintos (para ser exato, 57%) da população são submetidos à opressão nacional, nem podem falar livremente a sua língua nativa, são russificados à força. Por exemplo, os muçulmanos, que constituem dezenas de milhões de pessoas na Rússia, organizaram nesses dias, com incrível rapidez, uma união islâmica — em geral, foi uma época de enorme crescimento de diversas organizações nacionais.

Para oferecer, especialmente aos jovens, um exemplo de como o movimento de libertação nacional na Rússia se levantou junto com o movimento dos operários, vou narrar um pequeno fato.

Em dezembro de 1905, em centenas de escolas, os estudantes poloneses queimaram todos os livros russos, fotos e retratos do tsar, espancaram e expulsaram das escolas professores russos e colegas russos, gritando: "Saiam daqui, vão para a Rússia". Os alunos poloneses das escolas secundárias formularam, entre outras, as seguintes reivindicações: "1) todas as escolas secundárias devem ser subordinadas ao soviete de deputados operários; 2) serão convocadas reuniões de estudantes e de operários nas escolas; 3) os estudantes serão autorizados a usar blusas vermelhas em escolas públicas como um sinal de adesão à futura república proletária" etc.

Quanto mais alto se elevaram as ondas do movimento, com mais energia e decisão se armou uma reação para lutar contra a revolução. Na Revolução Russa de 1905 se justificou o que Karl Kautsky escreveu em 1902 no seu livro *Revolução social* (ele era, aliás, ainda um marxista revolucionário, não se tornara um defensor dos sociais-patriotas e oportunistas, como acontece atualmente). Ele escreveu o seguinte: "A revolução futura [...] será menos parecida com uma revolta súbita contra o governo e mais com uma guerra civil prolongada".

E foi exatamente como aconteceu! E assim será na revolução europeia futura!

O ódio do tsarismo foi direcionado sobretudo contra os judeus. Por um lado, os judeus trouxeram uma porcentagem particularmente alta (em comparação com o total da população judaica) de líderes do movimento revolucionário. Os judeus têm, aliás, o mérito de apresentarem uma porcentagem mais ou menos alta de adeptos da corrente internacionalista em comparação com outras nações. Por outro lado, o tsarismo soube perfeitamente utilizar preconceitos ignóbeis das camadas mais ignorantes da população contra os judeus. Houve pogroms, na maioria dos casos apoiados pela polícia, se é que não foram organizados por ela diretamente — em cem cidades com mais de 4 mil mortos, mais de 10 mil mutilados —, massacres monstruosos de judeus pacíficos, de suas mulheres e crianças, tão repudiados por todo o mundo civilizado. Quero dizer, claro, repúdio dos elementos de fato democráticos do mundo civilizado, e esses são exclusivamente os operários socialistas, os proletários.

A burguesia, mesmo dos países mais livres, mesmo dos países republicanos da Europa Ocidental, sabe muito bem combinar suas frases hipócritas sobre as "atrocidades russas" com as transações financeiras mais desavergonhadas, especialmente com o apoio financeiro ao tsarismo e à exploração imperialista da Rússia através da exportação de capitais etc.

A Revolução de 1905 atingiu seu apogeu na revolta de dezembro, em Moscou. Um pequeno número de rebeldes, operários organizados e armados — não mais de 8 mil —, opôs resistência por nove dias ao governo tsarista, que não pôde confiar na guarnição de Moscou. Pelo contrário, teve que mantê-la trancada, e apenas graças à chegada do regimento Semenovsky de Petersburgo foi capaz de reprimir a revolta.

A burguesia gosta de caracterizar a revolta de Moscou como algo artificial e de zombar dela. Por exemplo, na literatura alemã, assim chamada "científica", o sr. professor Max Weber, numa grande obra sobre o desenvolvimento político da Rússia, chamou a revolta de Moscou de "golpe". "O grupo de Lênin", escreveu esse "alto professor", "e parte dos socialistas revolucionários, já faz tempo tinham preparado essa revolta insensata."

Para avaliar como merecido essa sabedoria de professor da burguesia covarde, é suficiente recordar, sem comentários, os números das estatísticas das greves. Em janeiro de 1905, na Rússia havia apenas 123 mil grevistas lutando por objetivos puramente políticos; em outubro, eram 330 mil; em dezembro foi alcançado o máximo: 370 mil grevistas por motivos puramente políticos durante apenas um mês!

Vamos lembrar o crescimento da revolução, as revoltas dos camponeses e soldados, e nós logo chegaremos à convicção de que a opinião da "ciência" burguesa sobre a revolta de dezembro não é apenas absurda, mas também é um subterfúgio verbal dos representantes da burguesia covarde, que vê no proletariado seu inimigo de classe mais perigoso.

Na verdade, todo o desenvolvimento da Revolução Russa conduzia inevitavelmente a uma luta armada, decisiva, entre o governo tsarista e a vanguarda do proletariado consciente.

Em minhas considerações anteriores, já apontei em que consistiu a fraqueza da Revolução Russa, o que levou à sua derrota temporária.

Com o esmagamento da insurreição de dezembro começa a linha descendente da revolução. Mas há momentos muito interessantes nesse período — basta lembrar as duas tentativas dos elementos mais militantes da classe trabalhadora para impedir o recuo da revolução e preparar uma nova ofensiva.

Mas o meu tempo está quase expirando, e não quero abusar da paciência do público. Penso que já apontei — tanto quanto é possível tratar de um assunto tão vasto numa conferência tão curta — o mais importante para a compreensão da Revolução Russa: sua natureza de classe e sua força motriz, seus meios de luta.

No entanto, gostaria de acrescentar apenas algumas breves observações sobre o significado mundial da Revolução Russa.

A Rússia pertence, em termos geográficos, econômicos e históricos, não apenas à Europa, mas também à Ásia. Assim, constatamos que a Revolução Russa não apenas despertou do sono o maior e mais atrasado país da Europa e criou um povo revolucionário, liderado pelo proletariado revolucionário. Não, isso não foi tudo. A Revolução Russa também agitou toda a Ásia. As revoluções na Turquia, Pérsia e China provam que a insurreição poderosa de 1905 deixou uma marca profunda, e que sua influência indelével se mostra no movimento ascendente de centenas e centenas de milhões de pessoas.

Indiretamente a Revolução Russa teve também influência sobre os países localizados no Ocidente. Não devemos esquecer que, assim que, em 30 de outubro de 1905, chegou a Viena o telegrama sobre o manifesto constitucional do tsar, a notícia teve um papel decisivo na vitória final do sufrágio universal na Áustria.

No Congresso do Partido Social-Democrata da Áustria, quando o camarada Ellenbogen — na época ele ainda não era um social-patriota, ainda era um camarada — fazia a apresentação do seu relatório sobre a greve política, colocaram aquele telegrama na sua frente. O debate foi imediatamente interrompido. "O nosso lugar é na rua!", ressoou um grito na sala de reuniões dos delegados da social-democracia austríaca. E nos dias seguintes viram-se as maiores manifestações de rua em Viena e barricadas em Praga. A vitória do sufrágio universal na Áustria estava conquistada.

Com muita frequência aparecem europeus ocidentais que falam sobre a Revolução Russa de tal maneira, como se os eventos, as relações e os métodos de luta neste país atrasado tivessem muito pouca semelhança com o que acontece na Europa Ocidental e, portanto, seria pouco provável que tivessem qualquer significação prática.

Não há nada mais errado do que tal opinião.

Sem dúvida, os objetivos e as formas das futuras lutas da revolução europeia serão diferentes das formas da Revolução Russa. Mas, apesar disso, a Revolução Russa — exatamente por causa de seu caráter proletário, no sentido particular que já indiquei — não deixa de ser o prólogo da revolução europeia futura. Sem dúvida, essa revolução futura só poderá ser uma revolução proletária, e, além disso, em um sentido mais profundo desta palavra: proletária, socialista no seu conteúdo. Essa revolução futura mostrará numa medida ainda maior, por um lado, que apenas duras lutas, em particular, guerras civis, podem libertar a humanidade do jugo do capital, e por outro lado, que apenas proletários com uma consciência de classe aguçada podem intervir e intervirão como os líderes da grande maioria dos explorados.

Não devemos nos enganar com o silêncio atual da Europa. A Europa está grávida de uma revolução. Os horrores monstruosos da guerra imperialista, os sofrimentos impostos pelo alto custo de vida em toda a parte, geram um estado de espírito revolucionário, e as classes dominantes — a burguesia e seus funcionários —, os governos, cada vez mais e mais entram num beco sem saída, do qual não podem encontrar a saída sem grandes perturbações.

Assim como na Rússia em 1905, sob a liderança do proletariado, começou uma revolta do povo contra o governo tsarista, com o objetivo de alcançar uma república democrática, os próximos anos, em virtude mesmo dessa guerra predatória, levarão os povos da Europa a se revoltar, sob a liderança do proletariado, contra o poder do capital financeiro, contra os grandes bancos, contra os capitalistas, e essas sublevações não poderão terminar senão com a expropriação da burguesia e a vitória do socialismo.

Nós, os mais velhos, talvez não vivamos para ver as batalhas decisivas dessa revolução futura. Mas posso transmitir com certeza a esperança de que a juventude que está trabalhando tão bem no movimento socialista da Suíça e em todo o mundo terá a felicidade não apenas de lutar, mas também de levar ao triunfo a revolução proletária futura.

N. Lênin
Escrito em alemão antes de
9/22 de janeiro de 1917
Publicado pela primeira vez no *Pravda*
em 22 de janeiro de 1925

7. A ordem de serviço nº 1

Com um título mais do que prosaico, burocrático, o presente texto, bastante emblemático, condicionou decisivamente o processo de desagregação das forças militares russas no contexto da Primeira Grande Guerra e da revolução, e de transferência do poder no interior do Exército e da Marinha de Guerra para os sovietes/conselhos de deputados soldados e marinheiros. Ele foi elaborado imediatamente após a vitória de fevereiro, por um grupo de militares de baixa patente (soldados? marinheiros?) dos quais, até hoje, se desconhece o nome. Publicado, o texto, de autoria anônima, teve enorme repercussão, e suas principais disposições não puderam mais ser ignoradas.

ORDEM DE SERVIÇO Nº 1

1º de março de 1917

Da guarnição do Distrito Militar de Petrogrado a todos os soldados da guarda, do Exército, da artilharia e da Marinha para exato e imediato cumprimento, e aos operários de Petrogrado para conhecimento.

O Soviete de Deputados Operários e Soldados decreta:

1) que em todas as companhias, batalhões, regimen-

tos, parques de artilharia, baterias, esquadrões e serviços especiais com tipos diversos de direções militares, bem como nos tribunais da Marinha de Guerra, elejam-se imediatamente comitês com representantes escolhidos entre as baixas patentes das unidades militares supracitadas;

2) que cada unidade militar onde ainda não tenham sido eleitos representantes para o Soviete de Deputados Operários escolha um representante das companhias, o qual deverá também se dirigir com certificados escritos ao prédio da Duma do Estado às dez horas da manhã do dia 2 de março do ano corrente;

3) todas as manifestações políticas da unidade militar estão submetidas ao Soviete de Deputados Operários e Soldados e a seus próprios comitês;

4) as ordens de serviço da comissão militar da Duma do Estado somente devem ser cumpridas se não estiverem em desacordo com os decretos e as resoluções do Soviete de Deputados Operários e Camponeses;

5) todo tipo de armamento, tal como fuzis, metralhadoras, carros blindados e outros, deve encontrar-se à disposição e sob o controle dos comitês das companhias e batalhões, e em hipótese alguma deve ser entregue aos oficiais, mesmo que eles assim o exigirem;

6) em seus postos e no exercício de suas funções, os soldados devem observar a mais severa disciplina militar, mas fora do serviço e do posto, em sua vida política, civil e privada, eles não devem gozar de nenhum direito a menos de que gozam todos os outros cidadãos.
Em particular, estão abolidas a posição de sentido e a continência obrigatória fora do serviço;

7) de forma idêntica, estão abolidas as fórmulas de

tratamento aos oficiais: vossa excelência, vossa senhoria etc., que serão substituídas pelos apelativos: senhor general, senhor coronel etc.

Está proibido tratar grosseiramente os soldados de qualquer patente militar e, em particular, usar com eles o pronome "tu", e sempre que isso for infringido, bem como nos casos de mal-entendidos entre oficiais e soldados, cumpre a estes últimos levá-los ao conhecimento dos comitês de companhia.

A presente ordem do dia deve ser lida em todas as companhias, batalhões, regimentos, tripulações, baterias e demais destacamentos de combate ou auxiliares.

O Soviete de Deputados Operários
e Soldados de Petrogrado
Pravda, nº 2, 7 de março de 1917

8. A abdicação de Nicolau II

Em sua abdicação, Nicolau II ainda tinha esperanças de salvar a dinastia dos Románov, transferindo o poder a seu irmão. A revolução cedo desmancharia essas ilusões. Observe-se que, ao abdicar, o tsar dirige-se ao chefe do Estado-Maior do Exército e não à Duma Imperial ou a qualquer outra instituição civil.

MANIFESTO DE ABDICAÇÃO DO IMPERADOR NICOLAU II

Ao chefe do Estado-Maior,

Em dias de grandioso combate a um inimigo externo que há quase três anos se esforça para subjugar nossa pátria, quis o Senhor Deus que a Rússia passasse por mais uma severa provação. Os distúrbios populares que começaram no país ameaçam influir desastrosamente sobre a condução futura de uma guerra persistente. O destino da Rússia, a honra de nosso heroico Exército, o bem do povo e todo o futuro de nossa querida pátria exigem conduzir a guerra, custe o que custar, até a vitória final. O cruel inimigo emprega suas últimas forças e já se aproxima a hora em que nosso valoroso Exército conseguirá, junto com nossos gloriosos aliados, vencer por fim o inimigo. Nesses dias decisivos na vida da Rússia, NÓS julgamos um dever de consciência facilitar a NOSSO povo reunir e harmonizar estreitamente todas as forças do país a fim de alcançar a vitória o quanto antes, e em acordo com a Duma Estatal NÓS consideramos melhor abdicar do trono do Estado russo e renunciar ao poder supremo. Para não abandonarmos NOSSO amado filho, NÓS passamos NOSSAS obrigações a NOSSO irmão, o grão-príncipe MIKHAIL ALEKSANDROVICH, e abençoamos SUA subida ao trono do Estado russo. Sob um inviolável juramento, facultamos a NOSSO irmão dirigir os negócios do Estado em plena e indissolúvel unidade com os representantes do povo nas instituições legislativas, nos princípios que eles estabelecerem. Em nome da pátria ardentemente amada, conclamamos todos os filhos leais da pátria a cumprir seu dever diante dela, obedecendo ao tsar no difícil momento de provações nacionais e ajudando-o, junto com os representantes do povo, a levar o Estado Russo no caminho da vitória, da prosperidade e da força. Que o Senhor Deus ajude a Rússia.

Nicolau
Moghilev, 2/15 de março de 1917

9. Os compromissos do governo provisório

Ao se constituir, nos começos de março de 1917, o governo provisório apresentava um alto índice de instabilidade, ameaçado ainda pelos insurretos e pelo soviete de Petrogrado, também recém-constituído e que tinha o poder de fato. É interessante observar como essa situação incide na qualidade dos compromissos publicamente assumidos, muitos dos quais não seriam cumpridos.

DECLARAÇÃO DO GOVERNO PROVISÓRIO

Cidadãos!

O Comitê Provisório da Duma Estatal, com a ajuda e a aprovação das tropas e dos habitantes da capital, tem conseguido atualmente, sobre as obscuras forças do antigo regime, um grau de êxito que lhe permite lançar-se na mais sólida organização do Poder Executivo.

Com esse objetivo, o Comitê Provisório da Duma Estatal designa como ministros do primeiro gabinete público as seguintes personalidades, cuja atividade social e política anterior lhes assegurou confiança no interior do país:

Príncipe G. Y. Lvov, presidente do Conselho de Ministros e ministro do Interior; P. N. Miliukov, ministro das Relações Exteriores; A. I. Guchkov, ministro de Guerra e Mar; N. V. Nekrasov, ministro das Comunicações;

A. I. Konovalov, ministro da Indústria e Comércio; M. I. Tereschenko, ministro das Finanças; A. A. Manuilov, ministro da Educação; V. N. Lvov, procurador-geral do Santíssimo Sínodo; A. I. Shingariov, ministro da Agricultura; A. F. Kerenski, ministro da Justiça.

Os fundamentos que nortearão a presente atividade do gabinete serão os seguintes:

1) anistia plena e imediata de todos os processos políticos e religiosos, incluindo atentados terroristas, insurreições militares, crimes agrários etc.;
2) liberdade de expressão, imprensa, organização, reunião e greve, com extensão das liberdades políticas aos militares, nos limites admitidos pelas condições técnico-bélicas;
3) abolição de todas as restrições relacionadas a classe, culto e nacionalidade;
4) preparação imediata para a eleição, na base do voto universal, isonômico, secreto e direto, de uma Assembleia Constituinte que estabelecerá a forma de governo e a Constituição do país;
5) substituição da polícia por uma milícia popular com chefes eleitos e submetidos à administração autônoma local;
6) eleições para a administração autônoma local com base no voto universal, direto, isonômico e secreto;
7) as unidades militares e respectivos arsenais, que participaram do movimento revolucionário em Petrogrado, não serão removidos da cidade;
8) em se mantendo rígida a disciplina nas fileiras militares e se cumprindo a missão de guerra, supressão de todas as limitações para os soldados gozarem dos direitos sociais concedidos a todos os demais cidadãos.

O governo provisório considera seu dever acrescentar que, em hipótese alguma, objetiva aproveitar-se das circunstâncias da guerra para protelar a realização de qualquer uma das reformas e medidas supracitadas.

M. Rodzianko, presidente da Duma Estatal;
príncipe Lvov, presidente do Conselho de Ministros;
Miliukov, Nekrasov, Manuilov, Konovalov,
Tereschenko, V. Lvov, Shingariov e Kerenski, ministros.
Petrogrado, 3/16 de março de 1917

10. Lênin e o governo provisório

Neste documento, escrito logo depois da vitória da Revolução de Fevereiro, exprimem-se, sinteticamente, as preocupações de V. Lênin, ainda no exílio, com eventuais aproximações e/ou alianças que os bolcheviques em Petrogrado poderiam estar empreendendo na Rússia.

TELEGRAMA AOS BOLCHEVIQUES QUE PARTEM PARA A RÚSSIA[1]

Nossa tática: absoluta desconfiança, nenhum apoio novo governo, suspeitemos sobretudo Kerenski, armamento proletariado única garantia, eleição imediata Duma de Petrogrado, nenhuma aproximação de outros partidos. Telegrafar isto Petrogrado.

Ulianov
Zurich, redigido em 6/19 de março de 1917
Escrito em francês

1. Título dado pelo Instituto de Marxismo-Leninismo, Moscou, URSS.

11. N. Sukhanov e a Revolução de Fevereiro

Nicolau N. Himmer, conhecido nos meios revolucionários como Sukhanov, escreveu uma memória em sete volumes das revoluções russas de 1917 (fevereiro e outubro). Mais tarde, em forma abreviada, seus relatos foram editados em inglês (dois volumes) e em francês (um volume). Socialista revolucionário em sua juventude, o autor foi preso em 1904 e anistiado no contexto da Revolução de 1905. Permaneceu até 1917 sem filiação partidária, mas aderiu, no curso do ano revolucionário, aos mencheviques internacionalistas, liderados por J. Martov. Preso em 1931, desapareceu nos campos soviéticos. Seu relato é considerado um testemunho precioso, pela exatidão das informações e pela sobriedade das análises, avaliações e interpretações. O texto apresentado refere-se à Revolução de Fevereiro, que se desdobrou entre 23 e 27 de fevereiro (8/12 de março) de 1917, embora, em seu testemunho, o autor refira-se apenas a quatro dias.

A REVOLUÇÃO DE FEVEREIRO DE 1917

O primeiro dia

O primeiro dia da revolução começava. [...]

No caminho, encontrei destacamentos de soldados

sem oficiais, misturados à multidão. Os passantes contavam que esses soldados entregavam facilmente seus fuzis e que, em grande quantidade, já haviam se reunido armas nos centros operários. [...]

[...] recebi a principal notícia desta manhã: tendo sido promulgado o decreto (*ukaz*) que dissolvia a Duma, esta havia se recusado a aceitar e havia eleito um "Comitê Provisório da Duma", composto de representantes de todas as frações, exceto da direita.

[...] Esse "Comitê da Duma" fora eleito com um único objetivo, declarado publicamente: a "restauração da ordem na capital e das relações com as organizações e instituições públicas" [...]

A formação desse comitê era certamente um ato revolucionário do "bloco progressista", mas de forma alguma significava a adesão da Duma à revolução ou um ato de solidariedade com o povo que atacava a fortaleza do tsarismo.

Ao contrário, apoiando seu bloco progressista, a burguesia só buscava preservar a dinastia dos Románov e a ditadura plutocrática consolidada.

Com seu ato revolucionário de desobediência, a Duma esperava controlar o movimento insurrecional, modificar levemente o velho estado de coisas sem pôr em xeque o regime político, e assim salvar o tsarismo.

[...] Rodzianko, o porta-voz do grupo, pôs-se em contato com os principais comandantes militares para pedir-lhes que apoiassem a Duma junto ao tsar.

[...] Por sorte, a própria revolução popular acelerava seu movimento, modificando, de hora em hora, toda a conjuntura política, invalidando os arranjos dos liberais, generais e plutocratas e ultrapassando os horizontes políticos dos burgueses da Duma.

Soube também da história, depois bem conhecida, dos regimentos Volkinski e Litovski, cujos homens haviam retomado a ação empreendida pelo Pavlovski; eles foram acompanhados pelos homens do regimento Izmailóvski. Por volta da uma hora, já se contavam ao lado do povo 25 mil homens da guarnição de São Petersburgo. Os regimentos amotinados se dirigiram à Duma e outra parte das tropas rebeldes foi para a prisão de Kresty... para libertar os presos políticos. [...]

Dirigindo-se à Duma, os regimentos Volkinski e Litovski agiam sem um objetivo claro; talvez quisessem demonstrar solidariedade ao "Parlamento Revolucionário", dissolvido pelo tsar, talvez respondessem ao desejo de seus chefes de tornar a Duma, burguesa e patriótica, o centro político do movimento. Em todo caso, até então visivelmente mantida à margem do movimento, a Duma se tornou com esse ato seu centro geográfico e político.

[...]

Os representantes da esquerda — Kerenski, Chkheidze, Skobelev — receberam com discursos de boas-vindas os primeiros soldados da revolução. Os soldados responderam, prestando as honras militares. Assim, tomando já uma feição definida, a revolução integrava os elementos que formavam as colunas da antiga ordem, tornava-se popular e nacional no sentido mais amplo do termo.

[...]

Por volta das duas horas, observava-se no Palácio Tauride um pessoal político muito diferente: deputados da esquerda, sindicalistas e cooperativistas, militantes socialistas e membros do grupo operário do Comitê Central da Indústria de Guerra, tendo à frente K. A. Gvozdev, libertado naquela manhã pelas unidades insurretas.

Esses militantes formaram um "Comitê Executivo Provisório do Soviete dos Deputados Operários", cuja única função era convocar para aquela noite, às sete horas, no Palácio Tauride, os deputados do soviete eleitos ilegalmente nos dias anteriores. Não havia ali nenhum objetivo concreto definido, era mais para se preparar para qualquer eventualidade.

[...]

O Comitê Executivo Provisório do Soviete era formado por Gvozdev, Bogdanov, Kapelinski, Grinevich, Chkheidze, Skobelev, Frankorusski e, talvez, algum outro.

Após deixar meu escritório por volta das duas horas, vaguei pelas ruas e observei as ações revolucionárias que podia encontrar. Destacamentos militares, com ou sem bandeira vermelha, passavam, rumavam sabe-se lá para onde, participavam de encontros coletivos, fraternizavam com a multidão. Os rostos brilhavam de excitação, porém, reinavam uma certa confusão e uma inquietude quanto à situação presente e a seu desfecho. Não se deve esquecer que, entre esses soldados, em regra, não havia nenhum oficial, nem mesmo oficiais subalternos. A expectativa de um combate contra as tropas ainda leais aumentava a tensão. Por fim, todos exageravam a importância de certos choques que ocorreram.

[...] viam-se correr pelas ruas carros cheios de homens armados. Além do rio, bem longe à esquerda, colunas de fumaça subiam por sobre a cidade e viam-se as chamas de um grande incêndio. Era o Tribunal Regional que queimava; a multidão enlouquecida o havia saqueado e incendiado simultaneamente a Prisão...

[...] esforcei-me em explicar a Shliapnikov a situação tal como eu a via, mas fiquei convencido, mais uma vez, de que os bolcheviques não vislumbravam nenhuma solução e estavam totalmente despreparados para os acontecimentos.

[...] Víamos carros e caminhões ocupados por soldados, operários, estudantes, moças jovens (com ou sem a braçadeira da Cruz Vermelha). Toda essa gente enlouquecida gritava, mexia os braços, decerto não tinham nenhuma noção do que estavam fazendo. Os fuzis eram apontados para os passantes e um tiro acidental podia ser disparado à menor distração.

[...] precipitamo-nos rumo ao Palácio Tauride. Continuava-se ouvindo disparos ao longe. Perto do palácio, a animação era ainda maior. Uma multidão aglomerada, dividida em grupos, espremia-se nas calçadas e no asfalto, não se percebiam oradores nem discursos. Uma longa fila de carros aguardava, homens armados entravam neles, notavam-se também muitas mulheres, alguns desses veículos tinham metralhadoras de mão. Tudo isso ocorria em desordem, em meio a gritos e brigas; visivelmente havia um monte de gente querendo de súbito mandar e muito poucos dispostos a obedecer.

Adentramos o palácio, envoltos por um espesso cordão de soldados. Essas enormes construções absorviam, sem dificuldade e sem que fossem notadas, várias centenas de pessoas que iam e vinham parecendo ocupadas, mas entediadas por não ter nada a fazer: eram os deputados, senhores da casa. Mas eles eram minoria; toda a população de São Petersburgo que tinha ou queria ter um papel na vida política começava a se reunir lá.

Mas, aliás, o que acontecera? Haviam sido ocupadas as estações para evitar um movimento de tropas enviadas do front? Tinham sido ocupadas a Tesouraria, o Banco Estatal, o Telégrafo? Haviam sido presos os membros do governo tsarista? Tinham sido destruídos o departamento de polícia e a Okhrana?

Atualmente, sei muito bem que nada fora feito nem havia à disposição nenhuma força que permitisse fazer o que quer que fosse. Que diferença da forma minuciosa com que foi executada mais tarde a Revolução de Outubro!

[...] Não havia nenhum plano estratégico ou agentes executores. Em suma, o exército revolucionário carecia de qualquer coesão. A situação era crítica, podia-se ainda temer que as forças tsaristas esmagassem a revolução.

Da cidade, chegavam vagos rumores sobre anarquia, pilhagens e incêndios.

[...] O fato é que os soldados eram cada vez mais numerosos e passeavam pelo interior do palácio; andavam em grupos cerrados e rodavam pelos salões como ovelhas sem pastor. [...]

Antes de abrir-se a sessão do soviete, eu queria muitíssimo conhecer os sentimentos dos meios burgueses e a atitude de seus líderes diante do poder revolucionário. [...]

A resposta de Miliukov — não lembro as palavras, mas retomo o sentido — foi a seguinte: "Antes de tudo, pertenço a um partido cujos atos dependem da decisão de uma coletividade mais ampla, a saber, o bloco progressista. Sem ele, meu partido não pode empreender nem decidir nada. Enquanto oposição responsável, naturalmente aspiramos ao poder, mas dentro da legalidade. A via revolucionária não era a nossa...". [...] Essa resposta refletia com precisão nosso movimento liberal com sua cauda de raposa e suas presas de lobo, sua covardia, sua morosidade e seu espírito reacionário. Na hora decisiva e à luz das considerações elementares que eu havia expressado, o representante mais qualificado da burguesia progressista só respondia com essa evasiva e com essa vontade de agir no seio da antiga ordem consolidada, como se a revolução não tivesse ocorrido. Estava claro que a burguesia não aderiria à nossa revolução, mesmo aparente e provisoriamente. As forças democráticas deviam estar prontas a tomar sobre si mesmas o esforço de continuar até o final, tendo contra si as forças reunidas do tsarismo e de todas as classes proprietárias.

[...]

Dei de cara com meu velho camarada de deportação, Braunstein, um menchevique e um economista respeitado. Ele ainda estava impactado pelo que havia visto na cidade: "Está começando uma anarquia absoluta", dizia ele. "Os soldados estão pilhando, liderados por policiais e agentes da Okhrana. A polícia, os alunos da Escola Militar e todas as forças do antigo regime estão se mobilizando. Tiros são disparados das janelas e dos sótãos para provocar a multidão. A primeira coisa que o soviete deve fazer é garantir a proteção da cidade e acabar com a anarquia. É essa a questão que deve ser posta primeiro na ordem do dia, senão o movimento será esmagado."

[...] o salão de sessões estava lotando. N. D. Sokolov andava de um lado para o outro, dava instruções, posicionava os delegados. Com autoridade, mas sem justificativa precisa, ele explicava a uns que teriam um voto deliberativo ou consultivo, a outros que eles não teriam voto nenhum. [...]

[...] No momento em que se abriu a sessão, havia cerca de 250 deputados, mas novos grupos não paravam de adentrar o salão, sabe Deus com que mandatos, poderes e objetivos!

Entre os candidatos à mesa diretora, foram eleitos, sem oposição, os deputados da Duma Chkheidze, Kerenski e Skobelev, além de quatro secretários, dentre os quais o operário Penkov, menchevique de esquerda. [...]

No barulho e na agitação gerais, ao longo de debates desorganizados, desde sua primeira sessão, o soviete cumpriu uma tarefa fundamental: a criação de um centro único de toda a democracia de São Petersburgo, centro investido de uma autoridade soberana, capaz de agir rápida e energicamente.

Mas a elaboração da ordem do dia logo foi interrompida por soldados que exigiram a palavra para ler seu informe; essa exigência foi aprovada com entusiasmo.

De pé sobre um banquinho, fuzil na mão, emocionados e gaguejantes, concentrados em transmitir as poucas frases da mensagem que lhes haviam incumbido, talvez sem entender a importância dos fatos que relatavam, em linguagem simples e rústica, sem ênfase, os delegados dos soldados narraram, um após o outro, o que ocorria em sua unidade. Como que fascinado, o salão escutava.

"Viemos dos regimentos Volkinski..., Pavlovski..., Litovski..., Keksgolmski..., de engenheiros..., de caçadores..., do regimento da Finlândia..., de granadeiros..." O nome de cada regimento recebia tempestuosos aplausos. "Nós nos reunimos... nos incumbiram de dizer... Os oficiais desapareceram... Não queremos mais servir contra o povo, estamos nos unindo a nossos irmãos operários, todos unidos para defender a causa popular... Daremos nossa vida para isso... Nossa assembleia geral recomendou saudar..."

E, com uma voz embargada pela emoção, sob as ovações da assembleia agitada, o delegado acrescentou: "Viva a revolução!".

Logo se propôs e se aceitou, sob uma tempestade de aplausos, fundir como um só o exército revolucionário e o proletariado da capital, criando um organismo único que se chamaria "Soviete dos Deputados Operários e Soldados".

[...]

Em seguida, Frankorusski resumiu em algumas palavras a situação do abastecimento em São Petersburgo. Ele propôs elegerem oficialmente uma comissão que se ocupasse disso; não houve nenhuma discussão a respeito; essa comissão foi logo composta de especialistas, todos socialistas, com V. G. Groman à frente, e deixou de imediato a sessão para começar seu trabalho.

Braunstein então interveio e propôs que, em cada fábrica, se formasse uma milícia (cem homens para cada mil operários), fossem criados comitês de bairro e se nomeasse em cada bairro um comissário com plenos poderes para restaurar a ordem e combater a anarquia e as pilhagens. [...]

Em decorrência da questão da proteção da cidade, pôs-se naturalmente a necessidade de um manifesto do soviete à população. Nesse momento, era essencial dar à cidade e, na medida do possível, ao interior informações e algumas diretivas elementares.

Enquanto um de meus vizinhos propunha elegerem uma "comissão literária" incumbida de redigir imediatamente o manifesto e submetê-lo à aprovação da assembleia, a sessão foi outra vez interrompida. Um jovem soldado correu para o meio do salão e, sem fôlego, levantando seu fuzil e agitando-o sobre a cabeça, gritou a feliz notícia:

"Camaradas e irmãos, estou lhes trazendo a saudação de todos os homens do regimento Semionovski. Todos nós decidimos, sem nenhuma exceção, juntar-nos ao povo..." [...] Ninguém o impediu de encerrar seu interminável discurso. Uma onda de entusiasmo romântico percorria a assembleia desviada de suas funções prementes. Era de fato uma notícia importante: o regimento Semionovski representava um dos suportes mais seguros do tsarismo. As más lembranças de 1905 haviam se dissipado sob a luz de um novo sol.

Melhor ainda, delegados de outras unidades recém-insurgidas, estando na sala e não tendo ousado pedir a palavra, instigados pelo exemplo do jovem soldado, fizeram-se então conhecer e apresentaram seu informe: regimento de cossacos, divisão de carros blindados, batalhão eletrotécnico, regimento de metralhadores... A revolução se desdobrava e se reforçava a cada instante.

[...]

A multidão era muito densa, dezenas de milhares de homens haviam vindo saudar a revolução. Os salões do palácio não podiam comportar mais gente e, nas portas, os cordões da Comissão Militar mal conseguiam conter uma multidão ainda mais numerosa. Muito poucos soldados mantinham a ordem; outros, sentados no chão, com os fuzis dispostos em feixes, tomavam sopa com pão, arenques e chá; mais longe, outros já dormiam. A dois passos da porta de entrada, amontoavam-se sacos de farinha. O chão, onde a neve se misturava com a lama, havia ficado escorregadio. Reinava a desordem. Pela porta soprava um vento impiedoso, pairava no ar um cheiro de botas e capotes militares.

[...]

Soube então que a fortaleza de Pedro e Paulo havia caído, capitulado sem nenhum tiro. O governo tsarista tinha se trancado no almirantado, protegido por unidades que continuavam fiéis por pouco tempo ainda. A terceira notícia era a mais importante: Kronstadt inteira havia aderido à revolução.

Apenas uma nota dissonante, mas importante, destoava incômoda nesse concerto de êxitos: as tropas dirigidas contra a capital estavam em pleno movimento, o 17º regimento de infantaria já tinha chegado, ocupara a estação Nicolau e ocorrera um combate. É verdade que essa expedição terminou num fragoroso fracasso: todas as unidades "fiéis" só obedeciam a seus chefes até chegarem às estações; aderindo prontamente à revolução, eram os comandantes que, agora, lhes deviam obedecer.

[...] soube que Rodzianko havia voltado e que sua tentativa de mediação com o poder tsarista fracassara.

A revolução popular, não desejando esperar as forças inimigas se mobilizarem, avançara tanto que, daí em diante, a inutilidade das intrigas de bastidores se tornava evidente. A partir de então, as classes proprietárias tinham a certeza de que a tática tendente a manipular a revolução por meio de uma frente única com as forças tsaristas se tornava arriscada; era preciso substituí-las por uma tentativa de utilizar a revolução sob o pretexto de tomar suas rédeas.

Um dos deputados radicais, irrompendo no recinto em que havíamos nos instalado, transmitiu-nos com ar de mistério uma importante "notícia política": após conferenciar com o Comitê da Duma, Rodzianko se fechara em seu escritório, bem ao lado do nosso, e pedia alguns minutos para refletir.

Não tínhamos tempo a perder. Era quase meia-noite e trabalhávamos com nossa ordem do dia fazia quinze minutos, quando Miliukov entrou no recinto. Ele caminhou diretamente para a nossa mesa, com um ar solene e um sorriso nos lábios: "Foi tomada uma decisão", disse ele, "nós tomaremos o poder...".

Eu não questionava o que significava esse "nós", mas senti que havia se criado uma situação nova e favorável. A nau da revolução, até então sacudida pelas intempéries, içando enfim suas velas e conseguindo uma estabilidade entre os recifes, tomava a direção rumo a um ponto ainda distante, invisível na neblina, mas garantido. Com a sobrevivência de todo o aparelho de Estado garantida, a revolução não seria sufocada pela fome e pelo caos. Era preciso que, daí em diante, os democratas se preocupassem com a preservação da sua revolução e com a vitória de uma ditadura burguesa sobre o triunfo real da democracia.

A burguesia da Duma tinha dois objetivos claros: submeter as forças da revolução e dominar praticamente todo o aparelho militar. Assim se definia a política do primeiro governo revolucionário e se esboçava sua atitude para com a democracia encarnada no Soviete dos Deputados Operários.

[...] Em seguida, houve um rápido debate sobre a questão da imprensa. Lembro-me de duas intervenções contraditórias, a de Steklov e a de Sokolov. O primeiro sugeria a proibição da imprensa nos dias seguintes, ressaltando o perigo de uma intervenção reacionária; o segundo, aludindo ao princípio da liberdade, declarava que restabelecer as condições normais de vida só ajudaria a consolidar a revolução.

Eu partilhava totalmente este último ponto de vista e, durante toda a revolução, mesmo nos momentos mais críticos, defendi a plena liberdade de imprensa, que só devia, a meu ver, dar satisfações aos tribunais.

Chegou-se a um compromisso: autorizar a circulação de jornais sob a responsabilidade do redator.

[...]

Eram quase seis horas. Através das vidraças, penetrava uma luz esbranquiçada. Do salão Catarina chegava um ruído de botas e se ouviam ordens de comando rápidas. Poderia se pensar que os destacamentos organizados desfilavam devagar.

Eu adormeci, ou talvez simplesmente tenha cochilado. Terminara o primeiro dia da revolução.

O segundo dia

Fui acordado por dois soldados que rasgavam ritmicamente com suas baionetas o quadro do retrato de Nicolau II, pintado por Repin. Algum tempo depois, sobre a poltrona do presidente, havia apenas uma moldura vazia, que assim continuou pendurada nesse salão da revolução durante vários meses.

[...] Diziam-me que a situação estava melhorando. Para começar, não se ouvia falar de nenhuma ação militar. E depois, em São Petersburgo, os oficiais voltavam a seus postos e, em massa, ofereciam seus serviços à Comissão Militar. Além disso, a ocupação da fortaleza de Pedro e Paulo tornara-se um fato consumado: a guarnição inteira, encabeçada pelo comandante, reconhecera os poderes do Comitê da Duma. [...]

Obviamente, a adesão dos oficiais à revolução tinha uma enorme importância. Nesse momento, a revolução não dispunha de nenhuma formação que pudesse substituir o corpo de oficiais, salvar o Exército de uma desintegração total e impedi-lo de transformar-se em fator de anarquia ou de ditadura. [...] visto que a liquidação do tsarismo não podia se realizar sem a burguesia, menos ainda contra a burguesia, era importante neutralizar essa força.

[...]

Mas, quanto ao âmago dessa questão, não somente as aspirações dos meios dirigentes da burguesia e as da democracia diferiam, mas também suas divergências se tornariam o ponto de partida de uma luta profunda e obstinada. [...]

Na esperança compreensível de tornar o corpo de oficiais um serviçal fiel da burguesia, o Comitê Provisório desejava que as tropas continuassem sendo o que sempre foram, ou seja, ferramentas sem vontade, "fuzis automáticos".

[...]

[Entretanto], não se podia conceber o retorno à velha obediência passiva e cega da massa democrática. Novos fundamentos estavam sendo lançados para o Estado, que implicavam necessariamente novas inter-relações dentro do Exército e uma estrutura nova que inviabilizasse o uso dos soldados para uma agressão contra o povo.

[...]

A multidão, civis e soldados misturados, afluía ao palácio como no dia anterior. Pessoas vindas da cidade nos disseram que a ordem estava longe de ser reimposta. Lojas, armazéns e apartamentos haviam sido saqueados em vários bairros, e o motim continuava. Os criminosos, libertados com os presos políticos um dia antes, lideravam os rebelados, pilhando e incendiando. As ruas estavam perigosas: os agentes de polícia, os porteiros, a polícia secreta e a guarda civil davam tiros escondidos nos sótãos. Alguns incêndios mal apagados ainda ardiam.

[...]

A sessão desse primeiro Comitê Executivo, o comitê que lançou as bases da revolução e que, durante dois meses, teve o destino dela em suas mãos, podia se abrir.

[...]

Na manhã de 28 de fevereiro, os representantes de partidos vieram se juntar aos membros eleitos do Comitê Executivo. [...]

Qual era a tendência dominante dentro do Comitê Executivo? Embora o acaso houvesse predominado nas votações da primeira sessão, deve-se ressaltar que a maioria era de esquerda e se compunha basicamente de representantes do movimento de Zimmerwald. Quanto à direita, a ala militarista, que de início não tinha muito peso, mas foi depois tomando uma importância especial, compunha-se sobretudo de representantes de partidos enviados ao Comitê Executivo por seus órgãos centrais e munidos apenas de um voto deliberativo.

[...] Mas, a partir do dia seguinte, sua composição aumentou com a adição de nove representantes da recém-formada "seção dos soldados".

Não tendo opção política definida, esses homens constituíam um pântano. Quando se formou a maioria socialista revolucionária, vários deles a apoiaram, na medida em que eram atraídos por um "partido camponês".

Contudo, sem deslocar o centro de gravidade do Comitê Executivo e sem modificar sua fisionomia geral, esses novos soldados tornaram bastante movediço o chão em que caminhava a maioria de esquerda.

Durante as primeiras semanas da revolução, não se viu no comitê nenhum dos líderes reconhecidos pelos partidos socialistas, nenhuma das futuras figuras centrais da revolução. Eles estavam afastados pelo exílio ou pelas fronteiras. Porém, os primeiros dirigentes do Comitê Executivo logo ficaram em minoria e na oposição. Os papéis centrais foram dados aos velhos chefes experientes, representantes de outras tendências que imprimiam à política do soviete uma direção nova.

A sessão do Comitê Executivo abriu-se às onze horas. Havia ali uma atividade frenética e cansativa, mas nem nessa sessão nem nas dos dias seguintes foi possível observar nenhum cronograma de trabalho. A cada cinco minutos os debates eram entrecortados por "declarações a se fazerem imediatamente", "questões de excepcional importância" e "moções ligadas ao destino da revolução"!

Na maioria das vezes, esses assuntos extraordinários não eram nada importantes. Mas nos primeiros dias, não só era impossível combater essa praga, mas também teria sido perigoso repeli-la impensadamente.

Na própria sessão de trabalho não havia nenhuma ordem, nem mesmo um presidente fixo. [...]

[...] Também não havia um secretário permanente, e as atas das sessões não eram redigidas. É verdade que elas só revelariam o caos, comunicados urgentes sobre toda espécie de perigos e excessos contra os quais não tínhamos condições de lutar. Dávamos ordens sem esperar que elas fossem cumpridas, enviávamos destacamentos sem ter certeza de que eles seriam formados e executariam suas missões.

No salão vizinho onde estavam os membros do soviete, ouvia-se cada vez mais barulho, era ensurdecedor. Viam-se chegar empregados das comunicações, professores, engenheiros, vendedores, médicos, advogados, atores...

Sem dúvida, os representantes intelectuais mais conscientes da intelligentsia burguesa eram atraídos para a direita, para o Comitê da Duma, e percebiam que o "Soviete de Deputados Operários" era uma fonte de anarquia que representava um obstáculo para conquistarem o regime de liberdade que Guchkov e Miliukov haviam se incumbido de estabelecer para eles. Mas a massa estava tomada de entusiasmo revolucionário. Como em 1905, todo mundo das classes médias tornara-se socialista do dia para a noite e se sentia irresistivelmente atraído pelo soviete. O fato de que o poder real, ou antes, a força real, estava nas mãos dele contribuía sobremaneira à sua popularidade.

O poder formal pertencia ao Comitê da Duma, que se apressava em dividir as funções entre os deputados do Bloco Progressista, os membros do Partido Progressista e, fato característico, os trabalhistas, promulgando durante a noite e o dia de 28 de fevereiro toda uma pilha de decretos, nomeações, portarias e manifestos. Mas essa era a expressão de um mero poder no papel, ou, como se queira, de um poder moral. Nessas horas de crise, o Comitê da Duma em nada era capaz de governar o Estado, carecendo de qualquer força real para conseguir restabelecer a ordem e uma vida normal na cidade.

Somente o soviete tinha os meios de agir; ele começava a controlar a massa de operários e soldados e tinha à sua disposição as organizações operárias, quaisquer que fossem suas tendências [...]

[...] No fim das contas, alguns dias depois, os efetivos do soviete atingiam a cifra absurda de uns 2 mil membros. Disso resultaram inquietações e dificuldades para o Comitê Executivo, que devia montar uma organização correta do soviete e normas adequadas de representação. Dada sua composição numérica e qualitativa, o soviete era sem dúvida incapaz de agir de maneira efetiva, mesmo como Parlamento, e cumpria uma função exclusivamente moral.

Era ao Comitê Executivo que cabia realizar com suas próprias forças todo o trabalho corrente e elaborar um programa de governo. A aprovação desse programa pelo soviete era claramente uma simples formalidade. [...]

"E então, o que se passa no soviete?", perguntei um dia a alguém que saía de lá. Meu interlocutor teve um gesto fatalista: "É um comício. Fala quem quiser e o que quiser!".

Tive de atravessar várias vezes o salão de sessões. No começo, o quadro lembrava o do dia anterior: os deputados estavam sentados em cadeiras e bancos em volta da mesa, no meio do salão e pelas paredes. Algumas horas depois, as cadeiras haviam desaparecido do salão, elas ocupavam muito espaço, as pessoas em pé transpiravam e se espremiam umas contra as outras. Os membros da mesa diretora ficavam de pé sobre uma mesa e toda uma penca de assessores se pendurava nos ombros do presidente, impedindo-o de dirigir a assembleia. No dia seguinte ou no próximo, as mesas também haviam sumido e as sessões tomaram um aspecto definitivo de comícios num carrossel.

[...] A salvação estava em que o tsarismo, privado de forças, estava desmoronando como um castelo de cartas. Porém, a revolução continuava carente de forças militares.

Era indispensável garantir o bom funcionamento de um dos setores mais importantes da economia soviética em vias de formação, qual seja, o gráfico. Na noite do dia anterior, V. D. Bonch-Bruievich, ajudado por não sei que voluntários, havia ocupado a gráfica Kopeika, que na sequência serviu à impressão do *Izvestia* [*Notícias*]. Era uma das melhores gráficas de São Petersburgo, que devia ser conservada para o soviete. Bonch-Bruievich instalara aí uma guarda e empregara alguns operários. Mas não havia orçamento para pagá-los, nem provisões, nem segurança. Os operários desapareciam uns depois dos outros. Num momento decisivo, o soviete podia se encontrar privado desse meio essencial de ação sobre a população.

Bonch-Bruievich começou enviando ao Comitê Executivo uma nota escrita nos termos mais enérgicos, e depois veio em pessoa exigindo que garantissem à gráfica meios financeiros, víveres e uma guarda. Fui encarregado de acertar a questão com Bonch. Era então indispensável aprovisionar os cem homens da gráfica, algo bem difícil. Foram necessárias longas horas de trabalho para organizar, com dificuldade, a instalação de uma guarnição e a distribuição de víveres. Em todo caso, o cansaço que me deram esses esforços me mostrou em que condições o Comitê Executivo trabalhava durante essas primeiras horas da revolução.

[...]

Neste dia, houve, perto das cinco horas, um alerta falso: escutaram-se no pátio um ou dois tiros. Isso não era nada incomum, mas o pânico foi bastante indecoroso no salão abarrotado do soviete. Todos gritavam: “Os cossacos!”. Os oficiais e os outros militares nem sequer sonhavam em fugir, mas se jogaram no chão. Ninguém sabia o que devia fazer, qual era seu posto, como defender a revolução e o Palácio Tauride. Se realmente tivesse se tratado de um ataque dos cossacos, é certo que não se podia esperar salvação de parte alguma e que a revolução teria sido então derrotada.

[...] Mas, sem inimigo à vista e ninguém atacando, ficou evidente que se tratava de um alerta falso. [...]

A delicadeza da situação geral diminuía a cada hora. Soube-se que Moscou já havia aderido e que a revolução se realizara aí facilmente, com o auxílio da guarnição.

A Rússia estava livre. Acabara a autocracia. Era o fim da Okhrana e da clandestinidade. Havia às nossas vistas algo diferente, impressionante, desconhecido. Tais eram os pensamentos que atravessavam meu espírito em meio a eventos irrelevantes que aparentemente em nada se relacionavam com a grande vitória do povo. Mas, por alguns instantes, cada um de nós pensava: é um sonho, é um conto de fadas, não vamos acordar?

[...] durante todo o dia, grupos formados espontaneamente haviam apresentado mandados de prisão que eles mesmos haviam redigido, assinados pelos membros do Comitê Executivo. Recusar-se a assinar em tais circunstâncias teria significado aceitar violências arbitrárias, até mesmo excessos, dirigidos contra vítimas talvez inocentes; conceder implicava, em certos casos, sustentar uma ação oportuna, e em outros, garantir a segurança daqueles que eram alvo de suspeitas. Numa atmosfera de paixões desenfreadas, havia mais chances de provocar injustiças opondo-se às prisões do que as aprovando. Em todo caso, posso afirmar que não me lembro de nenhum episódio de prisão efetuada por ordem do Comitê Executivo.

Desde o início, a revolução se achava forte demais para julgar necessário defender-se com procedimentos desse tipo. Os métodos da autocracia só voltaram a florescer mais tarde, sob o governo de coalizão, e floresceram largamente com os bolcheviques.

[...]

Pela primeira vez fiquei sozinho e andei pelas ruas de uma cidade livre da Rússia nova. Refletia sobre os diversos problemas que se apresentavam, mas meus pensamentos eram atravessados por impulsos de alegria, de orgulho triunfante e também de certo assombro diante das coisas imensas, explosivas, incompreensíveis que haviam se realizado nesses últimos dias.

[...]

Sim, a causa da revolução triunfara! Lembrei-me dos soldados que naquela manhã haviam arrancado o retrato de Nicolau II. Nicolau ainda estava em liberdade e ainda se dizia tsar. Mas onde estava o tsarismo? Sumiu, afundou num só golpe! Para edificá-lo foram precisos três séculos, e para destruí-lo, três dias.

O terceiro dia

Por volta das dez horas retomei o caminho do Palácio Tauride. A multidão se espremia nas ruas diante das proclamações do Comitê Executivo e do Comitê Provisório da Duma. Ao chegar, soube que o trem do tsar, enquanto rumava para Tsárskoie Seló, fora detido na estação de Dno pelas tropas revolucionárias.

Assim, a questão da liquidação dos Románov se encontrava na ordem do dia. Mas a estruturação de um novo Estado e da futura política da democracia me parecia um desafio mais importante. Todo mundo falava do tsar e da decisão a tomar a seu respeito.

[...]

Quais eram os objetivos da burguesia ao tomar o poder? E, por outro lado, quais eram as condições indispensáveis da vida política para a democracia?

As posições e intenções da Rússia dos proprietários não se prestavam a qualquer dúvida. Elas se limitavam a liquidar o despotismo com a ajuda do movimento popular (e, de preferência, sem ele!), a consolidar a ditadura do capital e da renda fundiária, nos quadros de um regime político dito "liberal", e a criar um parlamento onipotente no qual a maioria burguesa estaria garantida. A Rússia dos proprietários queria deter a revolução nessa fase, após ter transformado o Estado em instrumento de sua dominação de classe e o país, em oligarquia de capitalistas, no modelo da Inglaterra e da França, as "grandes democracias ocidentais". Toda movimentação para além desse projeto devia ser sufocada por todos os meios.

[...]

Para a democracia soviética, a dos soldados, dos camponeses, dos operários, da pequena burguesia e do proletariado, os objetivos eram mais nuançados, ou até opostos uns aos outros.

Os marxistas do campo de Potresov haviam chegado à conclusão de que nossa revolução era uma revolução burguesa. Disso deduziam que todas as intenções e todos os objetivos da burguesia eram legítimos; portanto, a guerra também era um fenômeno inevitável; por fim, a classe operária e o campesinato deviam restringir suas reivindicações e seu programa. No fundo, essa posição implicava simplesmente ceder o poder a Guchkov e Miliukov, de forma incondicional, ou seja, realizar seu programa liberal e imperialista a exemplo do Ocidente.

Os elementos bolcheviques e socialistas revolucionários acreditavam numa revolução socialista mundial, inevitável ao terminar a guerra. Para eles, a insurreição popular na Rússia representava não apenas a liquidação do absolutismo tsarista, mas também a destruição do poder do capital. Detendo a força real, o povo insurgido devia desde já utilizá-lo até o fim, tomar em mãos o poder de Estado e se dedicar com rapidez a aplicar o programa máximo e a suspender a guerra. Recusando um governo burguês no contexto da revolução, não havia por que se preocupar com as condições nas quais se transmitiria o poder à burguesia.

Os representantes desse ponto de vista eram extremamente fracos no Comitê Executivo, tanto em número quanto em qualidade. Quando se debateu a questão, esses elementos, por assim dizer, não se fizeram notar e uniram forças com os adeptos da terceira tendência, à qual eu mesmo me alinhava.

Eu pensava que, enquanto a evolução histórica da Europa entrava na fase de liquidação do capitalismo, devíamos considerar a marcha de nossa própria revolução à luz desse fato.

É certo que, embora realizada pelas massas democráticas, nossa revolução não tinha nem forças reais nem a organização indispensável para uma transformação socialista imediata da Rússia. Realmente, só poderíamos erigir no país uma ordem socialista tendo ao fundo uma Europa socialista, e com a ajuda dela. Mas estava fora de cogitação consolidar a ditadura burguesa no país.

Se a revolução não podia resultar imediatamente no socialismo na Rússia, ela devia ao menos guiá-la nessa direção. E, para isso, era preciso desde então estabelecer e consolidar a ditadura das classes democráticas. A democracia soviética devia provisoriamente devolver o poder à classe proprietária, sem a qual ela não poderia dominar a técnica de governo nas desastrosas condições da derrocada, mas devia, ao mesmo tempo, garantir-se a mais completa liberdade para combatê-la assim que possível.

Restava o problema de saber se a classe burguesa aceitaria tomar o poder enquanto o partido socialista estivesse na oposição. Devíamos obrigá-la a aceitar o poder deixando-lhe a esperança de ganhar a luta que poderíamos promover contra ela.

Devíamos então evitar exigências que poderiam desencorajá-la e levá-la a buscar outras vias para consolidar sua dominação de classe, devíamos conseguir essa combinação nos limitando a uma colaboração mínima realmente indispensável.

Eu julgava que o poder devia ser confiado ao governo de Miliukov, desde que ele concedesse total liberdade para organizarmos nossa propaganda. Estimando que, nas semanas seguintes, a Rússia democrática se cobriria de uma sólida rede de organizações de trabalho, partidos, sindicatos, municipalidades e sovietes, pensava que ela se uniria e se tornaria invencível ante o front do capital e do imperialismo. Eu considerava que a liberdade de consciência bastava para impedir que a burguesia imperialista reforçasse a ditadura do capital, para evitar que se consolidassem no país formas europeias de república burguesa e para levar o país, num futuro próximo, à ditadura política da maioria camponesa e operária, com todas as suas decorrências.

No fundo, eu raciocinava da mesma forma que os bolcheviques alguns meses depois, quando eles, deixando total liberdade de manobra ao governo de coalizão, exigiram apenas uma garantia: a liberdade de propaganda.

A essa condição de absoluta liberdade política, devia-se juntar uma anistia total e irrestrita. Depois, era preciso elaborar não somente uma declaração das liberdades, mas também instituições constitucionais democráticas. Cumpria então conseguir o quanto antes a convocação de uma Assembleia Constituinte dotada de plenos poderes e representando todos os setores do povo, com base numa lei eleitoral democrática.

[...]

Assentíamos todos em recusar qualquer participação no governo. O próprio fato de se constituir um governo burguês fora aceito como algo já combinado. Pelo que me lembre, nenhuma voz se levantou para propor um governo democrático. [...]

Eram quase dez horas da noite. Steklov havia partido para ler no soviete um informe sobre a questão do poder. Atrás da porta do salão 13, onde acabava de ocorrer a sessão do Comitê Executivo, encontrei o seguinte quadro: Sokolov estava escrevendo, inclinado na escrivaninha;

soldados o cercavam por todos os lados, sentados, de pé ou apoiados na escrivaninha. Esses soldados lhe ditavam ou lhe sopravam o que estava escrevendo. Recordei-me da descrição de Tolstói: como ele inventava, na escola de Iasnaia Poliana, histórias com as crianças. Mas não se tratava de infantilidades, era a comissão eleita pelo soviete para trabalhar na redação da “Ordem do Dia ao Exército”. Eles trabalhavam sem nenhum plano e sem debate, todos falavam e todos estavam inteiramente absorvidos em suas tarefas. Eles não precisavam de votos para dar uma forma à sua opinião coletiva. Fiquei de pé escutando, interessado no mais alto grau. Quando o serviço foi concluído, deu-se à folha um título: “Ordem do dia nº 1”.

Eis a história do documento que se tornou tão famoso. [...]

Era hora de organizar uma conferência com o Comitê da Duma, com o objetivo de criar um governo provisório e definir seu programa. [...]

[...] Finalmente, quatro pessoas foram incumbidas de conduzir as conversações: Chkheidze, Sokolov, Steklov e eu próprio.

[...] Afirmei que o objetivo da conferência era outro: devia-se criar um governo provisório. Os dirigentes da Duma deviam ter suas opiniões a esse respeito. O soviete deixava a seus cuidados formar esse governo, considerando que isso derivava da presente conjuntura e respondia aos interesses da revolução. Mas, a fim de evitar qualquer embaraço, e visto que o soviete dispunha sozinho da força efetiva, ele desejava apresentar um programa de reivindicações.

Nossos interlocutores não podiam objetar nada. Então Steklov se levantou, com sua folha de papel na mão, e falou por bastante tempo. Ele repetiu o discurso que tinha acabado de fazer no soviete, explicando ponto por ponto, do modo mais acessível, o programa mínimo socialista. “Um bate-papo popular num círculo operário!”, pensava eu ouvindo esse infindável discurso.

Steklov tentava comprovar aos presentes o caráter razoável de nossas exigências. Ele terminou expressando a esperança de que nos entenderíamos e que o governo a ser criado aceitaria nossas reivindicações e as publicaria como parte integrante de seu programa.

Miliukov tomou a palavra para responder. Ele falou em nome do Comitê da Duma inteiro, o que parecia natural para todos os ouvintes. Era visível que aqui, na ala direita, Miliukov era não somente o líder, mas também o mestre.

"As condições do Soviete de Deputados Operários e Soldados", declarou, "são aceitáveis como um todo e podem servir de base para um acordo com o Comitê da Duma. Contudo, há pontos contra os quais o comitê levanta objeções categóricas."

Ele pediu a folha em que estava exposto nosso programa e, enquanto a copiava, fez suas observações. A anistia era compreensível. Miliukov julgou conveniente não a discutir e escreveu docilmente: "[...] para todos os delitos agrários, militares, terroristas [...]". O mesmo se deu com o segundo ponto: a liberdade política, a suspensão das restrições de ordem corporativa, confessional etc.

Mas o terceiro ponto suscitou forte resistência de sua parte. Esse ponto dizia: "O governo provisório não deve tomar nenhuma iniciativa que predefina a futura forma de governo". Miliukov defendia a monarquia e a dinastia dos Románov, com Aleksei como tsar e Miguel como regente.

Para mim, surpreendia bastante que Miliukov, entre todas as nossas condições, fosse contra essa. Atualmente, entendo-o muito bem e penso que, de seu ponto de vista, ele tinha toda razão e demonstrou uma grande lucidez.

Ele estimava que com um tsar da casa dos Románov, e talvez apenas nessa condição, ele ganharia a batalha e justificaria o risco enorme que, na pessoa dele, toda a burguesia aceitava. Com um Románov no trono, todo o resto seria dado por acréscimo, sem precisar temer a liberdade do Exército ou a Assembleia Constituinte, que ele considerava como algo provisoriamente tolerável e como um obstáculo possível de ser superado.

[...]

Ele nos fez "avanços liberais", insistindo que os Románov não podiam mais ser perigosos. E tentou nos persuadir de que seu arranjo era admissível para a democracia, falando sobre seus candidatos: "Um é uma criança doente, e o outro é um homem totalmente idiota".

[...]

Chkheidze e Sokolov destacaram que o plano de Miliukov era inaceitável, bem como utópico, tendo em vista o ódio geral das massas populares pela monarquia. Eles fizeram saber que a tentativa de apoiar os Románov com nosso aval seria absurda, inconcebível e não podia levar a nada. [...]

Tomei então a palavra e comecei dizendo que as demandas apresentadas eram reivindicações mínimas, categóricas e definitivas. Demonstrei que se sentiam entre as massas aspirações mais importantes a cada dia. Provei que apenas nossos dirigentes tinham a confiança do povo, que o poder real estava, pois, em nossas mãos, que havia apenas uma única saída: aceitar nossas reivindicações como programa de governo.

Miliukov retomou a palavra para exigir-nos, por sua vez, uma declaração confirmando que o governo constituído após acordo com o Soviete de Deputados Operários era legítimo. Ele também queria que essa declaração contivesse um apelo para que se confiasse nos oficiais e que os soldados os reconhecessem. Ele entendia que nenhum governo podia nascer ou subsistir sem um acordo com o soviete; ele descobria o poder do Comitê Executivo, e intuía que receberia o poder, não das mãos do tsar, como esperara durante os dez últimos anos, mas sim das mãos do povo insurreto e vitorioso. Foi por isso que insistiu que nossas declarações fossem impressas e divulgadas.

[...]

Steklov relatava no Comitê Executivo a conferência com o futuro governo. Peguei o telefone para dar as últimas notícias ao jornal *Izvestia*, mas a edição já estava no prelo. Soube nessa ocasião de um fato que achei desagradável: a gráfica recebera dois "manifestos aos soldados" durante o dia. Um era a célebre "Ordem do dia nº 1" que já mencionei; o outro fora lido pelos tipógrafos, que manifestaram sua oposição e se recusaram a imprimir: era o apelo redigido por mim e por Steklov contra os linchamentos e violências. Esse abuso me indignou. Não somente ele demonstrava um estado de espírito agressivo para com os oficiais, mas também era inaceitável que um grupo de tipógrafos tomasse nesse momento as rédeas da "alta política", contrariando o Comitê Executivo. Mas nada podia ser feito, os gráficos haviam saído e muitos outros manifestos urgentes iriam ocupar todo o espaço no dia seguinte.

O quarto dia

O soviete ia se reunir para discutir e resolver em sessão plenária a questão do poder. Dessa vez, o Comitê Executivo devia agir e manobrar para ratificar sem incidentes sua decisão política. [...]

Para garantir que o soviete adotasse todos os projetos do Comitê Executivo, seguimos a seguinte tática: como Steklov faria outra vez um informe, convenci-o a estender-se longamente, entrando em minúcias; eu argumentava que um discurso longo convenceria a assembleia e abreviaria os debates que se seguiriam, impedindo uma ou outra tendência de romper o equilíbrio.

Para mim é duro relembrar essas duvidosas manobras políticas que mais tarde condenei com relação a outra maioria.

A sessão do soviete começou. [...]

Enquanto Steklov diluía à exaustão o programa do Comitê Executivo diante de um auditório impaciente, Kerenski veio me encontrar, visivelmente querendo alguma coisa. Eram quase três horas da tarde, Steklov estava falando havia mais de uma hora. Quando ele terminou seu discurso, o salão explodiu em aplausos. Então, como se tivesse sido picado por uma cobra, Kerenski estremeceu e correu para o salão de sessões. Não podendo alcançar a tribuna presidencial, subiu na primeira mesa que encontrou e pediu a palavra. Eu o acompanhei, pensando no que ia acontecer e aonde ele queria chegar. Não precisei esperar para tirar uma conclusão: ele escolhera o pior dos caminhos disponíveis para que se tornasse primeiro-ministro, o "golpe de Estado"! Ele menosprezava o Comitê Executivo.

Pálido, como se estivesse inspirado, muito comovido, com uma voz surda, apoiado em frases breves e bruscas, cortadas por longas pausas, começou um discurso no qual, por trás da histeria e do teatralismo patético, discernia-se um trabalho diplomático hábil que devia influenciar os eleitores:

"Camaradas, vocês confiam em mim? Falo do fundo de minha alma, do fundo de meu coração... Se vocês não confiam em mim, estou disposto a morrer, aqui mesmo, à vista de vocês!..."

O espanto e a emoção invadiram a sala. Esses procedimentos nunca antes empregados entre nós tiveram um efeito surpreendente. Kerenski aproveitou-se disso para tratar sem demora do principal assunto que lhe interessava:

> Camaradas! Fui obrigado a dar, sem prévia aprovação de vocês, uma resposta à proposta que me fizeram de assumir o cargo de ministro da Justiça... Os representantes do antigo poder estão em minhas mãos, não quis deixá-los escapar. Aceitei a oferta e entrei no governo provisório. Meu primeiro ato foi mandar libertar todos os presos políticos e fazer vol-

> tarem da Sibéria, com honras especiais, nossos camaradas social-democratas deputados da Duma...

Obviamente essa declaração foi recebida com aplausos. A questão da anistia ainda era apenas um "parágrafo do programa". É preciso recordar o clima de então para entender o que essa declaração podia suscitar de entusiasmos, não estávamos acostumados a todas as possibilidades de uma liberdade de todo nova.

Após tal preparação de artilharia, Kerenski podia lançar-se à ofensiva: "Assumi então as funções de ministro da Justiça antes de vocês me concederem formalmente esses poderes. Dessa forma, estou renunciando às minhas funções de vice-presidente do Soviete de Deputados Operários. Entretanto, estou pronto para reassumi-las se vocês julgarem necessário...". Houve gritos de "Sim, sim!..." e aplausos.

Ovacionado, Kerenski deixou o salão sem esperar que discutissem o assunto, certo de sua vitória e de que sua entrada no governo seria aprovada. Ele se tornava ministro da democracia conservando seu título de vice-presidente do soviete.

[...]

Por volta das sete horas da noite, quase terminando a sessão do soviete, levou-se a voto a resolução do Comitê Executivo. O resultado do escrutínio foi brilhante: a linha e o programa do Comitê Executivo foram aprovados por quase todos os membros presentes do soviete (algumas centenas de votos contra quinze).

Tendo sido adotada a resolução e sido aprovado o compromisso passado com os elementos burgueses, era preciso dar conta da constituição do governo e informar o povo a respeito. [...]

[...] nesse ínterim, Guchkov e Shulgin já se encontravam perto de Pskov, tendo de manhã tomado um trem para chegarem até o tsar, e convenceram-no a abdicar em favor de Aleksei, com Miguel como regente. Era a última tentativa da "burguesia constitucional" de conservar a monarquia por meio de um golpe de Estado. Assim, os líderes monarquistas queriam colocar a Rússia, tanto a burguesia radical quanto a democracia, cujas intenções, porém, foram precisadas na noite anterior, diante de um fato consumado. Era uma violação flagrante do acordo combinado conosco.

[...]

No fim das contas, a questão do terceiro ponto foi resolvida da seguinte forma: aceitávamos não introduzir na declaração ministerial o compromisso oficial de "não tomar iniciativas que predefinam a forma de governo". Aceitávamos manter a questão em suspenso e deixar que certos membros do governo ainda tentassem salvar a monarquia. Mas declarávamos de maneira categórica que, "de sua parte, o soviete conduziria desde já uma luta intensa para instituir uma república democrática".

Evidentemente, tratava-se de um compromisso maior do lado dos monarquistas do que do nosso. Mas um compromisso oficial da parte deles de abandonar os Románov não iria ter grande impacto no plano prático. Nada iria impedi-los de continuar a fazer "manobras" como as que já haviam sido levadas a cabo nos bastidores, sem que soubéssemos. Enquanto isso, a "liberdade de luta" que proclamávamos dava todas as chances para a república vingar, não apenas por causa do desejo popular de vê-la ser instaurada e da força efetiva que estava nas mãos do povo, mas também por causa da divisão que reinava no seio da burguesia sobre essa questão.

[...]

Faltava encontrar um título para esse documento.

"Em nome do Comitê Provisório da Duma", propôs Miliukov. "Para manter a linha legítima de sucessão, esse documento deve levar a assinatura de Rodzianko."

Não gostei nada disso. O que importavam a Duma,

seu Comitê, Rodzianko e a "linha de sucessão" nessa história? Insisti para que o documento fosse intitulado "Em nome do governo provisório". Já estava muito bom!

[...]

Terminava o quarto dia da revolução. Finalmente se podia pensar em comer e descansar.

Despedi-me de Miliukov. Reencontrar-nos-íamos num futuro muito próximo, agora não mais na qualidade de intermediários, mas de representantes de dois grupos que travariam uma luta de morte. Nosso acordo não passava de um acordo quanto às "condições de um duelo".

Nesse ínterim, os srs. Guchkov e Shulgin acabavam de chegar a Pskov e combinavam com o tsar sobre sua abdicação. Nicolau II lhes declarou que havia decidido abdicar por conta própria, mas não em favor de Aleksei, do qual ele não suportaria se separar, e sim do grão-duque Miguel, que fora proposto como regente. Lá pela meia-noite, os delegados da burguesia voltaram de trem para São Petersburgo, levando consigo o ato de abdicação. Mas nada disso adiantava mais.

Todavia, esse ato representava o coroamento da revolução. A dinastia estava liquidada e, com ela, a monarquia. Estava estabelecido um poder revolucionário e postos os fundamentos da nova ordem. Novas perspectivas se abriam para o movimento proletário mundial.

Nesse momento eu andava pelas ruas desertas. Não mais se viam soldados desabrigados e famintos. A mudança de regime era um fato consumado. A capital e, com ela, o país inteiro podiam começar a viver uma vida nova [...].

Nikolai Sukhanov
Petrogrado, 1922

12. A Revolução de Fevereiro em Moscou

Eduardo M. Dune, autor de *Notes of a Red Guard* (ver "Referências bibliográficas"), de origem letã, chegou com sua família a Moscou em 1916, acompanhando o pai, veterano operário, evacuado com os trabalhadores de sua empresa para escapar da ameaça de tomada de Riga, capital da Letônia, pelas tropas alemãs. Ele tinha apenas dezessete anos quando a Revolução de Fevereiro aconteceu em Moscou. Participou de forma ativa do processo, tornou-se um guarda vermelho. Posteriormente, também tomou parte na guerra civil, ao lado do governo revolucionário. Muito mais tarde, exilado nos Estados Unidos, escreveu suas memórias, das quais traduzimos um trecho referente à irrupção da revolução em Moscou.

MEMÓRIA DA REVOLUÇÃO DE FEVEREIRO EM MOSCOU

Uma semana antes da revolução, no domingo, 22 de fevereiro, membros da organização clandestina na fábrica fizeram uma festa na aldeia de Spasskoe para discutir seu trabalho futuro e para cantar e beber um pouco. Sapronov, Shmidel', Eduard Mazul', Martikinus, Dits, Kalmykov, D'iakov, Zaliais, Vever, Shkuntik e outros — todos futuros ativistas de outubro e da guerra civil — estavam lá. Todos tinham estado ligados à vida da fábrica desde a infância e participado da Revolução de 1905, mas nenhum deles teve nenhuma intuição de que estavam no limiar da revolução. Foram tomadas decisões quanto aos preparativos para comemorar o Primeiro de Maio, e a Sapronov confiou-se a tarefa de escrever e produzir numa impressora caseira um folheto sobre as condições locais de emprego e de trabalho na fábrica. Aliás, o folheto jamais veio à luz, pois a revolução aconteceu.

A Revolução de Fevereiro

Moscou continuava em sua vida normal. Naquele sábado a escola técnica estava cheia, como sempre, de estudantes veteranos. Cansados após um dia de trabalho, não falavam muito. Mergulhados em seus livros de exercícios e seus compêndios, não prestavam muita atenção em quem estivesse ao lado. Embora fosse sábado, decidi passar a noite em Moscou, para poder comprar no dia seguinte algumas coisas de que precisava. Dessa vez, meu colega de quarto, um aluno da Academia Petrovskaia, não estava dormindo, e sim relaxando, com a ajuda do samovar. Ele me disse que os estudantes iam fazer uma manifestação no dia seguinte em protesto contra o alto custo de vida e em apoio a seus colegas de Piter (São Petersburgo). Não dei muita importância ao que ele estava dizendo, mas me lembrei disso a caminho de Sukhareva. Nas tardes de domingo, havia em geral muita gente espairecendo, mas hoje o número de pessoas estava acima do normal, todos indo em direção à praça Sukhareva. Caminhando apressadamente entre as barracas ou parados em grupos havia policiais armados com fuzis. Isso, também, era incomum. Ao que tudo indicava, não faziam a menor ideia de por que tinham sido convocados para lá e, de maneira frouxa, quase relutante, empurravam as pessoas com gritos de “Pare, não é permitido seguir adiante”.

A multidão olhava, mas não se dispersava. Depois, cumprindo alguma ordem, a polícia foi embora em grupos desordenados ao longo da rua Sretenka. A multidão a seguiu, acompanhando-a com gracejos, piadas e gargalhadas. Notamos que ao longo da Sadovaia outra multidão vinha em nossa direção. À frente, uma pequena bandeira vermelha tremulava num pedaço de pau. Na multidão havia muitos estudantes dizendo que tivera início uma revolução em São Petersburgo. Eu não fazia ideia de por que essa massa de pequeno-burgueses moscovitas de mente estreita precisava de uma revolução, mas a notícia se espalhava entre eles como uma brisa, criando uma atmosfera extraordinária. As pessoas começavam a se abraçar e a se beijar, estranhos tornavam-se amigos íntimos, alguns choravam de alegria. Em cinco a dez minutos as pessoas pareceram ter renascido. Uma garota bonita veio até mim e me pegou pela mão, como se nos conhecêssemos há séculos. Depois, de mãos dadas, num cálido abraço, e sem perguntar o nome um ao outro, fomos juntos em direção ao quartel da Krutitskie.

Como era usual, havia sentinelas nos portões do quartel. O pátio estava vazio, mas as janelas, de cima a baixo, estavam abarrotadas com as figuras silenciosas dos soldados. Gritamos para eles: "Saiam, há uma revolução!". Não conseguimos ouvir o que responderam, mas as sentinelas disseram que eles tinham ordens para não sair.

A multidão ficava cada vez maior, e de algum lugar à distância podia-se ouvir o conhecido refrão de uma canção revolucionária. A essa altura estava tudo tão congestionado que era impossível avançar em qualquer direção. Continuamos de mãos dadas, como para evitar que nos perdêssemos um do outro. Lentamente, de modo quase imperceptível, a corrente humana moveu-se para os Portões Vermelhos, onde eu sabia haver outro quartel. A cena se repetiu ali, com a diferença de que os soldados estavam gritando em altas vozes, acenando e nos saudando.

Não conseguimos perceber o que estavam dizendo. Perto da Pokrovka nos deparamos com um grupo de policiais, mas, em vez de saudá-los com piadas bem-humoradas, milhares de vozes lançavam brados violentos e ameaçadores: "Faraós! Sua hora chegou! Afastem-se, para seu próprio bem!". Não me lembro se foram embora ou só passaram por nós. Nós nos movíamos com lentidão e não conseguíamos enxergar a parte dianteira nem a traseira da multidão, pois a rua estava solidamente bloqueada. Pela primeira vez em minha vida, senti essa atmosfera de júbilo, na qual cada pessoa que você encontra parece lhe ser muito próxima, mesma carne e mesmo sangue, em que cada um olha o outro com olhos cheios de amor. Não se pode chamar isso exatamente de hipnose de massa, mas o estado de espírito da multidão se transmitia entre as pessoas como uma corrente de eletricidade, como uma irrupção espontânea de riso, alegria, ou raiva.

A maior parte da multidão consistia em pessoas que naquela mesma manhã tinham rezado pela saúde da família imperial. Agora estavam gritando "Abaixo o tsar!" sem esconder seu alegre desdém. Minha companheira era um bom exemplo. Ela me inundou de perguntas: "Aonde estamos indo? Por que estamos marchando? Por que há uma revolução? Como vamos nos arranjar sem um tsar? Para ela aquilo parecia ser mera coisa de feriado — um desfile carnavalesco no domingo, completo, com participação das massas. Amanhã — segunda-feira — recomeçaria a enfadonha vida rotineira de trabalho, como era usual. Sem que fosse uma pergunta, como se estivesse falando consigo mesma, ela de repente disse: "Como seria bom se amanhã houvesse outra revolução!". O que eu poderia dizer? Amanhã? Provavelmente amanhã a polícia ia nos prender. Mas hoje havia um festival nas ruas.

Estávamos nos aproximando do rio Iauza quando, acima do rumor abafado de milhares de vozes na multidão, ouvimos, à distância, um tiro. "Começou", pensei. Não era possível ver o que estava acontecendo lá na frente. A multidão comprimiu-se mais, mas continuou a avançar. Correu a notícia de que a polícia não nos permitiria cruzar o rio, mas quando chegamos lá já não havia policiais à vista. A situação ficou mais relaxada quando a multidão dispersou-se pelas duas margens, olhando para alguma coisa dentro do rio. Nós também nos viramos para ver. Na água não congelada ao pé da ponte flutuava o corpo de um sargento da polícia, num uniforme cinza. Testemunhas contaram que, apesar dos fuzis da polícia que barravam a passagem de quem quisesse cruzar o Iauza, a multidão tinha sido empurrada para a frente, sob a pressão dos que vinham atrás. O sargento gritara e brandira seu revólver, mas não conseguiu deter a multidão. Ele então disparou um único tiro, ferindo um menino. Num instante, todos se lançaram sobre ele. O sobretudo cinza do sargento da polícia foi visto voando pelo ar acima das cabeças da multidão, até o parapeito e para dentro do rio. Seu chapéu pontudo foi jogado atrás dele e ficou grudado no gelo muito longe do corpo.

Essa foi a primeira vez que vi o corpo de alguém que tinha sido morto. Senti certo mal-estar interior. Minha companheira parecia ter sentido o mesmo. Ficou olhando para o corpo e falando sobre o garoto que tinha se ferido, dizendo o quanto sentia por ele. Depois se virou para o homem morto e declarou: “Isto é o que lhe cabia”. Mas, a julgar pelo tom, dificilmente estava convencida de que não havia alternativa. Nosso júbilo desapareceu, e nenhum de nós quis falar do que acontecera. Antes, minha companheira tinha nos empurrado para a frente, mas agora parecia estar nos segurando.

Após muitas horas percorrendo metade da cidade tomada pelas multidões, chegamos de volta a Sadovaia. Perto do quartel uma multidão de soldados se mesclava com os civis. O pátio do quartel transbordava de homens excitados, mas que não queriam sair para as ruas. Nosso estado de espírito também era de alegria, pois estávamos convencidos de que uma nova vida tinha começado. Eles nos disseram que os oficiais estavam escondidos, que os oficiais não comissionados estavam com medo de serem punidos por motim, e que não sabiam o que fazer. As pessoas diziam que eles deviam ir libertar outros quartéis e continuar até Khodynka.

Não havia polícia à vista, nem bondes, nem motoristas. Em toda parte reluziam bandeiras vermelhas e viam-se cada vez mais fitas vermelhas no peito dos manifestantes. Ao anoitecer, apareceram comerciantes vendendo um item até então desconhecido — fitas de tecido vermelho, a cinco copeques cada uma. O suprimento esgotou-se em segundos — não havia bastante para todos. Os que tinham comprado fitas as rasgavam em pedaços e distribuíam esses emblemas da revolução entre as mãos estendidas. Quem recusaria ostentar uma fita vermelha em seu peito? Era divertido observar o fervor e a determinação com que cada um tentava conseguir um pedaço desse material, e o prazer dos que conseguiam. Pessoas bem-vestidas, que usavam fitas quase do tamanho de guardanapos, eram inquiridas: "Por que estão sendo tão sovinas — dividam-nas conosco. Agora temos igualdade e fraternidade".

Os estudantes eram vistos com grande apreço. Todo mundo os procurava com perguntas e pedindo conselhos. Como oradores de rua, eram ouvidos por todos nós. Os grupos em torno desses oradores eram particularmente densos. Os oradores eram erguidos bem alto acima da multidão para que todos pudessem ouvi-los. Os discursos consistiam em pouco mais do que uma série de lemas e palavras de ordem — "Abaixo a autocracia!", "Vida longa à revolução!" —, mas a multidão ficava bem satisfeita. Quando erguiam os oradores, havia um murmúrio ou um rugido de aprovação. Até mesmo os comerciantes nas barracas da Sukhareva gritavam: "Eles beberam nosso sangue por tempo suficiente!".

Eu não tinha comido ou bebido desde a manhã, mas não havia percebido. Não estava com fome. Cheguei em casa tarde, como sempre chegava depois da escola técnica, tarde demais para voltar para a fábrica. Meu colega de quarto não estava lá. Minha senhoria, que trazia uma fita vermelha na blusa, ofereceu um chá de samovar num estado de grande agitação. Sentou-se e começou a especular: "O que vai acontecer amanhã? É uma revolta contra o tsar, e eles vão me arrastar para uma delegacia de polícia — só porque aluguei um quarto a estudantes. Que tipo de gente vocês são, realmente não sei...".

Não sei como consegui dormir naquela noite triunfal.

Eduardo M. Dune
Paris, maio-julho de 1952

PARTE II
OUTUBRO: A INSURREIÇÃO VITORIOSA

13. Os bolcheviques, a guerra e as potências capitalistas

Logo depois da Revolução de Fevereiro, houve o receio entre os aliados da Rússia de que o país saísse da guerra, o que permitiria à Alemanha combater apenas em uma frente, a ocidental. Assim, diversos emissários, entre os quais lideranças sindicais patrióticas, inglesas e francesas, foram à Rússia levar mensagens de apoio à guerra, concitando o novo regime e a população russa a se manterem no conflito. Os bolcheviques, partidários de uma paz "sem indenizações e anexações", sempre se opuseram a tais "embaixadas de guerra", propondo não apenas a luta contra o despotismo alemão, mas, no contexto de uma revolução internacional, contra todo e qualquer despotismo.

CONTRA O DESPOTISMO

No primeiro número do nosso jornal, foi publicado o chamado dos líderes do Partido Trabalhista Independente inglês dirigido aos trabalhadores russos. Os ingleses dizem que "contam firmemente com a ajuda dos trabalhadores russos na causa que visa derrubar o despotismo alemão".

É indispensável dizer algo a esse respeito.

Com toda nossa alma, com todo nosso coração, odiamos qualquer despotismo. Odiamos o despotismo dos Guilherme e dos Briand, dos Lloyd George e dos Fernando, assim como odiamos o despotismo dos Románov. Odiamos o tratamento despótico da Bélgica não menos do que o despotismo em relação aos poloneses, armênios, judeus, georgianos, habitantes da Índia inglesa, aborígenes das colônias francesas e italianas, o despotismo dos americanos nas Filipinas, o despotismo dos japoneses em relação à China, o despotismo da burguesia em relação ao proletariado em todo o mundo capitalista.

Não derrubamos o despotismo dos Románov para olharmos tranquila e indiferentemente para o despotismo em todos os outros países, o despotismo de diferentes tipos e formas.

A única questão é qual seria a melhor maneira de lutarmos contra o despotismo.

Na Alemanha, agora reina o despotismo de Guilherme. Na França, na Inglaterra, na Itália, em vez de Guilherme, há os Briand, Umberto, Lloyd George. Em todo lugar, os direitos dos trabalhadores são violados. Em todo lugar, os cérebros do proletariado são entorpecidos.

Quem começou a guerra? Durante o regime de censura de Nicolau, a culpa era atribuída, é claro, aos alemães. Mas, mesmo com essa censura, na imprensa vazaram as revelações de Pável Miliukov (no anuário do jornal *Riêtch* de 1915). O relato de Miliukov deixa evidente que o opositor também não é inocente.

Por outro lado, sabemos por que e para quem a guerra é conduzida. A guerra é conduzida, de ambas as partes, para a apropriação dos países e cidades alheios, para a conquista dos mercados. A guerra é conduzida segundo os interesses dos maiores capitalistas.

Como a guerra se reflete na população? Em todos os países combatentes, os capitalistas acumulam lucros prodigiosos de guerra, enquanto o povo se exaure e passa fome.

O que acontecerá se um ou outro país vencer? Caso os alemães ou austríacos vençam, se espalhará amplamente o despotismo alemão e austríaco, mas, caso vença o outro lado, se espalhará de forma igualmente ampla o despotismo italiano, francês, inglês, russo.

Ou vocês acham que será possível dominar Constantinopla e dar liberdade aos turcos?

Dominar os armênios contra sua vontade e não mantê-los sob o jugo de despotismo?

Dominar os poloneses e a Galícia e não sufocar toda sua tentativa de conquistar a liberdade?

Somos inimigos do despotismo alemão, assim como inimigos de qualquer despotismo. Mas como derrubar o despotismo alemão?

A Alemanha, assim como a Rússia, a França, a Inglaterra, conduz a guerra segundo os interesses do governo e dos capitalistas. Então, é preciso bater no cavalo e não no arreio, é preciso bater, antes de tudo, no governo alemão.

Seremos contestados: o trabalhador alemão também apoia a guerra. Mas será que na Rússia, na Inglaterra e na França há poucos trabalhadores ludibriados e enganados pelos grilhões da censura e pela astúcia dos políticos burgueses? E, mesmo assim, entre os trabalhadores alemães, cresce rapidamente a corrente de esquerda, que aspira ao fim da guerra e à derrocada do despotismo dos proprietários rurais e da burguesia alemã.

A vitória da revolução na Alemanha trará felicidade ao povo alemão. E também aos povos russo, francês, inglês e italiano, uma revolução na Alemanha oferecerá muito. Ela nos libertará do pesadelo infinito e insuportável da guerra. Ela libertará a Europa do despotismo alemão.

O que é preciso para que a revolução vença em breve na Alemanha? Não gritos contra a guerra, a opressão e a conquista, mas claras palavras, sinceras, ditas com firmeza, de forma aberta, que não queremos continuar nesta guerra sem fim, não queremos nenhum tipo de despotismo, sejam quais forem os vencedores.

A revolução alemã atualmente só pode ser proletária.

Não apenas contra o governo, mas contra a burguesia. A burguesia, por medo da revolução proletária em sua própria casa, vai preferir os gritos de guerra contra a Alemanha, ela vai tentar derrotar o proletariado da Alemanha, assim como houve uma união dos déspotas europeus para tentar estrangular a Grande Revolução Francesa.

E nós perguntamos aos camaradas ingleses, franceses e italianos: o que vocês, então, farão? É nossa convicção que vocês deveriam agora começar a luta contra a coalização inevitável das burguesias de todos os países. O sistema burguês mergulhou a Europa nesta guerra, só uma revolução proletária pode levar ao fim dela e à fraternidade de todos os povos. Este será o caminho seguro, verdadeiro e único para lutar contra o despotismo alemão e contra todo e qualquer despotismo.

M. Olminski
Pravda, nº 3, 8/21 de março de 1917

14. A tática bolchevique em março de 1917

Neste artigo, publicado no *Pravda* [*Verdade*] logo depois da vitória da Revolução de Fevereiro, é interessante registrar como a tática revolucionária é bastante distinta da que seria, mais tarde, aprovada, com a chegada de V. Lênin do exílio. Embora lamentando a "timidez revolucionária" dos operários e soldados, a tática defendida tem como centro a convocação de uma Assembleia Constituinte, muito diferente da perspectiva de transferir "todo o poder" aos sovietes. Observe-se também que o termo "comissário" é largamente empregado, ao mesmo tempo que "deputado".

TÁTICA REVOLUCIONÁRIA

Após a vitória da revolução, em 27 de fevereiro, os trabalhadores permitiram, por vontade própria, que o conselho dos anciãos da Duma Estatal escolhesse uma autoridade provisória — assim surgiu o Comitê Executivo da Duma.

Semelhante tática é, até certo grau, explicável pelas circunstâncias do momento: naquela época, os trabalhadores podiam não ter em mente as pessoas indispensáveis.

Mas esse fato acarretou consequências de enorme importância. Ele ocultava o perigo de a democracia trabalhadora perder as posições políticas independentes. Na hora de escolher os comissários revolucionários, quando os trabalhadores já tinham plena possibilidade de indicar candidatos próprios, eles de novo abriram mão da causa revolucionária, dessa vez, conscientemente. Assim, apenas os membros da Duma, de orientações alheias aos trabalhadores, se tornaram comissários. Isso já não foi uma concessão às circunstâncias do momento, pois no Soviete de Deputados Soldados e Operários havia camaradas que apontaram para o perigo de escolher candidatos fora do próprio meio. Mas os trabalhadores não se deixaram convencer por esse conselho.

Depois, inevitavelmente, aconteceu a terceira etapa do comedimento revolucionário dos trabalhadores, que seguiu aumentando.

A composição do governo provisório se formou, exclusivamente, de representantes da burguesia e proprietários rurais, não só membros da Duma, mas também elementos de fora. E os deputados a sancionaram. Desse modo, após ter destruído a monarquia, eles cederam consciente e voluntariamente o poder às classes privilegiadas.

Por isso, o monarquista Miliukov chamou seu comportamento de prudente. Era o que faltava! Mas o que os trabalhadores deixaram para si? O que conquistaram com a revolução? Controle sobre o governo provisório? O que ele lhes dará? Pois é evidente que a burguesia, mesmo sob o controle dos trabalhadores, não pode assumir a realização dos programas proletários, e os trabalhadores não têm o direito de querer tirar a sardinha com a mão de gato, como o faz a burguesia, mas devem agir por conta própria.

A revolução é, antes de tudo, a conquista, pelo vencedor, do poder político e sua organização de acordo com novos princípios. Os trabalhadores deveriam ter tomado o poder em suas mãos de modo total quando isso era tão fácil de se conseguir, para que os frutos dos seus esforços revolucionários não fossem aproveitados pelas classes privilegiadas. Justamente isso não foi feito.

Mas ainda restam duas posições, sobre as quais os trabalhadores podem se fortalecer para recuperar, sem uma nova revolução, algo do cedido por vontade própria e do perdido. Essas posições são a república democrática e o fim da guerra. A república é missão da Assembleia Constituinte. A contrarrevolução está interessada em adiar o máximo possível sua convocação quanto mais possível, até as paixões revolucionárias se arrefecerem e um movimento antirrepublicano se constituir na província. Os interesses dos trabalhadores, ao contrário, exigem sua convocação urgente, para que, em maio ou junho, entre em vigor uma nova lei fundamental que estabeleça a forma de governo republicana. Pois somente apoiando-se na república democrática, a democracia operária e camponesa poderá se manifestar como uma força política em escala nacional, ao que aspira. Portanto, o Soviete de Deputados Soldados e Operários tem a obrigação direta de entrar em ação imediatamente, articular o projeto da Constituição republicana, da prescrição à Assembleia Constituinte e da lei eleitoral e enviar comissários por todo o país para a preparação mais rápida da população às eleições.

As classes governantes são incapazes de terminar a guerra real por conta da imbricação de interesses capitalistas que eles criaram antes do conflito e tornaram mais complexa com a guerra. Somente os operários e os soldados dos países combatentes podem acabar com o conflito de maneira revolucionária e decidir uma trégua sob condições determinadas, sem a participação das esferas oficiais. Por isso, o Soviete de Deputados Soldados e Operários tem outro dever: começar imediatamente a tentativa de travar relações com os operários e soldados de todos os países combatentes, antes de tudo, com os alemães, a fim de cessar a guerra em condições razoáveis.

Se os trabalhadores renunciarem a essas posições também, isso significará que eles realizaram a revolução apenas por alguma liberdade burguesa, nada mais. Camaradas, vocês devem compreender isso.

O comedimento revolucionário, demonstrado pelos trabalhadores nesse caso, não tem exemplos na história da luta proletária. Nunca e em lugar nenhum os trabalhadores cederam o poder às classes privilegiadas por vontade própria. Ele sempre lhes foi arrancado por meio do engano e da violência.

Pravda, nº 4, 9/22 de março de 1917

15. Os bolcheviques e a guerra

Logo após a Revolução de Fevereiro, bolcheviques e anarquistas foram pioneiros na proposta de uma política intransigente contra a guerra. Havia então a expectativa de que um processo geral de confraternizações pudesse conduzir a um fim rápido do conflito. Embora isso não tenha acontecido, a não ser episodicamente, bolcheviques e anarquistas se manteriam definidos nesse propósito, e sua influência, sobretudo a dos bolcheviques, aumentaria na medida em que foi crescendo a impopularidade da guerra.

RESOLUÇÃO SOBRE A GUERRA DO BUREAU DO COMITÊ CENTRAL DO PARTIDO OPERÁRIO SOCIAL-DEMOCRATA RUSSO (POSDR)

A continuação da guerra pelo novo governo provisório tem como objetivo a mesma política imperialista invasora, sem ter mudado em sua essência a política saqueadora do governo tsarista derrubado. A única diferença é que o novo governo busca usar para seus objetivos imperialistas o movimento da democracia revolucionária, em particular, o do exército revolucionário.

Por isso, reafirmando as decisões partidárias anteriores tomadas em relação às guerras imperialistas invasoras, o Bureau do Comitê Central do POSDR declara que a principal tarefa da democracia social revolucionária continua sendo a transformação da guerra imperialista conduzida contra o povo em uma guerra civil dos povos contra seus opressores, as classes dominantes.

Para a realização dessa tarefa urgente e importantíssima na prática, é preciso:

1) contato com o proletariado e a democracia revolucionária dos países combatentes para a cessação imediata da guerra criminosa imposta aos povos;
2) confraternização ampla e sistemática dos soldados dos povos combatentes nas trincheiras;
3) democratização do Exército nas frentes de batalha e na retaguarda com as eleições de comitês e do comando de companhias, batalhões e outros, seguindo a resolução nº 1 do Soviete de Deputados Operários e Soldados;
4) apoio e fortalecimento do movimento revolucionário dos povos contra as classes dominantes e seus governos em todos os países.

Somente quando a política invasora de outros países imperialistas ameaçar o movimento revolucionário do proletariado e da democracia, que conquistarão a liberdade do povo e renunciarão a todos os objetivos imperialistas invasores, a democracia revolucionária vai tomar para si a defesa da liberdade do país. Isso pode acontecer apenas sob a ditadura revolucionária do proletariado e dos camponeses.

Pravda, nº 5, 10/23 de março de 1917
Bureau do CC do POSDR

16. A quinta carta de longe

As "cartas de longe" constituem um conjunto de cinco textos, escritos por V. Lênin ainda no exílio, na Suíça, antes de voltar para a Rússia em começos de abril de 1917. Foi selecionada apenas a quinta pelo seu caráter abrangente e por sintetizar, de certa forma, as avaliações do dirigente bolchevique. É interessante observar que a maioria dos líderes bolcheviques em Petrogrado discordou das avaliações de Lênin, atribuindo-as à falta de informação e/ou às defasagens resultantes de um longo exílio, não hesitando em ocultá-las.

CARTAS DE LONGE

Carta nº 5

As tarefas necessárias à construção de um Estado revolucionário proletário

Nas cartas anteriores, as tarefas do proletariado revolucionário na Rússia no momento presente foram formuladas da seguinte forma: (1) conseguir encontrar o caminho mais seguro para a próxima fase da revolução ou para a segunda revolução, que (2) deve transferir o poder do Estado das mãos do governo dos capitalistas e proprietários de terras (os Guchkov, os Lvov, os Miliukov, os Kerenski) para um governo dos proletários e camponeses pobres. (3) Esse governo deve ser organizado segundo o modelo do Soviete de Deputados Operários e Camponeses; concretamente, (4) ele deve esmagar, eliminar por completo, a antiga máquina estatal, o Exército, a força policial e a burocracia (o funcionalismo), comum a *todos* os Estados burgueses, substituindo essa máquina (5) não apenas pela organização das massas, mas por uma organização do povo inteiro, sem exceção, armado. (6) *Apenas* tal governo, de "tal" composição de classe ("ditadura revolucionária democrática do proletariado e dos camponeses") e tais órgãos de governo ("milícia proletária"), *será capaz* de resolver com sucesso a tarefa dificílima e absolutamente urgente, a tarefa *principal* do momento, ou seja: conseguir *a paz*, mas não a paz imperialista, não um acordo entre países imperialistas sobre a partilha do que foi roubado por capitalistas e por seus governos, mas uma real paz, duradoura e democrática, que não será possível sem uma revolução proletária num certo número de países. (7) Na Rússia a vitória do proletariado pode ser exequível num futuro muito próximo *apenas* se, desde o início, os operários forem apoiados pela grande maioria dos camponeses em luta pelo confisco de todas as propriedades das terras (e pela nacionalização de toda a terra, se assumirmos que o programa agrário dos "104" permanece o programa agrário essencial dos camponeses). (8) Em conexão com tal revolução camponesa, e com base nela, o proletariado pode e deve, em aliança com a parte *mais pobre* dos camponeses, dar passos ulteriores, direcionados ao controle da produção e da distribuição dos produtos mais importantes, e à introdução do "serviço geral do trabalho" etc. Esses passos são prescritos, inevitavelmente, pelas condições que a guerra criou; essas condições, em muitos aspectos, se tornarão ainda mais agudas no período do pós-guerra. Em seu conjunto, e no seu desenvolvimento, esses passos assinalarão a *transição para o socialismo*, o que não pode ser completado diretamente na Rússia, de um golpe só, sem medidas de transição, mas se trata de algo bastante exequível e urgentemente necessário, como resultado de tais medidas de transição. (9) Em relação a isso, a tarefa de organização imediata e especial dos sovietes de deputados trabalhadores *nos distritos rurais*, isto é, sovietes de assalariados agrícolas, *separados* dos sovietes de outros deputados camponeses, torna-se uma prioridade com a qual se deve lidar com extrema urgência.

Este, em resumo, é o programa, que nós esboçamos, baseado na avaliação das forças de classe nas revoluções russa e mundial, e também na experiência de 1871 e de 1905.

Vamos agora tentar oferecer uma visão geral deste programa, como um conjunto, e, de passagem, examinar a forma como o assunto foi tratado por K. Kautsky, o principal teórico da "Segunda" Internacional (1889-1914) e o mais proeminente representante do "Centro", do "pântano", tendência que agora é observada em todos os países, oscilando entre social-chauvinistas e revolucionários internacionalistas. Kautsky falou sobre o assunto na sua revista *Die Neue Zeit* [*Tempo Novo*], no número de 6 de abril de 1917 (novo estilo), no artigo intitulado: "Perspectivas da Revolução Russa".

"Antes de tudo", escreve Kautsky, "devemos verificar que tarefas confrontam o regime proletário revolucionário" (sistema estatal).

"Duas coisas", o autor continua, "são urgentemente necessárias para o proletariado: democracia e socialismo."

Por infelicidade, Kautsky formula essa tese absolutamente incontestável numa forma por demais geral, de maneira que, em essência, ela não diz nada nem explica nada. Miliukov e Kerenski, membros de um governo burguês e imperialista, subscreveriam prontamente essa tese geral, um, a primeira parte, o outro, a segunda (aqui o manuscrito é interrompido).

V. Lênin

Escrito em 26 de março/8 de abril de 1917
Publicado pela primeira vez em 1924
na revista *Bolcheviquen*, nos 3-4, de acordo
com o manuscrito

17. Lênin chega à estação Finlândia

A chegada de V. Lênin a Petrogrado, vindo do exílio, suscitou um choque entre os revolucionários em geral, e mesmo entre os bolcheviques, em particular. Desprezando a cerimônia de recepção e outras formalidades, em suas primeiras palavras aos trabalhadores e soldados, ele claramente assumiu posições conciliadoras, ainda prevalecentes, advogando a revolução social e a ruptura radical com o governo provisório e a ordem vigente.

DISCURSO DE V. LÊNIN NA PRAÇA DA ESTAÇÃO FINLÂNDIA PARA OS TRABALHADORES, SOLDADOS E MARINHEIROS

Informe de jornal

Na rua, de pé sobre um automóvel blindado, o camarada Lênin saudou o proletariado revolucionário russo e o exército revolucionário russo, que foram capazes não apenas de libertar a Rússia do despotismo tsarista, mas também de dar início à revolução social em escala internacional, e assinalou que o proletariado do mundo inteiro olha com esperanças para os passos ousados do proletariado russo.

3/16 de abril de 1917
A multidão inteira andou atrás
do veículo até o Palácio de Kchessinka,
onde a manifestação continuou.
Pravda, nº 24, 5/18 de abril de 1917
Publicado segundo o texto do jornal Pravda

18. "A Varsoviana"

"A Varsoviana" (Varshavianka, em russo) era um canto revolucionário polonês, de fins do século XIX, que se tornou, como *A Marselhesa*, muito popular na Rússia revolucionária, desde 1905. É notável seu caráter épico e religioso no contexto de uma perspectiva de guerra aberta de classes.

UNIDADE DE SOLDADOS E TRABALHADORES

VARSHAVIANKA/ A VARSOVIANA

Tempestades inimigas sopram sobre nós,
Forças obscuras maldosamente nos oprimem,
Na batalha fatal a que estamos predestinados com
[os inimigos,
Destinos desconhecidos esperam por nós.

Mas nós levantaremos orgulhosa e ousadamente
A bandeira de luta dos trabalhadores,
A bandeira da grande batalha de todos os povos
Por um mundo melhor, pela sagrada liberdade.

(refrão, duas vezes)
Na batalha sangrenta,

Sagrada e justa,
Vamos em frente,
Povo trabalhador!

Ainda hoje deve o trabalhador morrer de fome?
Irmãos, continuaremos em silêncio?
Os jovens olhos dos nossos camaradas
Podem se assustar com a visão de patíbulo?

Na grande batalha não desaparecerão em vão
Aqueles que morreram com honra por ideias,
Os seus nomes com nossas canções vitoriosas
Se tornarão sagrados para milhões de pessoas...

Na batalha sangrenta... (duas vezes)

Nós odiamos as coroas dos tiranos
As correntes do povo-mártir honramos,
Os tronos cobrem-se com o sangue do povo
Com esse sangue ensanguentaremos nossos inimigos!

A vingança cruel vem para todos os malvados,
Para todos os parasitas da classe trabalhadora,
A vingança e morte para todos os reis-plutocratas!
A hora solene da vitória está próxima...

Na batalha sangrenta... (duas vezes)

Pravda, nº 25, 7/20 de abril de 1917

19. Os bolcheviques e os soldados

Os regimentos que formavam a guarnição de Petrogrado cedo se tornaram, na sequência da Revolução de Fevereiro, uma das principais forças revolucionárias na Rússia. Os bolcheviques trabalhariam incansavelmente a hostilidade dos soldados a uma eventual transferência para os campos de batalha e à guerra em geral. Ao mesmo tempo, no contexto de sua agitação política, defenderiam a deposição do governo provisório e um poder baseado no "povo armado".

DISCURSO AOS SOLDADOS[1]

Ontem, num comício do regimento de Izmailóvski no qual falaram o camarada Zinoviev e eu, depois do agitador do partido, eu disse o seguinte:

Camaradas soldados! A questão da construção do Estado é agora uma prioridade. Os capitalistas, em cujas mãos agora está o poder estatal, querem uma república parlamentarista burguesa, ou seja, uma ordem estatal em que não há tsar, mas na qual o poder permanece com os capitalistas, que administram o país por meio das velhas instituições, ou seja: polícia, burocratas, o Exército permanente.

1. Feito num comício no regimento de Izmailóvski, em 10/23 de abril de 1917.

Queremos uma república diferente, mais condizente com os interesses do povo, mais democrática. Os trabalhadores revolucionários e os soldados de Piter derrubaram o tsarismo e limparam até o último vestígio de polícia na capital. Trabalhadores de todo o mundo olham, com admiração e esperança, para os trabalhadores revolucionários e soldados da Rússia como a vanguarda do exército mundial libertador da classe trabalhadora. Iniciada a revolução, é preciso fortalecê-la e continuá-la. Não deixaremos que a polícia seja restabelecida! Todo o poder do governo, de baixo para cima, da aldeiazinha mais perdida a cada quarteirão de Piter, deve pertencer aos Sovietes de Deputados Operários, Soldados, Assalariados Agrícolas, Camponeses etc. O poder estatal central que une esses sovietes locais deve ser a Assembleia Constituinte ou Assembleia Popular ou o Soviete dos Sovietes — o nome não importa.

Nem a polícia nem os burocratas, sem responsabilidade perante o povo e situados acima do povo, nem o Exército permanente, separado do povo, *mas o próprio povo, armado, sem exceção*, unido pelos sovietes — é ele que deve dirigir o governo. É ele que estabelecerá a ordem necessária, ele será o poder que terá não só *a obediência, mas também o respeito* dos operários e camponeses.

Só esse poder, só os próprios Sovietes de Deputados Soldados e Camponeses podem, não pelos interesses dos proprietários e não à maneira dos burocratas, resolver a grande questão da terra. A terra não deve pertencer aos atuais proprietários. Os comitês camponeses devem tomar a terra dos proprietários imediatamente, protegendo com rigor qualquer propriedade de danos e cuidando do *crescimento* da produção de cereais para que os soldados no front estejam mais bem abastecidos. Toda a terra deve pertencer a todo o povo, e a sua administração deve estar a cargo dos Sovietes Locais de Deputados Camponeses. Para que os camponeses ricos — eles, também, capitalistas — não possam prejudicar e enganar os assalariados agrícolas e os camponeses pobres, é necessário que eles mesmos deliberem, se unam, se aliem, separadamente, ou organizem seus próprios Sovietes de Deputados de assalariados agrícolas.

Não deixem que a polícia seja restabelecida, não entreguem nem o poder estatal, nem a direção do Estado nas mãos de burocratas não eleitos, inamovíveis, pagos segundo a maneira burguesa. Unam-se, coesionem-se, organizem a si próprios, sem confiar em ninguém, contando apenas com sua inteligência, com sua experiência — e então a Rússia conseguirá caminhar, a passos firmes, ritmados e certeiros rumo à libertação de nosso país e de toda a humanidade, tanto dos horrores da guerra quanto do jugo do capital.

Nosso governo, um governo de capitalistas, dá continuidade à guerra por interesses capitalistas. Como os capitalistas alemães, com seu bandido coroado Guilherme na liderança, os capitalistas de *todos* os outros países continuam a guerra pela divisão dos lucros capitalistas, pela hegemonia sobre o mundo. Centenas de milhões de pessoas, quase todos os países da Terra estão enredados nessa guerra criminosa; centenas de milhares de capitais foram investidos em empresas "lucrativas" que trouxeram morte, fome, devastação e selvageria para os povos, e, para os capitalistas raivosos, lucros escandalosamente altos. Para livrar-nos dessa guerra terrível e estabelecer de forma efetiva uma paz democrática, e não opressora, só há um caminho: a transferência de toda a autoridade estatal para as mãos dos Sovietes de Deputados Operários e Soldados. Os trabalhadores e camponeses pobres, que não estão interessados em manter os lucros do capital e roubar os povos mais fracos, poderão pôr em prática o que apenas prometem os capitalistas, ou seja: encerrar a guerra com uma paz duradoura que assegure a liberdade a todos os povos sem exceção.

Assinatura: N. Lênin
Pravda, nº 30, 12/25 de abril de 1917
Publicado segundo o texto do jornal *Pravda*

20. Os camponeses e a revolução

A reportagem feita pelo *Pravda*, principal jornal bolchevique, sobre a reunião de representantes camponeses em Petrogrado, destinada a preparar o I Congresso Pan-Russo dos Deputados Camponeses, que se realizaria em maio, evidencia o processo de radicalização das lutas sociais no mundo rural. Por não a terem avaliado adequadamente, os socialistas revolucionários, principal partido popular entre os camponeses, iriam perder a credibilidade adquirida em longos anos de luta contra a autocracia tsarista.

SOBRE O CONGRESSO DE DEPUTADOS CAMPONESES

No Palácio Tauride, desde 13 de abril, está acontecendo o congresso dos representantes das organizações camponesas e dos Sovietes de Deputados Camponeses, que se reuniram para elaborar o regulamento de convocação de um Soviete Pan-Russo de Deputados Camponeses e para criar sovietes semelhantes em toda a parte.

Segundo as palavras do *Dielo Naroda* [*A Causa do Povo*], participam do congresso representantes de mais de vinte províncias.

Foram tomadas resoluções quanto à necessidade de organizar mais rapidamente o "campesinato" de baixo "para cima". "A melhor forma de organização camponesa" foi reconhecida como a "ação dos Sovietes de Deputados Camponeses agindo em diferentes regiões".

Bikhóvski, membro do gabinete provisório para a convocação do presente congresso, apontou que organizar o campesinato através da criação de um Soviete Pan-Russo de Deputados Camponeses foi decisão do Congresso de Cooperativas de Moscou, que representa 12 milhões de membros organizados ou 50 milhões de habitantes.

Trata-se de um ato de importância gigantesca, que deve ser apoiado com todas as forças. Se passar a existir sem demora, se o campesinato, a despeito da voz de Chingariov, por decisão da maioria, e não por "concordância voluntária" com os proprietários, tomar em suas mãos toda a terra, imediatamente, então não só os soldados vencerão, por receber mais pão e carne — vencerá também a causa da liberdade.

Pois a organização dos próprios camponeses, necessariamente realizada a partir de baixo, necessariamente sem burocratas, sem "controle e vigilância" dos proprietários e seus lacaios, é a mais alta e a única garantia de sucesso da revolução, sucesso da liberdade, sucesso da libertação da Rússia do jugo e da servidão dos proprietários.

Não há dúvida de que todos os membros do nosso partido, todos os trabalhadores com consciência de classe apoiam com todas as forças a organização dos Sovietes de Deputados Camponeses, e cuidarão para que seu número cresça e suas forças se consolidem, para que o esforço se concentre nesse sentido, para conduzir dentro desses sovietes um trabalho numa direção de classe, consistente e rigorosamente proletária.

Para levar adiante esse trabalho, é preciso organizar os elementos proletários em separado (assalariados permanentes, temporários etc.), dentro de Sovietes de Todos os Camponeses, ou (às vezes, "e") organizar, separadamente, Sovietes de Deputados Assalariados.

Não buscamos com isso uma fragmentação das forças;

pelo contrário, para fortalecer e ampliar o movimento é preciso levantar a camada mais "baixa" — segundo a terminologia dos senhores de terras e capitalistas — ou, melhor dizendo, a classe mais baixa.

Para que o movimento avance, é preciso libertá-la da influência da burguesia, empenhar-se para limpar esse movimento das inevitáveis fraquezas, hesitações e erros da pequena burguesia.

Esse trabalho deve ser feito por meio da convicção dos camaradas, sem precipitar os acontecimentos, sem pressa para "blindar" em termos organizacionais aquilo que ainda está insuficientemente consciente, pensado, compreendido e sentido pelos próprios representantes proletários e semiproletários nos campos. Mas é preciso fazer esse trabalho, é preciso iniciá-lo agora mesmo e em toda parte.

As exigências práticas e palavras de ordem — ou, melhor dizendo, as propostas que precisamos fazer para atrair a atenção dos camponeses — devem ser questões suscitadas pela própria vida, recentes, atuais.

A primeira é a questão da terra. Os proletários rurais estarão a favor da completa e imediata transferência da posse de toda a terra sem exceção para todo o povo, e a favor da tomada da terra imediata pelos comitês locais. Mas não se pode comer a terra. Os vários milhões de casas desprovidas de cavalos, de instrumentos de trabalho, de sementes não vão ganhar nada com a transferência de terra para "o povo".

É preciso começar imediatamente a discussão dessa questão e de quais providências práticas tomar para que as grandes propriedades, na medida do possível, continuem o trabalho como grandes propriedades, sob a direção de agrônomos e dos Sovietes de Deputados Assalariados, com as melhores máquinas, sementes, com o emprego dos melhores procedimentos de técnicas agrícolas.

Não podemos esconder nem dos camponeses, e menos ainda dos proletários e semiproletários de campo, que a pequena propriedade, no contexto da economia e do capitalismo de produção de mercadorias, não tem condições de libertar a humanidade da miséria maciça — é preciso *pensar* na transição para grandes propriedades regidas por uma contabilidade comunitária e se lançar sobre esse trabalho de imediato, ensinando as massas e aprendendo com elas medidas práticas viáveis para essa transição.

Outra questão importantíssima, atualíssima: a questão da organização e administração do Estado. Não basta pregar a democracia, não basta proclamá-la e decretá-la, não basta confiar sua realização aos "representantes" do povo e instituições representativas. É preciso *construir* a democracia de uma vez, a partir de baixo, por iniciativa das próprias massas, com sua participação efetiva em *toda* a vida do Estado, sem "vigilância" de cima, sem burocratas.

A substituição da polícia, dos burocratas, do Exército permanente pelo povo em geral armado universalmente, por uma milícia comum, universal, que como consequência obrigatória conte com a participação das mulheres — trata-se de uma questão prática que podemos resolver de pronto. Quanto mais iniciativa, diversidade, ousadia e criatividade as massas trouxerem para essa questão, melhor. Não só os proletários e semiproletários do campo — 90% de todo o campesinato certamente nos apoiará se soubermos explicar nossa proposta de forma clara, compreensível, com exemplos vivos e lições tiradas da vida:

- não permitir o restabelecimento da polícia;
- não permitir o restabelecimento do poder ilimitado dos burocratas, que, de fato, são inamovíveis e pertencem à classe dos proprietários ou capitalistas;
- não permitir o restabelecimento de um Exército permanente, separado do povo: a garantia mais segura de todas as tentativas de revogar a liberdade e voltar à monarquia;
- ensinar o povo, desde o ponto mais baixo, a arte

> da administração estatal, não apenas com livros, mas com seu emprego prático em todas as partes e imediatamente, com o uso da experiência das massas.

Democracia a partir de baixo, democracia sem burocratas, sem polícia, sem Exército permanente. Realização dos serviços sociais universais por uma milícia armada, composta de toda a população — eis a garantia da liberdade que não pode ser tomada nem pelo tsar, nem por bravos generais, nem pelos capitalistas.

Pravda, nº 34, 16/29 de abril de 1917
Publicado segundo o texto do jornal *Pravda*

21. A revolução por baixo

O texto mostra como a radicalização do partido bolchevique, embora estimulada por V. Lênin, era propulsada de baixo para cima. Entretanto, em abril de 1917, ainda era clara a orientação de lutar no interior das estruturas soviéticas. As emendas de L. Kamenev procuram, em certa medida, moderar as inclinações radicais nas bases do partido.

SOBRE AS RELAÇÕES COM O GOVERNO PROVISÓRIO

A conferência municipal da organização do POSDR de Petrogrado aprovou, por maioria esmagadora dos votos, a seguinte resolução:

Reconhecendo:

1) que o governo provisório constitui, pelo seu caráter, um órgão de dominação dos proprietários rurais e da burguesia;
2) que ele e as classes por ele representadas são ligados de uma maneira indissociável, em termos econômicos e políticos, ao imperialismo russo e anglo-francês;
3) que ele realiza apenas incompletamente seu próprio programa, e sob a pressão do proletariado revolucionário e, em parte, da pequena burguesia;

4) as forças contrarrevolucionárias da burguesia e dos proprietários rurais, que estão se organizando, escondendo-se sob a bandeira do governo provisório e com a conivência evidente deste, já começaram um ataque contra a democracia revolucionária.

   O Governo Provisório posterga a definição [da data] das eleições para a Assembleia Constituinte, impede o armamento geral da população, obstrui a transferência de toda a terra às mãos do povo, impondo-lhe um modo senhorial de resolver a questão agrária, freia a implementação da jornada diária de trabalho de oito horas, se mostra complacente à propaganda contrarrevolucionária (de Gutchkov & cia.) no Exército, organiza a cúpula do comando do Exército contra os soldados etc.;
5) que, ao mesmo tempo, esse governo se apoia atualmente na confiança e, em certa medida, no acordo direto com o Soviete de Deputados Soldados e Operários de Petrogrado, que seguramente está reunindo a maioria dos operários e soldados, ou seja, dos camponeses;
6) que cada passo do governo provisório, na área da política tanto externa como interna, abrirá os olhos não só dos proletários da cidade e do campo e dos semiproletários, mas também das camadas amplas da pequena burguesia sobre o verdadeiro caráter desse governo.

A conferência decide que:

1) para a transferência de todo o poder do Estado às mãos dos Sovietes de Deputados Soldados, Operários, assim como dos outros órgãos, que expressam diretamente a vontade da maior parte do povo, é necessário um longo trabalho de conscientização da classe proletária e de união dos

proletários da cidade e do campo contra as hesitações da pequena burguesia, pois apenas esse trabalho garante o avanço bem-sucedido de todo o povo revolucionário;

2) que, para essa atividade, é preciso um trabalho abrangente dentro dos Sovietes de Deputados Soldados e Operários, o crescimento do seu número, o seu fortalecimento, a unidade do nosso partido com os proletários dos grupos internacionalistas.

O camarada Kamenev fez uma série de emendas a essa resolução. Citaremos as mais importantes:

1) Acrescentar à conclusão da resolução o seguinte artigo: "A conferência concita a democracia revolucionária a realizar o controle mais atento das ações do governo provisório tanto no centro como nas províncias, incitando-o a liquidar o regime antigo de forma mais decisiva".
2) Acrescentar à conclusão da resolução o seguinte artigo: "Exigindo o esclarecimento mais amplo e decisivo do verdadeiro caráter de classe do governo provisório, a conferência, ao mesmo tempo, adverte contra o lema de derrubar o governo, que atualmente se mostra desorganizador, e que pode atrasar o trabalho de longo prazo de conscientização e organização das massas, o que é a tarefa principal do partido".

Todas as alterações do camarada Kamenev foram rejeitadas, e esta última foi rejeitada por vinte contra seis, com nove abstenções.

Conferência Municipal do POSDR
Pravda, nº 36, 18 de abril/10 de maio de 1917

22. Os movimentos sociais em Petrogrado

A reportagem oferece um quadro que se tornaria usual nas ruas de Petrogrado, com manifestações públicas exprimindo reivindicações econômicas e políticas de operários e soldados. A que se descreve abaixo visava à queda do ministro P. Miliukov, do Partido Constitucional-Democrático (kadetes), por haver declarado publicamente que os objetivos de guerra da Rússia permaneciam inalterados após a revolução. O ministro teve a virtude da sinceridade, e sua queda foi precipitada justo por essa razão.

MANIFESTAÇÃO DOS OPERÁRIOS

Ontem por volta das 21 horas, na avenida Nevski, aconteceu uma grandiosa manifestação provocada pelos acontecimentos atuais. Foram os operários e as operárias do bairro Petrográdski, que, ao terminar o trabalho nas fábricas, vieram para expressar sua opinião sobre o governo provisório.

A procissão de milhares de pessoas se dirige do almirantado à praça Známenskaia, estendendo-se por uma distância enorme. Um destacamento de soldados armados e um oficial a cavalo encabeçam a manifestação. Atrás deles, segue um destacamento grande da Guarda Vermelha operária, armada com fuzis.

Nos espaços entre as colunas dos manifestantes, também desfilam destacamentos da Guarda Vermelha.

Inúmeros estandartes e cartazes são apresentados com as inscrições: "Abaixo o governo provisório", "Todo o poder ao Soviete de Deputados Soldados e Operários", "Paz sem anexações e indenizações de guerra", "Viva a fraternidade dos povos" etc.

Em fileiras retas, se movem os batalhões de trabalhadores entoando canções revolucionárias. No ar, soam as conclamações: "Abaixo o governo provisório", "Abaixo Miliukov", "Abaixo a guerra imperialista" e outras.

Para não atrapalhar o trânsito dos bondes, os manifestantes tentam manter-se num só lado da avenida.

Perto da praça Kazánskaia, a procissão encontra outra manifestação de trabalhadores, que saiu da Nárvskaia e se dirige também contra o governo provisório.

Uma pequena parada. Ambos os lados se cumprimentam com um "hurra" e gritam os slogans operários atuais: "Abaixo o governo provisório", "Todo o poder ao Soviete de Deputados Soldados e Operários", entre outros.

A manifestação da Nárvskaia, unida numa corrente humana, vira e se junta à manifestação da Petrográdskaia, continuando-a e fechando-a. Juntas, elas prosseguem até a praça Známenskaia e, no crepúsculo noturno, ainda por muito tempo se podem ver os estandartes e ouvir o canto da *Marselhesa* e da Internacional dos trabalhadores.

Dos bondes que passam, os soldados cumprimentam as manifestações com gritos de "hurra"!

A. S.

Pravda, nº 39, 23 de abril/6 de maio de 1917

23. Conferência de abril de 1917

Depois de muita luta, e de vencer a oposição de outras lideranças, V. Lênin conseguiu, afinal, fazer com que os bolcheviques aprovassem suas avaliações e propostas na VII Conferência do Partido, realizada em abril de 1917. Entretanto, cabe sublinhar que o partido não foi "homogeneizado", subsistindo muitas resistências, evidenciadas num certo pluralismo, o que relativiza ou desmente a ideia de que os bolcheviques constituíam um partido monolítico.

RESOLUÇÃO SOBRE O MOMENTO ATUAL

A Guerra Mundial, gerada pela luta dos trustes mundiais e do capital bancário pela dominação do mercado mundial, já levou à destruição maciça de valores materiais, ao esgotamento das forças produtivas, a tal crescimento da indústria militar que até a produção do mínimo necessário de artigos de consumo e meios de produção se revela impossível.

Assim, essa guerra levou a humanidade a um impasse e a colocou à beira da ruína.

As condições objetivas da revolução socialista, já evidentes, sem dúvida, antes da guerra nos países mais avançados e desenvolvidos, foram amadurecendo e continuam a uma enorme velocidade devido à guerra. O deslocamento e a destruição de pequenas e médias empresas aceleram-se cada vez mais. A concentração e a internacionalização do capital aumentam a passos gigantescos. O capitalismo monopolista se torna o capitalismo estatal-monopolista, e a regulação social da produção e da distribuição, devido à pressão das circunstâncias, é introduzida em um certo número de países, e, em alguns deles, passa a existir o trabalho universal obrigatório.

Com a preservação da propriedade privada dos meios de produção, todas essas medidas no sentido de uma maior monopolização e controle da produção pelo Estado são inevitavelmente acompanhadas por uma exploração intensificada das massas trabalhadoras, pelo aumento da opressão; torna-se mais difícil resistir à exploração num contexto de crescimento da reação e do despotismo militar. Ao mesmo tempo, esses passos levam a um aumento incrível dos lucros dos grandes capitalistas à custa de todos os segmentos da população, à escravização das massas trabalhadoras, por muitas décadas, como um tributo aos capitalistas, como pagamento de juros de bilhões sobre empréstimos. Entretanto, através da abolição da propriedade privada dos meios de produção e da transferência completa do poder de Estado para o proletariado, essas mesmas condições são um penhor de sucesso para a transformação da sociedade, que eliminará a exploração do homem pelo homem e garantirá o bem-estar de todos.

Por outro lado, o curso dos acontecimentos confirma de maneira clara a previsão dos socialistas do mundo inteiro, que, precisamente, em relação à guerra imperialista, então iminente, e hoje devastadora, declararam com unanimidade no manifesto da Basileia, de 1912, que uma *revolução proletária* era inevitável.

A Revolução Russa é apenas a primeira fase, a primeira das revoluções proletárias inevitavelmente geradas pela guerra.

Em todos os países, um espírito de rebelião cresce entre as massas dos povos contra a classe capitalista, e o proletariado está se tornando consciente de que só a transferência de poder para suas mãos e a abolição da propriedade privada dos meios de produção salvarão a humanidade da destruição.

Em todos os países, em especial nos mais avançados, na Inglaterra e na Alemanha, centenas de socialistas, que não passaram para o lado de sua "própria" burguesia nacional, foram presos pelos governos dos capitalistas, que com essas perseguições mostraram com toda a clareza seu medo ante a revolução proletária, que está crescendo nas profundezas das massas do povo. O amadurecimento dela na Alemanha pode ser visto também nas greves de massas, especialmente intensificadas nas últimas semanas, mas também no crescimento da confraternização entre soldados alemães e russos na frente de batalha.

Confiança fraternal e união entre trabalhadores dos vários países — trabalhadores que ainda agora estão se destruindo uns aos outros no interesse dos capitalistas — começam pouco a pouco a se restabelecer. Isso, por sua vez, criará condições para ações revolucionárias unificadas dos trabalhadores de países diferentes. Apenas tais ações podem garantir o mais sistemático desenvolvimento e o mais provável sucesso da revolução socialista mundial.

O proletariado da Rússia, operando em um dos países mais atrasados na Europa, no contexto de uma vasta população de pequenos camponeses, não pode definir como objetivo a realização imediata das transformações socialistas.

Mas seria um grande erro — e, na prática, uma deserção completa ante a burguesia — concluir daí a necessidade de apoio da classe trabalhadora à burguesia, ou a necessidade de restringir sua atividade nos limites aceitáveis pela pequena burguesia, ou concluir que o proletariado deve renunciar a um papel de liderança e explicar para o povo a urgência de se tomar uma série de medidas concretas no sentido do socialismo, para o qual a época está, agora, madura.

Tais passos são: em primeiro lugar, a nacionalização da terra. Essa medida, que não ultrapassa os limites da sociedade burguesa, daria, ao mesmo tempo, um forte golpe na propriedade privada dos meios de produção e reforçaria a influência do proletariado social entre os semiproletários nos campos.

Os passos seguintes são o estabelecimento de controle estatal sobre todos os bancos com a união deles em um único banco central, o controle sobre as instituições de seguro e sobre os principais sindicatos capitalistas (por exemplo, o sindicato de produção de açúcar, o sindicato de produção de carvão, sindicato de produção de metais etc.) e a gradual introdução de impostos progressivos mais justos sobre as rendas e as propriedades. No âmbito econômico, tais medidas estão bastante amadurecidas; em termos técnicos, são exequíveis de imediato; politicamente é *provável* que encontrem o apoio da maioria dos camponeses, que têm tudo a ganhar com essas reformas.

Os Sovietes de Deputados Trabalhadores, Soldados e Camponeses e outros, que agora estão cobrindo a Rússia com uma rede cada vez mais densa, também poderiam, junto com essas referidas medidas, introduzir a realização da obrigação universal do trabalho, porque, de um lado, o caráter dos sovietes garante que todas essas novas reformas serão introduzidas apenas quando uma esmagadora maioria do povo tiver clara e firmemente compreendido a necessidade prática das reformas para a defesa de seus interesses; de outro lado, o caráter dos sovietes garante que as reformas não serão dirigidas pela polícia e pela burocracia do Estado, mas serão implementadas através da participação voluntária das massas armadas e organizadas do proletariado e do campesinato na direção de seus próprios assuntos.

Todas essas e outras semelhantes medidas podem e devem ser não só discutidas e preparadas para realização em todo o país, na eventualidade de uma transferência de todo o poder para os proletários e semiproletários, mas também implementadas pelos órgãos locais do poder revolucionário de todo o povo, quando isso for possível.

Grande cuidado e prudência devem ser considerados na aplicação de tais medidas; uma sólida maioria da população precisa ser ganha, e essa maioria precisa ser claramente convencida a respeito da preparação prática do país para qualquer medida particular. Essa é a direção na qual a vanguarda dos trabalhadores com consciência de classe precisa concentrar atenção e esforços, porque é de seu sagrado dever ajudar os camponeses a encontrar um caminho para a superação da atual destruição.

VII Conferência do POSDR, realizada
entre 24-27 de abril/7-10 de maio de 1917,
em Petrogrado
Publicado no suplemento à edição
nº 13 do jornal *A Verdade dos Soldados*,
3/16 de maio de 1917
Publicado de acordo com o texto do suplemento
e checado com a cópia datilografada das minutas
corrigidas por V. Lênin

24. Poesias revolucionárias

Era comum, na imprensa revolucionária, a publicação de cânticos, poesias escritas por trabalhadores ou por autores consagrados. Podiam ser lidas em voz alta e eram muito efetivas como instrumentos ou fatores de propaganda numa sociedade em que a grande maioria era iletrada ou semiletrada. No Primeiro de Maio de 1917, o *Pravda* publicou três poesias: de um operário metalúrgico, Slomiánski; do escritor russo Y. Berdnikov e do poeta norte-americano Walt Whitman. Reproduzimos aqui a primeira e a terceira.

PRIMEIRO DE MAIO

Irmãos, o primeiro de maio chegou,
O Primeiro de Maio, nossa festa do trabalho.
De um longo sono novamente acordou,
na festa, toda a vida de trabalho.

Bem-vestidos, corajosos e sobranceiros,
Com vocês a bandeira da liberdade levem,
Por uma vida melhor, pelos motivos certeiros,
Pela união fraterna e pela justa ordem.

Nossas canções de liberdade juntos cantaremos,
Com a fé poderosa nos nossos corações.
Por enquanto, os contratempos esqueceremos,
Em nossas fileiras, felicitações!

À memória eterna dos irmãos mortos cantaremos,
Eles, que das nossas fileiras tão cedo saíram,
Por eles, maldições aos inimigos enviaremos.
Eles, que sua vida e liberdade nos deram...

Com tristeza, seus jazigos visitaremos,
Para aguentar firme, um juramento fraterno.
Depois da treva longínqua, o mundo todo venceremos,
E então brilhará o amanhecer eterno.

O Primeiro de Maio, a nossa festa da labuta.
Nesse dia, todo o mundo trabalhador sairá.
Todos vocês, para a grande luta,
O jugo do capital, o império da noite desafiará!

Operário metalúrgico Slomiánski

CANÇÃO

Não aos guerreiros enfraquecidos, arrefecidos,
De longas perdas exauridos,
Mas ao jovem e corajoso coração
Quero cantar minha canção!

Que os finados os próprios finados amem
E nos velhos túmulos chorem!
Estamos vivos: nosso sangue fervilhando
Com o fogo das forças flamejantes!

Sabemos sem lágrimas guardar
A sagrada memória dos mortos na batalha,
Almejamos pôr no mesmo altar
Toda a nossa força, toda a nossa alma.

Quem deixou o martelo cair?
Desejamos trabalhar no seu lugar
E o grande palácio do povo edificar
Com as pedras das paredes destruídas!

De quem são os olhares turvos, baixos?
Olhando para a frente, estamos curiosos
Em procurar na escuridão somos teimosos
O nascer da futura alvorada!

Voe, minha canção, como um grito contente
Para um limite longínquo e desconhecido!
Viva a juventude, a fonte borbulhante
Das grandes aspirações e feitos!

Voe, minha canção, chegue aos céus
Como um falcão livre dos grilhões!
Viva o gênio dos milagres mundiais,
O trabalho criativo e intenso!

Voe, minha canção, de novo, de novo!
Ressoe sobre a terra como uma trombeta!
Viva a mãe todo-poderosa da vida,
A dona do mundo — a luta!

De todos os lados da terra natal,
Levamos saudações uns aos outros,
Somos andorinhas da primavera verde e fresca,
Que vem em nosso encalço.

Mesmo que gelados estejam
O solo mudo e cada rumoroso córrego,
Mesmo que mortas as folhas sejam
E a mortalha de neve os campos forre,

O trovão já retumbou
No desconhecido cume dos montes.
E a força do feitiço sem vida tremulou
O jugo pesado trepidante.

E, de manhã, soprou o vento
A cada passo na escuridão.
Os fios invisíveis das fontes renascidas
Perfuram a neve às escondidas.

Que o crepúsculo suma, viva a luz!
Somos arautos de novos tempos!
A jovem primavera vem em nosso encalço
À sombra de incontáveis bandeiras!

Walt Whitman
Pravda, nº 46, 10/14 de maio de 1917

25. Por uma nova Internacional

Este artigo, publicado ainda em maio de 1917, pelo *Pravda*, evidencia a disposição dos bolcheviques favorável à estruturação de uma organização internacional alternativa à Segunda Internacional Socialista, considerada falida por terem seus principais partidos apoiado, no início da guerra, em agosto de 1914, seus respectivos governos, contrariando resoluções da própria Internacional. O artigo é assinado por Fernand Loriot, socialista francês, que se tornaria fervoroso adepto da cisão e, mais tarde, participaria da fundação do Partido Comunista Francês.

RUMO À TERCEIRA INTERNACIONAL

Na Suécia acabou de ocorrer a divisão entre "sociais-patriotas" e "zimmerwaldianos". A Alemanha e a Grã-Bretanha já reconheceram a incompatibilidade entre as duas correntes de socialismo irreconciliáveis — a corrente do socialismo nacionalista, socialismo estatal, que prega a harmonia entre as classes, e a corrente internacionalista, que prega a luta entre as classes. É possível dizer que, onde ainda existe a união entre essas duas correntes, ela não passa de uma forma vazia, sem conteúdo.

Essa divisão, que terá de ser inevitavelmente universal,

é considerada ainda na França por alguns membros da oposição como uma catástrofe, que deve ser superada no interesse do socialismo.

Enquanto a maioria chauvinista e nacionalista assumiu, em 4 de agosto, a responsabilidade moral pela divisão, buscando na prática a realização da divisão por meio de ações políticas e da perseguição dos "zimmerwaldianos", a minoria francesa defende persistentemente o slogan: unidade, unidade a qualquer preço!

Essa atitude indica uma compreensão muito estranha da essência do socialismo e da influência da guerra.

O fato de que a Internacional foi tão facilmente destruída no dia de 4 de agosto explica-se não tanto por causa de sua fragilidade numérica, mas por causa de sua incapacidade de organizar elementos homogêneos, que a compunham, para ações gerais.

Apresentando-se como organismo de mudança, nascido das raízes profundas da antiga Internacional, a Segunda Internacional foi varrida pela guerra não por causa de falta de socialistas, mas porque faltaram internacionalistas.

O tempo de equívocos perigosos e de fórmulas mesquinhas de reconciliação, nas quais cada um encontra uma justificação para suas ações, passou. Chegou a hora de falar com muita clareza.

A maioria chauvinista francesa falou claramente ressuscitando o socialismo utópico, nacionalista e patriótico.

Internacionalistas falaram de maneira clara em Zimmerwald, cumprindo com todo o rigor as teses aprovadas em Stuttgart, Copenhague e Basileia.

Fora dessas duas correntes, a primeira das quais fatalmente será absorvida pela burguesia capitalista, não há espaço para nenhuma outra direção, exceto para construções vagas. Será que a minoria entenderá isso? A minoria, que já há dois anos se limita a balbuciar fracamente sobre o socialismo e o internacionalismo, sem entender o verdadeiro significado dessas palavras; a minoria que se amarrou ao dogma morto da unidade a qualquer preço?

Loriot, secretário do comitê pela retomada das relações com os internacionalistas
Pravda, nº 50, 5/18 de maio de 1917

26. Poesia de combate

A poesia é um ataque irônico à primeira coalizão (segundo governo provisório), na qual ingressaram, pela primeira vez, ministros socialistas, como I. Tsereteli, entre outros. A assinatura também vem com o selo do sarcasmo dos que desconfiavam da vocação revolucionária dos socialistas que aceitaram fazer parte do governo (mencheviques e socialistas revolucionários).

NOVO CONCHAVO

Príncipe Lvov, príncipe Shakhovskoi,
I. Tsereteli etc.
Da lista de ministros.

Rejubile-se, nação!
Um novo conchavo!
Agora é que o povo vai ter
Pão e Liberdade!!
Se não liberdade, então, direitos!
Pelo menos era um príncipe, agora dois, —
Em acréscimo, Tsereteli:
Ele atingiu o objetivo supremo
E nós ficamos até o fim da feira...
Sem nenhum entusiasmo.

O mujique nocivo
Pravda, nº 51, 6/19 de maio de 1917

27. O governo provisório sob crítica

O texto evidencia a posição crítica diante do primeiro governo de coalizão (segundo governo provisório). A denúncia da colaboração de classes estava ainda, então, longe de ser compartilhada pelas maiorias. A aposta nessa via, porém, acabaria fortalecendo os bolcheviques, únicos, juntamente com os anarquistas, a recusarem qualquer tipo de colaboração de classes.

COLABORAÇÃO DE CLASSES COM O CAPITAL OU LUTA DE CLASSES CONTRA O CAPITAL?

É exatamente assim que a história coloca a questão. Além disso, não a história em geral, mas a história econômica e política da Rússia *atual*.

Os populistas e os mencheviques, Tchernov e Tsereteli, transferiram a comissão de contatos da sala vizinha (aquela onde se reuniam os ministros) para a própria sala ministerial. É esse, e somente esse, o nítido significado político deste evento: o "novo" ministério.

Eis seu significado econômico e classista: no melhor dos casos (para a estabilidade do ministério e a conservação do domínio capitalista), as elites da burguesia camponesa, dirigida desde 1906 por Peshekhonov, e os "chefes" pequeno-burgueses dos operários menchevistas *prometeram* aos capitalistas sua colaboração de classes. (No caso pior, para os capitalistas, toda mudança tem apenas um significado pessoal ou grupal, e jamais um significado classista.)

Suponhamos que se realizasse o melhor desses casos. Mesmo se admitindo isso, não pode haver sombra de dúvida de que os que prometeram não conseguirão cumprir suas promessas. "Nós ajudaremos, em união com os capitalistas, a tirar o país da crise, a salvá-lo da ruína e a libertá-lo da guerra": tal é o real sentido da ascensão ao ministério dos chefes da pequena burguesia, dos Tchernov e dos Tsereteli. Nossa resposta: a ajuda de vocês é insuficiente. A crise chegou imensamente muito mais longe do que vocês imaginam. Salvar o país — ademais, não apenas nosso país sozinho — compete apenas a uma classe revolucionária que tome atitudes revolucionárias contra o capital.

A crise é tão profunda, tão amplamente ramificada, tão mundialmente vasta, tão estreitamente ligada ao capital, que a luta de classes contra o capital deve, de uma maneira ou de outra, tomar a forma da dominação política proletária e semiproletária. Não há nenhuma outra saída.

Vocês querem o entusiasmo revolucionário no Exército, cidadãos Tchernov e Tsereteli? Vocês não poderão consegui-lo, pois o entusiasmo revolucionário das massas populares não nasce da mudança de "chefes" nos ministérios, das palavras pomposas dos manifestos, das promessas de dar passos rumo à revisão do acordo com os capitalistas ingleses; mas apenas de todos os fatos cotidianos e onipresentes, evidentes a qualquer um, na política revolucionária *contra* a onipotência do capital, contra os lucros que ele extrai da guerra — na política que, de verdade, melhora radicalmente as condições de vida das massas pobres.

Mesmo que vocês deem imediatamente toda a terra ao povo, isso ainda não vai solucionar a crise, se a medida não for acompanhada de medidas revolucionárias contra o capital.

Vocês querem uma ofensiva militar, cidadãos Tchernov e Tsereteli? Vocês não podem incitar o Exército à ofensiva, pois agora se tornou impossível coagir o povo. E sem ser coagido, o povo só irá à guerra ofensiva em defesa dos grandes interesses da revolução contra o capital de todos os países, ademais de uma revolução não apenas prometida, não apenas proclamada, mas já se realizando na prática, já se engendrando às vistas de todos e de cada um, perceptível aos sentidos de todos e de cada um.

Vocês querem que se organize o abastecimento, cidadãos da estirpe de Peshekhonov e Skobelev, o abastecimento dos camponeses com víveres, do Exército com pão e carne, da indústria com matérias-primas etc.? Vocês querem que se controle a produção, até mesmo que seja em parte organizada?

Vocês não poderão lográ-lo sem o entusiasmo revolucionário das massas proletárias e semiproletárias, gerado apenas por medidas revolucionárias contra os privilégios e os lucros do capital. Sem isso, o controle que vocês prometeram permanecerá uma meia medida morta de burocratas capitalistas.

A experiência da colaboração de classes com o capital está sendo realizada pelos cidadãos do tipo Tchernov e Tsereteli, realizada por notáveis camadas da pequena burguesia numa nova dimensão, imensa, pan-russa, nacional.

Tão mais proveitosas serão as lições para o povo quando ele convencer-se — e, pelo visto, isso ocorrerá logo — de que tal colaboração não tem substância nem futuro.

N. Lênin (*V. Lênin*)
Pravda, nº 51, 6/19 de maio de 1917

28. A auto-organização popular

Logo depois da Revolução de Fevereiro, uma febre de auto-organização tomou conta da população russa, sobretudo nas grandes cidades: sovietes, sindicatos, associações de mulheres e de jovens, milícias. Abaixo, na coluna "Movimento sindical", do *Pravda*, um informe sobre a criação do sindicato de metalúrgicos de Petrogrado.

MOVIMENTO SINDICAL

Sindicato dos Metalúrgicos

Assembleia geral dos delegados do Sindicato de Operários Metalúrgicos no dia 7 de maio de 1917

Desde cedo, os representantes do mundo metalúrgico ocupam a pequena sala da capela no aterro do rio Móika. Cerca de nove horas, a reunião é aberta. O camarada Rubtsov é eleito presidente, V. Schmidt, vice-presidente, enquanto Gvozdev e Borovik são eleitos secretários. A ordem do dia, sugerida pela comissão organizadora, é aprovada nos seguintes termos:

1) criação do sindicato dos metalúrgicos;
2) eleição da direção;
3) eleição da comissão do controle financeiro;

4) relatório sobre as contribuições;
5) assunto correntes.

O relatório sobre a criação do sindicato de metalúrgicos foi apresentado pelo camarada Volkov. O relatório foi baseado nos seguintes pontos:

1) O sindicato de operários metalúrgicos deve ser formado segundo a área de produção, isto é, todos os operários da indústria de processamento de metais, independentemente do seu ofício e profissão, devem aderir ao sindicato de metalúrgicos. A criação de associações separadas por profissão e especialização é reconhecida como nociva e não convergente com os interesses do movimento operário.
2) A criação de um sindicato forte e resistente, capaz de defender com sucesso os interesses dos operários metalúrgicos e dirigir sua luta econômica, só pode ser alcançada com base na disciplina rigorosa de todos os membros e na administração correspondentemente centralizada. Apenas a união de todos os operários da indústria de processamento de metais em uma única associação, com um único estatuto, um único conselho administrativo e um único caixa, acompanhada de centralização rigorosa e disciplina absoluta, propiciará uma luta vitoriosa dos operários contra o capital.
3) Apesar de considerar a criação de associações segundo os ofícios uma prática nociva para a classe operária, deve-se reconhecer que, dentro do sindicato comum a todos, será bastante desejável e útil criar comissões para organizar profissões separadas.

Para a administração do sindicato, foi adotada a seguinte instrução:

1) O soviete municipal de delegados será o órgão legislativo do sindicato de metalúrgicos.
2) O conselho administrativo central será o órgão de gestão e direcionamento dentro dos limites das diretivas do soviete municipal de delegados.
3) A comissão executiva do conselho administrativo será o órgão executivo que implementará todas as resoluções do conselho administrativo central.
4) O soviete municipal de delegados será constituído pelos delegados de todos os distritos eleitos pelos membros do sindicato, pelos membros do conselho administrativo central e pelos membros da comissão do controle financeiro.
5) O conselho administrativo central será eleito no soviete municipal de delegados.
6) A comissão executiva será eleita pelo conselho administrativo central. Ela é constituída pelo presidium do conselho administrativo: presidente, secretário, tesoureiro e dois membros do conselho administrativo.
7) Para melhor organização do trabalho sindical, ao conselho administrativo concede-se o direito de criar diversas comissões com participação de pessoas necessárias e competentes no assunto.
8) Caso o conselho administrativo considere necessário que a discussão prévia de alguma questão seja mais ampla do que apenas pelo conselho, mas não tão ampla como pelo soviete municipal de delegados, concede-se-lhe o direito de convocar a reunião de todos os conselhos administrativos distritais.

Assembleia geral dos metalúrgicos de Petrogrado
Pravda, nº 57, 13/26 de maio de 1917

29. As bases sociais da revolução

A primeira coalização, ou segundo governo provisório, constituído em maio de 1917, passou a integrar representantes dos sovietes no ministério. Esse desdobramento suscitou oposição entre os setores mais radicalizados, como se pode ver a seguir, na resolução do Soviete de Deputados Operários de Riga, na Letônia.

SOBRE O GOVERNO

Resolução sobre as relações com o novo governo provisório, aprovada pela assembleia plenária do Soviete de Deputados Operários de Riga, em 11 de maio:

1) O governo provisório formado no dia 5 de maio é um resultado da tentativa da pequena burguesia e de uma parte dos operários de entrar em acordo com a burguesia imperialista moderada e com os proprietários de terra.
2) Esse acordo comprova que:
   a) os imperialistas da Inglaterra, da França e de outros países "aliados" nossos se convenceram de que não era mais possível obrigar o exército revolucionário russo a defender a política expansionista não mascarada e de que eles teriam que se limitar apenas à "defesa ativa", que, em cir-

cunstâncias propícias, pode ser transformada em um ataque e utilizada para fins da mesma política expansionista;

b) a pequena burguesia e uma parte dos operários acreditam na capacidade da burguesia de renunciar aos seus interesses de classe e à sua política econômica e passar para a plataforma da democracia.

3) Ao contrário disso, em nossa opinião, mesmo que a "defesa ativa" não se transforme em um ataque ativo, o que é quase improvável, ainda assim, ela, sem dúvida, serviria como um meio de proteção ativa do imperialismo, pois os governos da Inglaterra, da França e dos outros países "aliados" nossos não renunciam à política expansionista, e seus Exércitos atacam para conquistar e destruir o inimigo. Com nossa "defesa ativa", apoiaríamos sua política e colaboraríamos com suas conquistas; os soldados russos teriam que derramar seu próprio sangue para defender os interesses dos "aliados" e do capital russo.

4) Mas ressaltamos que os governos da coalizão germano-austríaca também não renunciaram às aspirações da conquista. Estamos convencidos de que, em um momento propício do ponto de vista político e estratégico, os chefes da política saqueadora germano-austríaca conduzirão seus Exércitos contra a Rússia.

5) Estamos convencidos de que, neste momento trágico, a tática do nosso Exército e nosso povo revolucionário só pode ser a seguinte: é preciso instigar as democracias dos países, tanto "aliados" quanto "inimigos" nossos, a aceitar a plataforma da paz da democracia revolucionária russa, a defender a paz "sem anexações e sem indenizações", a autodeterminação dos povos, e a derrubar seus

governos imperialistas; forçar o governo da Rússia revolucionária a ameaçar romper todas as relações com os "aliados", se eles não aceitarem a plataforma da paz da democracia. Para fins de revolucionar o Exército alemão e propagar as ideias da paz, é preciso continuar a fraternização, que deve ser organizada sob o controle dos comitês das unidades militares, de modo que não possa ser utilizada para os fins abjetos dos comandos de ambos os lados.

6) A política da paz poderá ser realizada apenas no caso de a democracia revolucionária romper as relações com todos os tons de imperialistas do seu país e se colocar sob o poder indivisível dos Sovietes de Deputados Camponeses, Soldados e Operários.

7) Além disso, estamos convencidos de que os representantes da burguesia e dos proprietários de terra que fizeram parte do governo provisório impedirão a realização não só da política externa da democracia revolucionária, mas também da interna: a destruição dos resquícios do poder antigo, a criação de um novo sistema, a consolidação da situação econômica dos camponeses estabelecida pela revolução, a implementação da legislação trabalhista, a sujeição de classes providas de bens a impostos, a regularização da supervisão das indústrias, dos bancos etc. e a prevenção da fome que ameaça o país. A burguesia e os proprietários de terra porão obstáculos a tudo isso, pois essas reformas contradizem os interesses gananciosos dessas classes.

8) Por isso, reconhecemos que o ministério da coalizão não é capaz de livrar nosso Exército da necessidade de derramar sangue e sofrer a mutilação pelos interesses dos capitalistas, dos banqueiros,

enfim, de todos que almejam a conquista, nem de utilizar todos os meios possíveis e necessários para salvar a Rússia da ruína econômica e da ameaça da contrarrevolução.

9) Os socialistas que participam, tanto direta quanto indiretamente, do governo provisório atual colaboram com a política imperialista e freiam o processo de libertação e de salvação da Rússia.

10) Nosso lema até hoje continua sendo o apelo do proletariado revolucionário: todo o poder aos Sovietes de Operários, Soldados e Camponeses.

11) Devemos continuar a propaganda entre os operários e os camponeses e no Exército nessa direção, ressaltando que as conquistas da revolução podem ser consolidadas e desenvolvidas apenas no caso do nosso rompimento total com os capitalistas e os proprietários de terra, com os imperialistas de todos os países, e que a guerra pode ser detida apenas por meios revolucionários, pela luta dos proletários de todos os países contra os capitalistas de todos os países.

Soviete de Deputados Operários de Riga/Letônia
Escritório de Informação
11/24 de maio de 1917
Pravda, nº 78, 7/20 de junho de 1917

30. Os soldados e a revolução

Mesmo antes da fracassada ofensiva de fins de junho, que radicalizou enormemente os ânimos contra a guerra, grupos de soldados, sobretudo os que se encontravam nas trincheiras, ou estavam ameaçados de ser transferidos para os distintos fronts, já exprimiam sua insatisfação com a continuidade do conflito. Um bom exemplo disso é esta resolução de soldados da guarnição de Kiev.

RESOLUÇÃO DOS SOLDADOS DA GUARNIÇÃO DE KIEV

A reunião dos soldados na junta militar no dia 14 de maio determina:

1) mandar para a cidade de Kronstadt Nicolau Sangrento e todos os seus lacaios fiéis, que junto com os Stiúrmer e Rasputin arruinaram a Rússia durante três anos;
2) considerar todo o dinheiro dos Románov depositado em bancos dinheiro do povo e realizar um rigoroso controle do governo sobre os bancos;
3) exigir a condenação imediata de Sukhomlinov e sua esposa, pois ele e Miasoiêdov venderam a Rússia;
4) exigir a prisão imediata do general Ivanov, que junto com Nicolau instigou o começo da guerra e se

atreveu a ir a Petrogrado para esmagar o povo esfomeado graças à guerra por eles começada;

5) exigir uma explicação do governo provisório burguês sobre qual direito ele tinha de instituir uma aposentadoria para os generais com o dinheiro do povo sem ter pedido o consentimento do povo, pois ele é obrigado a perguntar ao povo, e o povo nunca consentirá aos seus inimigos, generais sanguessugas, que ensinaram o povo a esfaquear e matar um ao outro. Parar de pagar a aposentadoria até a Assembleia Constituinte;

6) começar imediatamente a organizar asilos para receber os aleijados, que se arrastam sem as pernas pelas calçadas, pedindo esmola, pois esses aleijados não têm forças para ganhar dinheiro, e os burgueses, a quem os aleijados defenderam, passam por eles de cabeça alta, enquanto o soldado ou algum outro pobre, ao passar pelos aleijados, para e tira do bolso o último tostão e dá ao aleijado.

Soldados da guarnição de Kiev
Pravda, nº 68, 26 de maio/8 de junho de 1917

31. Os marinheiros de Kronstadt

Desde os dias seguintes à Revolução de Fevereiro, a base naval de Kronstadt ganhou uma notável autonomia, graças à radicalização dos milhares de marinheiros aí concentrados. As decisões publicadas a seguir pelo Soviete da Base evidenciam essa autonomização, que, aliás, não se restringia à base, mas iria alcançando cada vez mais as regiões e as cidades russas num processo de diversificação e multiplicação dos poderes.

AS DECISÕES DE KRONSTADT

Durante a sessão do dia 17/30 de maio, o Soviete de Deputados Soldados e Operários de Kronstadt emitiu uma resolução, pela qual ele se proclama a única autoridade da cidade e declara que, para tratar das questões mais gerais, de Estado, entrará em contato diretamente com o Soviete de Deputados Soldados e Operários de Petrogrado.

Essa resolução diz respeito apenas às questões de Estado. Porém, isso de modo algum exclui a possibilidade de contatos com o governo provisório. O soviete de Kronstadt entende muito bem que seria impossível romper todas as relações com a autoridade central, pois, por exemplo, os assuntos relativos à fortaleza de Kronstadt exigem contatos militares e técnicos diários.

Até mesmo para a manutenção da guarnição, que inclui milhares de pessoas, é preciso ter dinheiro, que o soviete de Petrogrado não pode dar, pois o Tesouro não está em suas mãos.

Seria ridículo, sem sentido e fisicamente impossível romper as conexões com a autoridade central.

A imprensa burguesa tentou exagerar a decisão do soviete de Kronstadt, apresentando esse passo como a separação da "República de Kronstadt", como uma recusa a reconhecer o governo provisório. Como se pode ver, é um total disparate.

O soviete de Kronstadt apenas reconheceu abertamente a situação criada desde os primeiros dias da revolução.

Desde o momento em que os representantes das antigas autoridades foram eliminados, todo o poder na cidade foi de fato concentrado nas mãos do Soviete de Deputados Soldados e Operários. O comissário V. N. Pepeliêv, enviado pelo governo provisório, se encontrava sob o constante controle do soviete.

Agora o Soviete de Deputados Soldados e Operários decidiu suprimir esse cargo supérfluo do funcionário indicado por um órgão superior.

Por meio disso, o soviete deixou totalmente claro que não pode haver administradores que não sejam eleitos.

O princípio de democratização do Exército e da Marinha foi implantado de maneira coerente em Kronstadt, onde não há nenhum oficial não eleito, incluindo o comandante das unidades marítimas e o comandante da fortaleza.

Agora esse princípio eletivo é transferido para a área da gestão civil, abrangendo os representantes da administração.

Essa é a grande importância da decisão tomada pelo soviete de Kronstadt.

R. Raskolnikov

Pravda, nº 75, 3/16 de junho de 1917

32. Lênin no I Congresso dos Sovietes

O discurso de V. Lênin no I Congresso Pan-Russo dos Sovietes de Deputados Operários e Soldados tornou-se emblemático por uma série de aspectos. Vivia-se, então, às vésperas de uma grande ofensiva, prometida pelo governo provisório como algo que reverteria os rumos da guerra em favor dos Aliados e da Rússia. O receio de muitos revolucionários era de que, se isso de fato se concretizasse, a guerra poderia prolongar-se indefinidamente. Ao mesmo tempo, só a transferência imediata do poder aos sovietes poderia deter o desencadeamento da ofensiva. Os bolcheviques e Lênin apostaram nessa direção, mas perderam. Por outro lado, é visível no discurso de Lênin a crença — ainda presente — numa evolução pacífica da revolução, caso os sovietes resolvessem, então, assumir todo o poder. Também merece destaque a hipótese de uma guerra revolucionária, caso a proposta de uma paz — sem indenizações e anexações — não fosse aceita. Como se sabe, mais tarde, essa hipótese seria abandonada. Por fim, foi nesse congresso que, paradoxalmente, Lênin declarou de viva voz que o Partido Bolchevique estava disposto a assumir, se fosse o caso, todo o poder.

I CONGRESSO PAN-RUSSO DE DEPUTADOS SOLDADOS E TRABALHADORES

3-24 de junho (16 de junho-7 de julho) de 1917
Discurso sobre as relações com o governo provisório

Camaradas, neste breve período de tempo que me é concedido, acho que é mais apropriado deter-me somente nas grandes questões fundamentais, que foram apresentadas pelo relator do Comitê Executivo e pelos oradores seguintes.

A primeira e principal questão que se apresenta diante de nós é: *onde* estamos — o que são esses sovietes que se reúnem hoje no Congresso Pan-Russo, o que é essa democracia revolucionária, sobre a qual conversam tanto, para disfarçar a absoluta falta de compreensão sobre ela e a mais completa renúncia a ela? Falar de democracia revolucionária diante do Congresso Pan-Russo dos Sovietes e disfarçar a natureza dessa instituição, sua composição de classe, seu papel na revolução, não falar nada sobre isso e, ao mesmo tempo, pretender o nome de democratas — é estranho. Pintam para nós um programa de república burguesa parlamentar que aconteceu em toda a Europa Ocidental. Pintam para nós um programa de reformas, reconhecido agora por todos os governos burgueses, incluindo o nosso, e falam para nós, ao mesmo tempo, da democracia revolucionária. Falam diante de quem? Diante dos sovietes. E eu pergunto a vocês se há algum país assim na Europa, burguês, democrático, republicano, onde exista algo parecido com os sovietes. Vocês têm que responder que não. Em lugar nenhum existe nem pode existir.

[...]

Se vocês querem referir-se à democracia "revolucionária", diferenciem esse conceito do de democracia reformista sob um ministério capitalista, porque, enfim, já é hora de passar das frases sobre a "democracia revolucionária"

[...] à caracterização de classe, como nos ensinam o marxismo e o socialismo científico em geral. O que se propõe a nós é a passagem à democracia reformista sob um ministério capitalista. E isso poderá ser ótimo do ponto de vista dos modelos existentes na Europa Ocidental. Mas hoje há vários países às vésperas da ruína, e as medidas práticas que, como disse o ministro dos Correios e Telégrafos, são tão complicadas que é difícil implantá-las sem um estudo especial, essas medidas são completamente claras. Ele disse que não existe na Rússia nenhum partido político que se declare pronto a tomar o poder. Eu respondo: existe! Nenhum partido pode recusá-lo, e o nosso partido não o recusa: a qualquer momento, está pronto a tomar todo o poder [aplausos e risos]. Vocês podem rir quanto quiserem [...] nenhum partido pode recusar-se a isso. E neste momento em que ainda existe liberdade, em que as ameaças de prisão e de desterro para a Sibéria [...] não são senão ameaças [...] cada partido diz: depositem em nós sua confiança e nós lhes daremos o nosso programa. A nossa conferência de abril deu este programa. [...]

Dizia eu que, se a democracia revolucionária na Rússia fosse uma democracia não em palavras, mas de fato, levaria a revolução para a frente e não entraria em acordo com os capitalistas, não faria discursos sobre a paz sem anexações e indenizações, mas agiria de modo a liquidar as anexações da Rússia e declararia abertamente qualquer anexação como criminosa e bandidesca. [...] então, ficaria aberto o caminho para a paz, caminho que não seria — isso não o dizemos — um caminho simples, que não excluiria uma guerra de fato revolucionária.

[...]

Eis o que é preciso dizer a todos os governos, se se quer lutar pela paz; é preciso responsabilizá-los diante dos povos. Então vocês colocarão numa posição complicada todos os governos imperialistas. Mas agora são vocês que estão numa situação complicada, pois, no manifesto sobre a paz, em 14 de março, vocês falaram: "Derrubem seus tsares, seus reis e seus banqueiros", enquanto nós, tendo nas mãos uma organização sem precedentes, rica pelo número, pela experiência, pela força material, como o Soviete de Deputados Operários e Soldados, nós e nossos banqueiros constituímos um bloco, fundamos um governo de coalizão, quase socialista, e escrevemos projetos de reformas, como na Europa foram escritos há dezenas e dezenas de anos. Lá, na Europa, estão rindo da luta pela paz desse tipo. Lá entenderão essa luta apenas quando os sovietes tomarem o poder e agirem revolucionariamente.

Apenas um único país do mundo pode dar os passos para deter a guerra imperialista, numa dimensão de classe, contra capitalistas, sem revolução sangrenta, apenas um país — e esse país é a Rússia. E assim continuará enquanto existir o Soviete de Deputados Operários e Soldados. Ele não será capaz de existir por muito tempo ao lado de um governo provisório do tipo que temos. E ele continuará do mesmo jeito até que não se passe à ofensiva. A passagem para a ofensiva é a virada de toda a política da Revolução Russa, ou seja, a passagem da espera, da preparação da paz, a uma insurreição revolucionária de baixo para cima, para a retomada da guerra. A passagem da confraternização numa frente para a confraternização em todas as frentes, da confraternização espontânea, quando as pessoas trocavam um pedaço de pão por um canivete com um proletário alemão faminto, pelo que foram ameaçados de prisão, para a confraternização consciente — eis o caminho apontado.

Quando tomarmos o poder em nossas mãos, então, paralisaremos os capitalistas, e, depois disso, a guerra não será a mesma que está sendo realizada agora — porque a guerra é determinada pela classe que a guia, e não pelo que está escrito nos papéis. Nos papéis é possível escrever o que se quiser. Mas, enquanto a classe capitalista for maioria no governo, não importa o que vocês escrevam, não importa o quanto vocês forem eloquentes, não importa a parte que os ministros quase socialistas tiverem, a guerra é imperialista. Todos sabem disso e todos veem isso. E o exemplo da Albânia, os exemplos da Grécia, da Pérsia demonstram isso tão claramente e de modo tão visível que me surpreende que todos ataquem nossa declaração escrita sobre a ofensiva e ninguém diga nada a respeito de exemplos concretos! É fácil prometer projetos, mas as ações concretas são adiadas. Escrever uma declaração sobre a paz sem anexações é fácil, mas os exemplos da Albânia, da Grécia, da Pérsia aconteceram *depois* do ministério de coalizão. Pois, sobre eles, o *Dielo Naroda*, que não é órgão do nosso partido, mas do governo, órgão dos ministros, escreveu que isso é um escárnio a que se submete a democracia russa, enquanto se sufoca a Grécia. E o próprio Miliukov, que vocês imaginam Deus sabe quem é — é um membro comum de seu partido —, Tereshchenko não se diferencia nada dele — ele escreveu que a diplomacia aliada oprimia a Grécia. A guerra continua a ser imperialista e, por muito que vocês desejem a paz, por mais sincera que seja a simpatia de vocês pelos trabalhadores, por mais sincero que seja seu desejo de paz — estou convencido de que este desejo não pode deixar de ser sincero nas massas —, vocês são impotentes porque a guerra só pode ser terminada pelo avanço da revolução. Quando a revolução começou na Rússia, começou a luta revolucionária a partir de baixo pela paz. Se vocês tivessem tomado o poder nas próprias mãos, se o poder fosse transferido para as organizações revolucionárias, para a luta contra os capitalistas russos, nesse caso os trabalhadores de outros países acreditariam em vocês, nesse caso vocês poderiam propor a paz. Então, a nossa paz seria garantida, pelo menos por dois lados, os lados de dois povos que estão sangrando e cuja causa é desesperada, os lados da Alemanha e da França. E se as circunstâncias nos colocassem na posição de uma guerra revolucionária — isso ninguém sabe, e não excluímos essa possibilidade —, diríamos: "Não somos pacifistas, não renunciamos à guerra, se a classe revolucionária estiver no poder, se esse poder eliminou qualquer influência dos capitalistas sobre a direção dos negócios, sobre a possibilidade de aumentar a ruína, o que lhes permite embolsar centenas de milhões". O poder revolucionário explicaria para todas as nações sem exceção, e diria que todas as nações têm que ser livres, que, do mesmo modo como o povo alemão não tem o direito de lutar para conservar a Alsácia e a Lorena, também o povo francês não tem o direito de lutar por suas colônias. Porque, se a França está lutando por suas colônias, nesse caso a Rússia tem Khiva e Bukhara, que são também uma espécie de colônia, e então começará a partilha das colônias. Mas como partilhá-las, qual seria a norma? Pela força. Mas a força mudou de lado. Assim, para os capitalistas não há outra saída, exceto a guerra. Quando vocês tomarem o poder revolucionário, vocês terão o caminho revolucionário para a paz: um apelo aos povos com tom revolucionário, explicar a tática através de seu exemplo. Nesse caso, vai se abrir o caminho de uma paz que foi conquistada através da revolução, aparecerá a possibilidade grande de vocês evitarem a morte de centenas de milhares de pessoas. Nesse caso vocês podem ter a certeza de que os povos francês e alemão os apoiarão. E os capitalistas britânicos, americanos e japoneses, mesmo que eles quiserem a guerra contra a classe trabalhadora revolucionária — cujas forças decuplicarão quando os capitalistas forem paralisados, removidos, e o controle passar para as mãos da classe trabalhadora —, mesmo que os capitalistas britânicos, americanos e japoneses quiserem a guerra, haverá 99% em 100% de possibilidades de que eles não poderão travá-la. E bastará que vocês anunciem que não são pacifistas, que defenderão sua república, a sua democracia operária, proletária contra os capitalistas alemães e franceses e outros, e isso será o suficiente para alcançar a paz.

É por isso que damos tal importância fundamental à nossa declaração sobre a ofensiva. Chegou a hora de uma virada na história da Revolução Russa. A Revolução Russa começou apoiada pela burguesia imperialista da Inglaterra, que pensou que a Rússia era algo parecido com a China ou a Índia. Em vez disso, ao lado do governo, em que a maioria agora é de latifundiários e de capitalistas, surgiram os sovietes — organismos representativos sem precedentes, com uma força nunca vista no mundo, e que vocês matam com a participação num ministério de coalizão com a burguesia. Em vez disso, a Revolução Russa fez com que a luta revolucionária a partir de baixo contra o governo capitalista passasse, em todos os países, a ser encarada com simpatia três vezes maior. A questão é: avançar ou recuar. Ficar parado em tempos revolucionários no mesmo lugar é impossível. É por isso que a ofensiva é a virada em toda a Revolução Russa, não no sentido estratégico, mas no sentido político, econômico, ofensiva agora é continuação de um massacre imperialista e de morte de centenas, de milhares, de milhões de pessoas — em termos objetivos, independentemente da vontade ou da consciência de um ou outro ministro, pelo estrangulamento da Pérsia e de outros povos fracos. A transferência do poder para o proletariado revolucionário com apoio dos camponeses mais pobres é a passagem para a luta revolucionária pela paz sob formas mais bem garantidas e menos dolorosas que a humanidade jamais conheceu. Passagem para uma situação em que ficarão garantidos o poder e a vitória dos operários revolucionários tanto na Rússia como no mundo inteiro. [Aplausos de parte da assembleia]

V. Lênin
4/17 de junho de 1917
Pravda, nos 85 e 86,
15 e 16/28 e 29 de junho de 1917

33. Os soldados e a questão do patriotismo

Os jornais socialistas publicavam com frequência poesias, canções e diálogos de autores russos e estrangeiros. Facilitavam a comunicação numa sociedade basicamente iletrada ou semiletrada. O diálogo a seguir, publicado no *Pravda*, de autoria atribuída a um trabalhador de um jornal menchevique, concita os soldados a desconfiarem dos apelos patrióticos.

O BANQUEIRO E O SOLDADO
(Diálogo)

O banqueiro disse ao soldado:
— Você deve por mim lutar!
Construirei para você um sobrado,
se no cavalo montar...
Ou nas trincheiras entrar,
Fique lá atirando
Para um exemplo à Europa dar
E a terra natal glorificando!
O soldado lhe respondeu:
— Você fala assim agora,
É gentil o que prometeu,
Mas depois virará uma fera.
Assim que o combate terminar

E for assinada a paz,
Você um ídolo será
Por sua posição capaz.
E eu, aleijado,
Com a minha família ao lado,
De novo pobre vou me tornar.
Ou, apesar das liberdades todas,
Você vai nos empalar.
Todos os soldados conhecem bem,
Vocês, que na escuridão nos mantêm.
Nossas casas vocês construirão,
Mas apenas cavadas na terra serão.

Antigo funcionário do *Natchalo* (jornal menchevique)
Pravda, nº 77, 6/19 de junho de 1917

34. A radicalização dos movimentos sociais

Preocupados com a ofensiva iminente a ser desferida pelos Exércitos russos, por ordem do governo provisório, e em protesto contra uma série de medidas e políticas repressivas deste, soldados e operários mais radicalizados, incentivados pelos bolcheviques, marcaram uma passeata para o dia 10/23 de junho, adiada por determinação do Congresso dos Sovietes de Soldados e Operários que estava em curso. Entretanto, esse mesmo congresso autorizou manifestações para o dia 18 de junho/10 de julho, data de seu encerramento. A nota de convocação dessa manifestação, abaixo, evidencia o nível de radicalização alcançado. Ela seria um triunfo para as alas radicais dos movimentos sociais e, em especial, para os bolcheviques. Observe-se que assina a convocação o Soviete de Comitês de Fábrica de Petrogrado, no qual os bolcheviques já tinham assegurado hegemonia desde o mês anterior.

NOTA DE CONVOCAÇÃO

HOJE

À MANIFESTAÇÃO!

O PARTIDO OPERÁRIO SOCIAL-DEMOCRATA RUSSO.

Proletários de todos os países, uni-vos!

A TODOS OS TRABALHADORES, A TODOS OS OPERÁRIOS E SOLDADOS DE PETROGRADO.

Camaradas!

A Rússia está passando por duras provações.

A guerra, causando inúmeras vítimas, ainda continua. Ela é intencionalmente protelada pelos banqueiros bandidos que lucram com ela.

A destruição da indústria, provocada pela guerra, leva à paralisação das fábricas, ao desemprego. Ela é intencionalmente aguçada pelos capitalistas que fazem lockouts ávidos por lucros fabulosos.

A escassez de estoques, provocada pela guerra, se torna cada vez mais ameaçadora. A carestia sufoca os pobres das cidades. E os preços continuam subindo em nome dos caprichos dos especuladores assaltantes.

O sinistro fantasma da fome e da ruína paira sobre nós...

Ao mesmo tempo, aproximam-se as nuvens negras da contrarrevolução.

A Duma do dia 3 de junho, que ajudou o tsar a oprimir o povo, agora exige um ataque imediato no front — para quê? Para afogar a liberdade conquistada no sangue, para satisfazer os opressores russos e "aliados".

O governo provisório, composto de dez burgueses, colocado entre a Duma tsarista e o Soviete de Deputados Operários e Soldados, claramente se encontra sob a influência dos proprietários de terra e dos capitalistas.

Em vez de garantir os direitos dos soldados, a "declaração" de Kerenski viola esses direitos.

Em vez de assegurar as liberdades conquistadas pelos soldados nos dias da revolução, novas "ordens", que ameaçam com trabalhos forçados e com a dissolução de unidades militares.

Em vez de garantir a liberdade conquistada pelos cidadãos da Rússia, o estabelecimento da investigação política nos quartéis, prisões sem julgamento e inquéritos, novas indicações sobre o artigo 129, que ameaça com trabalhos forçados.

Em vez de armar o povo, novas ameaças de desarmamento dos operários e dos soldados.

Em vez de liberar os povos oprimidos, as críticas à Finlândia e à Ucrânia, o medo de lhes dar a liberdade.

Em vez da luta enérgica contra a contrarrevolução, a complacência com a proliferação dos contrarrevolucionários, que se armam abertamente para lutar contra a revolução...

E a guerra continua acontecendo, e não se tomam medidas reais e sérias para encerrá-la, para propor a todos os povos uma paz justa.

E a destruição continua crescendo, e não há medidas contra ela.

E a fome continua se aproximando, e não há medidas reais contra ela.

Nem podemos nos surpreender que os contrarrevolucionários se tornem mais insolentes, instigando o governo a novas repressões contra os operários, os camponeses, os soldados e os marinheiros.

Camaradas! Não podemos continuar calados, tolerando essas situações! Permanecer calados depois de tudo isso é crime!

Vocês são cidadãos livres, vocês têm o direito de protestar e vocês devem utilizar esse seu direito, enquanto não é tarde demais.

Que o dia da manifestação pacífica de hoje se torne um dia de protesto temível da Petrogrado revolucionária contra o jugo e a arbitrariedade renascentes!

Que as bandeiras vitoriosas se levantem hoje para intimidar os inimigos da liberdade e do socialismo!

Que seu grito, o grito dos guerreiros da revolução, se propague pelo mundo inteiro para a felicidade de todos os oprimidos e escravizados!

Lá, no Ocidente, nos países combatentes, já desponta a aurora da nova vida, a aurora da grande revolução operária. Que seus irmãos no Ocidente fiquem sabendo hoje que vocês trazem nas suas bandeiras para eles não a guerra, mas a paz, não a escravidão, mas a liberdade!

Operários! Soldados! Deem um ao outro a mão fraterna e avante sob a bandeira do socialismo!

Todos às ruas, camaradas!

Cerrem um círculo estreito em volta das suas bandeiras!

Andem em fileiras retas pelas ruas da capital!

Com calma e segurança, declarem seus desejos:

Abaixo a contrarrevolução!

Abaixo a Duma tsarista!

Abaixo o governo provisório!

Abaixo os dez ministros capitalistas!

Todo o poder aos Sovietes de Deputados Camponeses, Soldados e Operários!

Rever a "Declaração dos direitos do soldado"!

Cancelar as "ordens" contra os soldados e marinheiros!

Abaixo o desarmamento dos operários revolucionários!

Viva a milícia popular!

Abaixo a anarquia na indústria e os capitalistas que fazem lockout!

Viva o controle e a organização da produção e da distribuição!

Contra a política agressora!

Está na hora de encerrar a guerra! Que o Soviete de Deputados Operários e Soldados anuncie as condições justas da paz!

Nada de paz separada com Guilherme, nem de acordos secretos com os capitalistas ingleses e franceses!

PÃO! PAZ! LIBERDADE!

O Comitê Central do Partido Operário Social-Democrata Russo (POSDR)

O Comitê do POSDR de Petersburgo

A Organização Militar junto ao Comitê Central do POSDR

O Soviete Central dos comitês de fábrica da cidade de Petrogrado

Grupo dos bolcheviques do Partido Operário Social-Democrata de Petrogrado

A redação do jornal *Pravda*

A redação do jornal *Soldatskaia Pravda*

Soviete dos Comitês de Fábrica de Petrogrado
Pravda, nº 88, 18 de junho/10 de julho de 1917

35. As organizações soviéticas em movimento

A organização soviética, desde que foi criada, em 1905, não elegia deputados com mandatos fixos. Eles eram flexíveis e dependiam exclusivamente da vontade dos corpos eleitorais, que podiam, a qualquer momento, revogar mandatos e eleger novos deputados. Ao mesmo tempo, os corpos eleitorais podiam fixar parâmetros que os deputados eleitos eram obrigados a respeitar. Foi o que aconteceu na fábrica Vulkan, em Petrogrado, nestas duas reportagens, publicadas pelo *Pravda*, ricas em detalhes.

NOVAS ELEIÇÕES PARA O SOVIETE DE DEPUTADOS SOLDADOS E OPERÁRIOS

Relatório sobre as novas eleições de representantes para o Soviete de Deputados Soldados e Operários na fábrica Vulkan

A fábrica Vulkan atraía grande atenção dos mencheviques. Às reuniões gerais dos operários, compareciam oradores proeminentes. Lá também estiveram os mencheviques, membros do Comitê Executivo. E, apesar disso, seu trabalho não deu os resultados que eles próprios esperavam. A corrente menchevique não se fortaleceu, mas, ao contrário, enfraqueceu-se. Enquanto isso, a corrente bolchevique começou, desde o início, a conquistar uma posição sólida. O estado de espírito geral dos operários rapidamente começou a tornar-se bolchevique. Isso ficou evidente não só pelas opiniões particulares, mas também pelos discursos dos camaradas operários e por suas exigências gerais. Aos poucos, esse estado de espírito tem resultado em uma insatisfação firme dos camaradas operários com seus representantes mencheviques no Soviete de Deputados Soldados e Operários, razão pela qual uma nova eleição foi decidida.

Antes da nova eleição, foi formado o grupo dos bolcheviques e dos simpatizantes das posições bolcheviques, que começaram um trabalho pré-eleitoral em conjunto. A partir desse momento, o trabalho foi rápido e unificado. Os camaradas operários passaram a se unificar em torno dos slogans expressos no mandato para os representantes no Soviete de Deputados Soldados e Operários. Na reunião pré-eleitoral, as falas talentosas dos camaradas Kamenev e Lunatchárski unificaram completamente quase todos os operários presentes na reunião, e o nosso mandato, mencionado acima, foi aprovado por toda a assembleia dos operários. Como resultado, nas novas eleições, todos os quatro deputados do grupo dos bolcheviques e dos simpatizantes foram eleitos pela maioria esmagadora.

Para finalizar este relatório, os camaradas operários se permitem expressar uma firme confiança de que:

1) o grande espírito da revolução, em cuja vanguarda está o proletariado, é mais poderoso do que todas as interpretações burguesas, não importa de onde elas vêm: dos kadetes ou dos mencheviques ou de outros pintores políticos voluntários e involuntários, que colorem os slogans burgueses com a tinta vermelha das exigências da democracia operária;
2) as instituições, tais como os Sovietes de Deputados Soldados, Camponeses e Operários, estreitamente ligados ao âmago da vida camponesa e operária,

dizem que a revolução não é um motim, não é uma ressurreição amorfa, mas é uma autocracia do povo, genuína e necessária, que tomou o lugar do poder antigo e se baseia na representação das organizações não governamentais do trabalho e das forças armadas do povo, que são justamente os Sovietes de Deputados Soldados, Camponeses e Operários;

3) neste momento, o grande momento da construção, quando a constituição do governo do povo vem sendo delineada com traços vastos e impositivos, assim como é impositiva a própria revolução, que traz o direito do povo, a autoconsciência política do operário oporá com clareza seus objetivos proletários a todas as correntes burguesas, a todas as suas aspirações expansionistas belicosas, a todas as suas intenções provocadoras. E o slogan "Proletários de todos os países, uni-vos", como o som de sino em um dia festivo, soará claro sem ser escurecido pelos apelos à guerra e à ofensiva.

Na reunião estiveram aproximadamente 3,5 mil pessoas.

O Conselho dos Responsáveis
Presidente Bakushev
Vice-presidente Khólke
Como secretária, A. Begaróvskaia

Mandato dos operários da fábrica Vulkan aos eleitos para o Soviete de Deputados Soldados e Operários

ITEM 1. Camaradas, vocês devem lembrar-se que, diante do proletariado mundial, o slogan da paz não deve soar como traidor, ele não deve ser violado nem pelo slogan da ofensiva nem pelo slogan da vitória.

Vocês devem lembrar que nosso ataque forçaria o povo alemão a atacar também e daria tanto a Guilherme quanto à burguesia aliada a oportunidade de continuar sua sangrenta política expansionista.

A paz mais rápida possível, sem anexações e indenizações, através da organização do proletariado mundial, nosso único aliado na futura luta contra a burguesia do mundo inteiro — esse é o primeiro item do nosso mandato a vocês.

ITEM 2. Vocês devem protestar contra o congresso em Estocolmo, que está sendo preparado, pois esse será um congresso de sociais-democratas que passaram para o lado dos seus governos e vão junto com eles à política expansionista.

ITEM 3. Vocês devem exigir a divulgação dos acordos secretos, pois o povo deve saber as condições que Nicolau Sangrento concluiu com os aliados.

ITEM 4. Vocês devem lembrar que, em qualquer situação, em guerra ou sem guerra, toda a burguesia europeia participará da luta contra o proletariado russo. Não temam a intimidação da nossa burguesia por parte da Inglaterra e do Japão, pois os inimigos do proletariado, os governos burgueses de todos os países, continuarão sendo seus inimigos com guerra e sem guerra.

ITEM 5. Na sua luta revolucionária, vocês devem lembrar que a revolução não é burguesa e, sim, dos operários, dos soldados e dos camponeses, e as conquistas da revolução devem corresponder somente à vontade dos operários, soldados e camponeses e não à vontade da burguesia.

ITEM 6. Vocês devem defender as grandes instituições criadas pela revolução — os Sovietes de Deputados Soldados, Camponeses e Operários —, pois elas foram criadas pelas organizações verdadeiramente populares. Os Sovietes de Deputados Soldados, Camponeses e Operários devem permanecer para sempre instituições populares do Estado. Já o Congresso dos Sovietes de Deputados Soldados, Camponeses e Operários de Toda a Rússia deve ser considerado por vocês superior até mesmo à Assembleia Constituinte, pois as eleições à Assembleia Constituinte não serão através das organizações criadas pelo próprio povo e sim a partir das classes sociais mais variadas reunidas num mesmo processo.

ITEM 7. Vocês devem lutar para que todo o poder estatal no país passe aos Sovietes de Deputados Soldados, Camponeses e Operários. Vocês devem ser intransigentes nessa luta.

ITEM 8. Vocês devem exigir que a entrega gratuita de todas as terras às mãos dos camponeses aconteça sem delonga por meio dos Sovietes de Deputados Soldados, Camponeses e Operários.

ITEM 9. Vocês devem ser intransigentes na luta contra o governo da burguesia e contra o ministério da coalizão.

ITEM 10. Vocês devem defender com honra a posição do proletariado russo como a vanguarda da futura revolução socialista mundial. Vocês devem convocar para a futura luta e se lembrar do lema: proletários de todos os países, uni-vos, para a luta pela paz e para a luta contra a burguesia.

Assembleia dos operários da fábrica Vulkan, em Petrogrado
Pravda, nº 78, 7/20 de junho de 1917

36. Soldados contra a guerra

A partir dos começos de junho, o governo provisório passou a investir muito esforço no desencadeamento de uma ofensiva militar, programada para a segunda quinzena de junho de 1917. A ideia era recompor e coesionar forças e reerguer o "moral" combalido dos Exércitos russos e, em consequência, se houvesse vitórias, fortalecer o próprio governo. A. Kerenski, em particular, muito se dedicou a isso, empreendendo uma série de comícios envolvendo diretamente os soldados nas frentes de batalha. O projeto suscitou vivas oposições, sobretudo nas unidades militares aquarteladas em Petrogrado, que se reuniram em assembleias para debater o assunto. A seguir, o registro de duas dessas assembleias.

RESOLUÇÃO DO SEGUNDO REGIMENTO NACIONAL DE METRALHADORAS

17/30 de junho de 1917

Nós, soldados reunidos numa assembleia do regimento, após termos ouvido uma série de representantes de partidos diferentes, declaramos que uma ofensiva do Exército russo, por um lado, abalará o movimento revolucionário que começou em outros países (em Szczecin [Estetino], em Londres, numa manifestação de protesto de soldados, e em outras cidades); por outro lado, oferece vantagens enormes à burguesia russa e anglo-americano-francesa, que lucra com o próprio processo da guerra conduzida exclusivamente no interesse do capital mundial. Defendemos a paz, mas não a paz dos tsares e dos governos e, sim, a paz honesta de todos os povos, por cima das cabeças de todos os governos. Protestamos contra as ordens de Kerenski tanto sobre os quadragenários como sobre as férias, considerando que essas ordens são voltadas contra os interesses dos camponeses e dos operários, pois, hoje em dia, em tempos de tensões, tais ordens levarão a economia já destruída pela guerra à anarquia. Vemos apenas uma saída para a situação atual: somente quando o poder passar para o povo, passar para os Sovietes de Deputados Camponeses, Soldados e Operários, quando não Tereschenko nem Miliukov, mas o próprio povo estiver no poder, nós nos aproximaremos da paz! A paz para o mundo inteiro! Eleger imediatamente novos deputados do Soviete dos Soldados e Operários e membros do comitê do nosso regimento no lugar dos que não expressam a opinião das massas e não realizam a nossa vontade, a vontade do povo! Protestamos contra a dissolução dos regimentos revolucionários, a saber, o 703º Suratchiski, o da guarda Grenaderski e outros. Exigimos parar com as prisões e as difamações contra os bolcheviques. Viva os regimentos Grenaderski, Pavlovski e outras formações ligadas a eles! Viva os operários da fábrica Putilov e os habitantes de Kronstadt! Exigimos a divulgação dos acordos secretos! Abaixo os batalhões femininos! Viva a luta revolucionária! Viva Petrogrado revolucionária! Avante para a paz e a guerra com o capital internacional! Protestamos contra a desmobilização da guarnição de Petrogrado, exigimos enviar imediatamente para o front os capitalistas, os policiais, os cossacos e a burguesia dos batalhões de reserva! Enviar os voluntários que não são úteis nas suas unidades! Saudamos os professores do povo! Exigimos fornecer imediatamente às esposas dos soldados a ração na mesma quantidade que a das esposas dos oficiais.

Presidente da assembleia do regimento,
alferes Zamiátin
Membro da comissão N. Kiriuhin

RESOLUÇÃO DA 109ª DIVISÃO

Durante a sessão do dia 11/24 de junho de 1917, a assembleia geral do Soviete de Deputados da 109ª divisão discutiu de maneira multilateral a questão da ofensiva e tomou unanimemente a seguinte resolução:

Visto que a nossa ofensiva é:

1) um golpe mortal para a tarefa da democracia internacional, que já começou a luta pela paz geral sem anexações e indenizações, com base na autodeterminação dos povos;
2) a quebra do equilíbrio entre os países centrais e os nossos aliados, com base no qual se começou a convencer não somente a parte alienada do proletariado, mas também as classes burguesas capitalistas da necessidade de uma paz fundamentada em princípios democráticos;
3) um motivo para os governos inglês e francês instigarem as massas de seus soldados para o último "combate decisivo" para assinar a paz o mais rápido possível, o que provocará uma resistência tenaz do lado alemão e desenvolverá um ódio inconciliável de uma parte à outra;
4) um motivo para o governo alemão distorcer as reivindicações e os atos da democracia russa e enganar o povo, lançando para o seu ambien-

te os slogans, tais como "A pátria está em perigo!", recusamos firmemente qualquer iniciativa na ofensiva, enquanto ela não se transformar em uma ofensiva geral, ou seja, aquela que não terá o caráter de um golpe curto e parcial.

E que saibam que o nosso sangue cairá na cabeça dos que incentivarem esse passo insensato e que somos guiados não pela covardia ou pelos interesses pessoais, mas pelo desejo de encerrar a guerra fratricida entre os trabalhadores desamparados de todos os Estados e começar uma guerra justa contra os opressores de todos os povos.

Além disso, para que essa guerra terrível seja encerrada com a menor quantidade de vítimas possível, exigimos entregar todo o poder estatal ao Soviete de Deputados Camponeses, Soldados e Operários de Toda a Rússia, que, sem ter os freios burgueses do atual governo de coalizão, porá em execução uma série de medidas enérgicas tanto no âmbito da política exterior (divulgação dos acordos dos Románov, o esclarecimento dos objetivos da guerra dos aliados, a declaração direta dos seus próprios objetivos) como no âmbito da política interior — em relação ao estabelecimento da obrigação de trabalho e à legalização do controle das organizações democráticas sobre a indústria do país.

Viva a Internacional!

Viva a luta pela paz geral!

Presidente Zemliakóv
Secretário (assinatura)
Delegado da 109ª divisão do 436º regimento
de infantaria Novoládojski I. Stepanov
Pravda, nº 87, 17/30 de junho de 1917

37. A politização dos soldados

Esta reportagem, extraída da coluna "Vida na guerra", do *Pravda*, sobre uma parada de soldados e marinheiros no Campo de Marte, em Petrogrado, evidencia muito bem o grau de politização dos soldados aquartelados em Petrogrado e dos marinheiros de Kronstadt.

VIDA NA GUERRA

No Campo de Marte

Durante o regime tsarista, nas apresentações de soldados, exigia-se que os soldados, enrijecidos, de barrigas encolhidas, sem respirar, executassem cegamente alguns simples malabarismos com armas, gritassem "eia", "eia", "eia" — "hurra" — e com os hinos "para o tsar" voltassem para seus sufocantes quartéis.

O regime tsarista precisava dessas paradas, pois ele se mantinha graças às tropas, que executavam às cegas a vontade do comando. Mas essas paradas desapareceram irreversivelmente.

No dia 4 de junho, no Campo de Marte, houve um desfile das tropas de Kronstadt e de algumas formações militares de Petrogrado.

As bandeiras vermelhas e os cartazes com exigências

e expectativas das tropas revolucionárias flutuavam por cima das cabeças do mar humano.

Num grande número de tribunas, ouviam-se incessantes discursos que esclareciam as relações com a vida política do país.

Os marinheiros, os soldados e os operários declararam com autoridade: não somos tolos, que podem ser manobrados para qualquer lado no interesse das classes governantes, somos guerreiros conscientes que lutam por um futuro luminoso!

Somos o exército do trabalho combativo e não deixaremos que nossos exploradores nos comandem!

Essa foi a parada, a parada da nossa prontidão para o combate, a parada para a luta consciente contra o capital!

Saudações a vocês, camaradas de Kronstadt, metralhadores, granadeiros, soldados do regimento Moskovski e de outras formações! Vocês tiveram a consciência da sua posição de classe. Vocês viram que seu inimigo não era o proletário alemão, e sim a burguesia de todos os países, inclusive a russa.

Um proletário

Pravda, nº 78, 7/20 de junho de 1917

38. As bases sociais da revolução

A publicação de resoluções de assembleias de fábricas e de unidades militares era constante no *Pravda*. Essas resoluções evidenciam a radicalização política nas bases da sociedade. A fábrica Velho Parviáinen era uma grande metalúrgica que tinha certa importância na produção de suprimentos militares. As resoluções aqui publicadas são um indício de um processo mais geral em curso.

VELHO PARVIÁINEN

Nós, operários da fábrica Velho Parviáinen, ao ter discutido o relatório do camarada Evdokimov na assembleia geral de dois turnos do dia 15 de junho, consideramos a política de acordo com nossos capitalistas nacionais, e, através deles, com os capitalistas do mundo inteiro, nefasta para a tarefa da Revolução Russa e internacional e para a tarefa da unificação mundial do proletariado.

Chamamos todos os camaradas proletários e semiproletários da cidade, do campo e do Exército para romperem decisivamente com a política do imperialismo e de acordo com o imperialismo, com a política voltada para a redução da Revolução Russa ao papel de um serviçal obediente e cumpridor das ordens do capital internacional. A Revolução Russa, que chama os trabalhadores do mundo inteiro para a luta contra os capitalistas, deve dar um exemplo digno dessa luta na sua forma consequente e acabada. Abaixo o poder dos capitalistas!

Viva o poder do proletariado e dos camponeses revolucionários! Abaixo a política da impotência, de acordos com os bandidos mundiais! Viva a política da força, a política da luta enérgica pela liberdade dos trabalhadores do mundo inteiro! Pela paz do mundo inteiro!

Paz às moradias pobres! Guerra aos palácios!

Em nome dessa grande luta, consideramos necessário pôr em execução imediata uma série de medidas, expressas nos seguintes slogans:

Abaixo a contrarrevolução!

Abaixo os dez ministros capitalistas!

Abaixo os "imperialistas aliados", que estão por trás da organização da contrarrevolução!

Abaixo os capitalistas, que organizam as "greves de zelo" e os lockouts camuflados!

Todo o poder aos Sovietes de Deputados Camponeses, Soldados e Operários!

Viva o controle dos operários sobre a fabricação e a distribuição dos produtos!

Abaixo os pontos não democráticos na "Declaração dos direitos do soldado"!

Contra a dissolução dos regimentos revolucionários!

Contra o desarmamento dos operários!

Viva o armamento de todo o povo e, antes de tudo, dos operários!

Nada de paz separada com Guilherme, nem de acordos secretos com os capitalistas ingleses e franceses!

A publicação imediata pelo soviete das condições realmente justas da paz!

Contra a política agressora!

Pão! Paz! Liberdade!

Pravda, nº 88, de 18 de junho/10 de julho de 1917

39. Correspondências de guerra

Cartas dos soldados e marinheiros dando conta da radicalização dos combatentes contra a guerra. Passado um primeiro momento, quando os que estavam nas trincheiras receavam ser chamados de "covardes", a inutilidade da guerra, e de morrer nela, foi vista cada vez mais claramente por aqueles que combatiam.

DO FRONT

Saudamos o jornal *Pravda* e desejamos-lhe de todo coração uma prosperidade completa na qualidade de defensor dos interesses dos soldados e dos operários.

Nossos generais — Brusilov, Aleksêiev e outros — emitem o tempo todo ordens contra a confraternização das tropas. Eles dizem que o inimigo utiliza a confraternização para fotografar nossas trincheiras e diversas fortificações e para saber a quantidade e a localização das tropas. Mas, camaradas, nós não somos bebês de cinco anos. Se um alemão usar uma máquina e começar a fotografar nossas trincheiras e diversas fortificações diante dos nossos olhos — será que vamos permitir? Será que nossos guias, os Brusilov e os Aleksêiev, nos consideram uns tolos dos Románov, em outras palavras, uns vendedores dos Románov? Nós nos confraternizamos, mas como diz o ditado: o irmão é uma coisa e o dinheiro é outra.

Houve ordens para atacar. Mas nossos adversários soldados se recusam a atacar. Até houve o seguinte caso: os alemães queriam fazer um ataque. Puseram os austríacos na primeira linha, os turcos na segunda e a artilharia alemã na terceira. Então os austríacos e os turcos viraram todas as armas na direção da artilharia alemã. E nos disseram: não atrapalhamos vocês quando derrubaram seu Nicolau, agora não nos atrapalhem!

Mandam-nos para o ataque em vão, não devemos desejar o alheio, se somos cidadãos livres. A ofensiva destruirá nossa liberdade.

Praça da 11ª companhia do 8º regimento de fronteira Zaamurski, Ipodtsúev

CARTA DO FRONT

Camaradas! Para nós, é muito triste ler jornais burgueses, tais como *Retch*, *Birzhóvka* etc., que insistem na necessidade de uma guerra até o final vitorioso, na necessidade de atacar para reconquistar as terras tomadas pelo inimigo. Será que a burguesia, os capitalistas ainda não encheram seus bolsos com os tostões ensanguentados? Nós, operários e camponeses vestidos em capotes cor de cinza, não precisamos desse massacre sangrento. Basta de exterminar os povos, não precisamos de conquistas! Precisamos da paz, da paz para toda a humanidade. Estamos exaustos, atormentados, doentes e, depois de longos meses da vida nas trincheiras, não fomos substituídos. Exigimos ser substituídos! Deixem que aqueles bravateiros que ordenam uma guerra até o final vitorioso nos substituam por uma hora. E nós estaremos fora da zona de combate, defendendo os interesses da Rússia livre. Esse é o objetivo que queremos alcançar.

Enviamos saudações ao jornal operário *Pravda*, acreditamos apenas nele e não nos jornais burgueses, nós aspiramos à mais rápida paz entre todos os povos. Lamentamos que até as nossas trincheiras cheguem tão poucos jornais como o *Pravda*.

Soldados do 727º regimento Novo-Silidguinski
(seguem 25 assinaturas)

MARINHEIROS DO CARGUEIRO *HOLAND*

Reconhecendo que a tática do camarada Lênin e o programa dos bolcheviques correspondem completamente aos interesses das massas trabalhadoras, nós, a tripulação do cargueiro *Holand*, tomamos a decisão unânime de saudar vocês e desejar-lhes sucesso na luta contra o capitalismo, o pior inimigo dos proletários de todo o mundo.

Da nossa parte, concedemos a vocês o direito de contar com nosso apoio com as armas nas mãos até a última gota de sangue.

Presidente da reunião geral
da tripulação do cargueiro Holand, *A. Kalinin*
Secretário I. Vakhrameev

CARTA DAS TRINCHEIRAS

Saudamos o jornal *Pravda*, caro a nós, camaradas das trincheiras, e que nos escreve apenas a verdade. É uma pena que recebemos esse jornal acidentalmente: ou um camarada o traz da retaguarda ou achamos em algum lugar uma publicação velha, que lemos por inteiro com voracidade. Caros camaradas, tentem fazer com que esses jornais cheguem até nós e não fiquem com o comando, que não os suporta, enquanto nós lhes damos muito valor. No início, falavam a nós que Lênin aconselhava cravar as baionetas na terra e ir para casa, mas agora entendemos que sempre querem acusar de alguma coisa aquele que diz a verdade, mas eles não vão conseguir e com isso vão destruir a si mesmos.

No jornal *Birzhevye Vêdomosti*, que temos aos montes, escrevem que o Exército de Brusilov e todos os soldados disseram: é preciso atacar; mas isso não é verdade. Perguntem a todos os soldados para ver se acham um tolo que vai dizer que é preciso atacar. Havia uma época em que esses Brusilov e oficiais comandavam nossos corpos militares, mas agora isso não vai dar certo, e deixem que eles e seus burgueses falem e gritem nos seus jornais, nós os chamamos de "palhaços da retaguarda".

Antigamente, eles nos assustavam, mas agora os consideramos bonequinhos de barro que nem aqueles feitos por crianças.

Embora nossos camaradas não sejam do partido, cada um sabe o que quer. Daqui a pouco, vamos acabar com os burgueses. Escrevam toda a verdade que esperamos de vocês. No *Birzhevye Vêdomosti*, divulgam que o povo alemão deseja a guerra, que é preciso atacar. Mas eles redigem isso da retaguarda, enquanto nós estamos a trinta metros dos alemães e falamos com eles todo dia. Eles também estão nos buracos úmidos, cada um deles deixou seus filhos e também espera a paz com impaciência, mas eles não conseguem quebrar seu regime tsarista, que os aflige tanto quanto nos afligiu o nosso antigo Románov.

Escrevam, camaradas, e não fiquem confusos com o que dizem os jornais burgueses — vamos defender vocês. Deixem que eles digam que vocês são provocadores, que foram comprados, porque nós sabemos que vocês estão em um solo firme e que nossa vida e nossa situação nos fazem seguir apenas o seu caminho.

Antigamente, eu era menchevique, quando trabalhava como serralheiro na serralheria da fábrica de canhões de Perm. Mas quando o antigo governo me fez soldado e me mandou às trincheiras úmidas, nas quais me encontro até agora, eu soube quem precisava da guerra e entendi a situação de todos os povos. Quando a polícia me levou da fábrica para o chefe militar, ele me disse: "Não conseguimos aquietar vocês aqui, então vamos aquietar vocês nas trincheiras". Não fiquei com medo disso e até hoje defendo o povo trabalhador.

Exército do front, 734º regimento Prichkanski,
4ª companhia, 2º pelotão,
Valerian Arkadiev Vilesov
Pravda, nº 90, 20 de junho/3 de julho de 1917

40. Revolta poética

No processo da Revolução Russa, especialmente no ano quente de 1917, no contexto do processo de radicalização das contradições sociais, tornaram-se comuns entre os partidos socialistas acusações e contra-acusações de estarem uns e outros fazendo o jogo dos inimigos da revolução ou da própria polícia. Segundo os moderados, a radicalização incentivada pelos bolcheviques faria "o jogo" dos inimigos da revolução. A poesia reage a isso e denuncia, por sua vez, os moderados como tendo se conciliado com a polícia e os policiais.

AOS MENTIROSOS ASSUSTADOS

Na horta há arbustos, e em Kiev há tio.[1]
(Ditado popular)

Dissimulando-se nos jornais Pravda *e* Soldátskaia
[Pravda [...]
os antigos guardas e policiais [...] *instigam fortemente*
[*os soldados*

1. Esse ditado une duas orações sem nenhuma relação semântica entre si e, portanto, é usado para criticar sarcasticamente os ditos ilógicos de alguém.

não conscientes [...] *contra toda a democracia*
[revolucionária
Do jornal *Gazeta Operária*, "social-democrático",
que vocifera defensivamente, que apela às autoridades,
que fala coisas incompreensíveis,
que mente com o verbo malicioso contra os bolcheviques.

— Guardas!... Gendarmes!
Escutem, fúteis:
Será que fomos nós que levamos
Essa escória aos quartéis?

Não foram vocês que os introduziram
Às suas filas?
Então por que lamuriam?
O gendarme é sua estrela!

Seja por sua submissão,
Seja por ter os pés no chão,
O gendarme se abrigou
Muito bem no seu pouso.

Agente da "inteligência" vai se mostrar
E um provocador também,
E para nossos corações apunhalar
Só espera o momento.

Será que dessa situação de pasmar
Somos culpados
Em que os servos do tsar
Não estão agrilhoados?

Não estão a sete chaves
Nem um tribunal enfrentam.
Alguns desses senhores
Regimentos comandam!

Gendarmes! Faraós!
Em seu tesouro se resumem.
Não foram vocês que os levaram
Ao front para se defenderem?

Por que tudo embaralhar,
E dos seus pecados nos culpar!
Para vocês, a liberdade estabelecer
É um osso duro de roer!

Demián Biédni
Pravda, nº 99, 5/18 de julho de 1917

41. Os sovietes e o poder

O artigo foi escrito no rescaldo da crise de julho (3-5 de julho), quando manifestações importantes em Petrogrado pressionaram a favor da transferência de "todo o poder aos sovietes". O governo e os socialistas moderados acusaram os bolcheviques de terem incitado as manifestações com propósitos golpistas, o que acabaria favorecendo os inimigos externos da revolução, em particular a Alemanha. Os bolcheviques denunciaram como falsa a acusação, embora mantendo a proposta formulada desde abril de que os sovietes assumissem "todo o poder".

TODO O PODER AOS SOVIETES!

"Expulsem a natureza pela porta, ela entrará voando pela janela"... Como se vê, os partidos governantes dos socialistas revolucionários e dos mencheviques têm que aprender essa simples verdade repetidas vezes pela experiência própria. Se eles resolveram ser "democratas revolucionários", encontraram-se na situação de democratas revolucionários, eles têm que extrair conclusões obrigatórias para todo democrata revolucionário.

A democracia é hegemonia da maioria. Enquanto a vontade da maioria permanecia ainda não esclarecida, enquanto era ainda possível, com uma sombra de verossimilhança, declará-la não esclarecida, o governo dos burgueses contrarrevolucionários era apresentado ao povo sob a etiqueta de governo "democrático". Mas esse processo não podia ser longo. Após alguns meses, que se passaram depois do dia 27 de fevereiro, a vontade da maioria dos operários e camponeses, ou seja, da maioria esmagadora da população do país, se esclareceu não apenas na forma geral. Essa vontade ganhou expressão através das organizações de massa dos Sovietes de Deputados Camponeses, Soldados e Operários.

Então como seria possível opor-se à transferência de todo o poder estatal às mãos desses sovietes? Isso não seria nada diferente de renegar a democracia! Isso significaria nada mais e nada menos que a imposição ao povo de um governo que, sem dúvida, não pode surgir nem manter-se de maneira democrática, ou seja, por meio de eleições realmente livres e realmente populares.

Esse fato salta aos olhos, por mais estranho que ele pareça à primeira vista: os socialistas revolucionários e os mencheviques esqueceram justamente essa verdade, a mais simples, a mais evidente e a mais palpável! A falsidade da sua posição é tanta, os confunde e atrapalha tanto, que eles não são capazes de "captar" essa verdade por eles perdida. Após as eleições em Petersburgo e em Moscou, após a convocação do Soviete Camponês de Toda a Rússia, após o Congresso dos Sovietes, as classes e os partidos se definiram tão clara, nítida e convincentemente em todo o país que só as pessoas loucas ou de propósito iludidas podem se enganar a respeito disso.

Aturar os ministros, o governo ou a política dos kadetes significa desafiar a democracia e o democratismo. Nisso está a fonte das crises políticas depois do dia 27 de fevereiro, a fonte da insegurança e das vacilações do nosso sistema governamental. A cada passo, todo dia e até toda hora, as instituições estatais e os congressos mais respeitados apelam para o revolucionarismo do povo e para seu democratismo. Mas, ao mesmo tempo, tanto a política geral do governo como, em particular, sua política exterior e especialmente sua política econômica — tudo isso representa o afastamento do revolucionarismo e a violação do democratismo.

Uma coisa dessas não pode passar despercebida.

A manifestação da insegurança dessa posição é inevitável ora por um motivo, ora por outro. E teimar é uma política pouco inteligente. Com empurrões e saltos, está chegando o momento em que a transferência do poder aos sovietes, anunciada por nosso partido há muito tempo, será realizada.

Pravda, nº 99, 5/18 de julho de 1917

42. Lênin e as crises revolucionárias

Depois da chamada "crise de julho", os bolcheviques encontravam-se em situação delicada, acusados de tentar um golpe de Estado contra o governo provisório e a própria organização soviética e de "fazer o jogo" dos alemães. Alguns de seus líderes acabaram sendo presos (L. Trótski), e o próprio V. Lênin foi obrigado a ir para a clandestinidade para não ter o mesmo destino. É nessa situação de "defensiva" que o texto faz um balanço das lutas político-sociais desde abril de 1917.

TRÊS CRISES

Nestes dias, devemos refutar calmamente as mentiras e as calúnias dos que caluniam os bolcheviques e mais mentem sobre eles. Devemos pensar sobre as relações históricas e políticas, *ou seja, de classe*, dos acontecimentos, e sobre o significado desse momento da revolução.

Para refutar mentiras e calúnias temos que retomar apenas uma referência ao jornal *Pravda*, de 6 de julho, e, especialmente, chamar a atenção do leitor para o artigo, referido abaixo, provando que, em 2 de julho, os bolcheviques fizeram propaganda contra a manifestação (segundo reconheceu o jornal do partido dos socialistas revolucionários); que, em 3 de julho, a vontade das massas explodiu e a manifestação começou contra nossa opinião; que, em 4 de julho, conclamamos, num panfleto (que foi impresso no jornal dos socialistas revolucionários *A Causa do Povo*), para uma manifestação *pacífica e organizada*; que, na noite de 4 de julho, decidimos suspender a manifestação. Caluniem, caluniadores! Vocês nunca refutarão esses fatos e a significação decisiva deles em qualquer tipo de reflexão que se faça!

Passemos agora para a questão das relações históricas dos acontecimentos. Quando, ainda no início de abril, criticamos o apoio ao governo provisório, fomos atacados por socialistas revolucionários e por mencheviques. E o que a realidade provou?

O que provaram as três crises políticas: 20-21 de abril, 10-18 de junho, 3-4 de julho?

Elas provaram, em primeiro lugar, a crescente insatisfação das massas com a política burguesa da maioria burguesa do governo provisório.

É bastante interessante assinalar que o jornal do Partido Socialista Revolucionário, governante, *A Causa do Povo*, de 6 de julho, apesar de toda sua hostilidade contra os bolcheviques, teve que admitir profundas razões econômicas e políticas para o movimento de 3 e 4 de julho. A mentira estúpida, crua, infame, de que essa ação foi artificialmente criada, de que os bolcheviques lutaram *a favor* do movimento, vai ser revelada mais e mais a cada dia.

A causa comum, a fonte comum, a raiz profunda de todas as três crises políticas mencionadas é clara — sobretudo se olharmos para elas em sua relação, como a ciência ordena olhar para a política. É absurdo pensar que três crises desse tipo poderiam ter sido induzidas artificialmente.

Em segundo lugar, é instrutivo entender o que era comum, e o que era singular em cada uma dessas crises.

Comum era o descontentamento das massas, transbordando de todos os limites, o ressentimento das massas contra a burguesia e o governo *dela*. Quem quer que esqueça, ignore ou subestime que *esse é o fundo da questão* renuncia às verdades elementares do socialismo em relação à luta de classes.

A luta de classes na Revolução Russa — sobre isso precisam pensar as pessoas que se autodenominam socialistas, que sabem algo sobre como foi a luta de classes nas revoluções europeias.

O que é singular nessas crises é a maneira como se manifestaram: a primeira (20-21 de abril) foi tempestuosa e espontânea, e completamente desorganizada, o que levou os Cem Negros a tirotearem os manifestantes e as acusações sem precedentes, selvagens e falsas contra os bolcheviques. Após a explosão, veio a crise política.

No segundo caso, os bolcheviques convocaram a manifestação, cancelada após um severo ultimato e a proibição direta pelo Congresso dos Sovietes; então, em 18 de junho, houve a manifestação na qual se evidenciou a predominância visível dos slogans bolcheviques. Como os próprios socialistas revolucionários e mencheviques reconheceram, na noite de 18 de junho, uma crise política certamente explodiria, se não fosse a ofensiva na frente de batalha.

A terceira crise cresceu de maneira espontânea em 3 de julho, apesar dos esforços dos bolcheviques, no dia 2, para detê-la. Culminando em 4 de julho, levou, nos dias 5 e 6, ao apogeu da contrarrevolução. A vacilação dos socialistas revolucionários e mencheviques expressou-se no fato de que Spiridonova e uma parte de outros socialistas revolucionários declararam-se a favor da transferência do poder aos sovietes, ideia retomada pelos mencheviques internacionalistas, que anteriormente estavam contra isso.

Por fim, a última — e talvez, mais instrutiva — conclusão da revisão dos acontecimentos, considerando-os em suas conexões, é que *todas* as três crises apresentaram certa forma de manifestação que é nova na história da nossa revolução, uma manifestação de um tipo mais complexo, na qual o movimento procede por ondas, uma súbita queda acompanhando um rápido ascenso, com a exacerbação da revolução e da contrarrevolução, eliminando os elementos medianos, de centro, por um período mais ou menos extenso de tempo.

Ao longo das três crises, o movimento tomou o aspecto de uma *manifestação*. Uma manifestação contra o governo — essa seria, em termos formais, a mais precisa descrição dos acontecimentos. O essencial, porém, é que não se tratou de uma manifestação comum; foi algo consideravelmente maior do que uma manifestação, embora menor do que uma revolução. Foi uma explosão *simultânea* de revolução e contrarrevolução, uma aguda, às vezes quase súbita eliminação dos elementos centristas, enquanto o elemento proletário e o elemento burguês fizeram um tempestuoso aparecimento.

É extremamente característico desse ponto de vista, em *cada um* desses movimentos, que os elementos centristas critiquem *as duas* específicas forças de classe — o proletariado e a burguesia. Observem os socialistas revolucionários e os mencheviques: olhando para trás, eles gritam freneticamente que os bolcheviques, com seus extremismos, estão ajudando a contrarrevolução. Ao mesmo tempo, entretanto, eles reconhecem, outra vez e sempre, que os kadetes (com quem eles compõem um bloco no governo) são contrarrevolucionários. "Nossa tarefa urgente é traçar uma linha", escreveu *A Causa do Povo* ontem, "cavar um fosso profundo entre nós e todos os elementos da direita, inclusive o grupo Edinstvo [Unidade]", que assumiu uma agressiva militância (com o qual, podemos acrescentar, os socialistas revolucionários fizeram aliança nas eleições).

Comparem isso com a edição de hoje (7 de julho) do *Edinstvo*, onde o editorial de Plekhanov é obrigado a constatar o fato indiscutível de que os sovietes (ou seja, os socialistas revolucionários e mencheviques) "pensarão a respeito por umas duas semanas" e que, se o poder tiver que passar para os sovietes, isso "equivaleria à vitória para os leninistas". "Se os kadetes não aderem à regra 'quanto pior, melhor'", diz Plekhanov, "eles serão obrigados a reconhecer que cometeram (saindo do ministério) um grande erro, facilitando o trabalho dos leninistas."

Isso não é típico? Os elementos centristas acusam os kadetes de facilitar o trabalho dos bolcheviques, e acusam os bolcheviques de facilitar o trabalho dos kadetes!! Será que é difícil imaginar que, se substituirmos os nomes de políticos pelos nomes das classes sociais, temos, diante de nós, os sonhos da pequena burguesia sobre o desaparecimento da luta de classes entre o proletariado e a burguesia? Não está a pequena burguesia se queixando da luta de classes entre o proletariado e a burguesia? Será que é difícil imaginar que nenhum bolchevique no mundo poderia ter "criado" não apenas três, mas até mesmo um único "movimento popular" se as mais profundas razões políticas e econômicas não tivessem empurrado o proletariado à ação? É assim tão difícil imaginar que kadetes ou monarquistas, mesmo juntos, não poderiam suscitar nenhum movimento "de direita", se também, e igualmente, profundas razões não empurrassem a burguesia, como uma classe, para a contrarrevolução?

Pelo movimento de 20-21 de abril, nós e os kadetes fomos acusados de intransigentes, extremistas, de agravar a situação. Os bolcheviques foram mesmo acusados (apesar de isso ser completamente absurdo) pelo tiroteio na Nevsky. Quando, porém, o movimento acabou, esses mesmos socialistas revolucionários e mencheviques no seu órgão oficial e conjunto, o *Izvestia*, escreveram que "o movimento popular" tinha "varrido os imperialistas, Miliukov etc.", ou seja, *louvaram* o movimento!! Isso não é típico? Isso não mostra claramente que a pequena burguesia não compreende a dinâmica e o significado da luta de classes entre o proletariado e a burguesia?

A situação objetiva é esta: a enorme maioria da população do país é pequeno-burguesa, por suas condições de vida, e ainda mais, por suas ideias. Mas no país domina o grande capital, basicamente através dos bancos e dos sindicatos. Há um proletariado urbano neste país, maduro o suficiente para escolher seu próprio caminho, mas ainda não capaz de atrair imediatamente para o seu lado a maioria dos semiproletários. Desse fato de classe, fundamental, decorre a inevitabilidade de tais crises, como as três que estamos, agora, analisando, bem como também suas formas.

No futuro as formas das crises podem, claro, mudar, mas a substância da questão permanecerá igual, mesmo que, por exemplo, a Assembleia Constituinte dos socialistas revolucionários se reúna em outubro. Os SRs prometeram aos camponeses (1) a abolição da propriedade privada da terra; (2) a transferência das terras para os que nelas trabalham; (3) o confisco das propriedades das terras e a transferência delas para os camponeses, sem indenização. Realizar essas grandes reformas seria absolutamente impossível sem as mais decisivas medidas revolucionárias contra a burguesia, medidas que podem se realizar *apenas* pela aliança dos camponeses pobres com o proletariado, *apenas* pela nacionalização dos bancos e dos sindicatos.

Camponeses crédulos, acreditando ser possível alcançar essas coisas maravilhosas em acordo com a burguesia, ficarão inevitavelmente decepcionados e... "insatisfeitos" (para dizer o mínimo), com a agudeza da luta de classes do proletariado contra a burguesia pela realização das promessas dos socialistas revolucionários. Assim foi e assim será.

Vladímir Lênin
Escrito em 7/20 de julho de 1917
Publicado em 19 de julho/1º de agosto de 1917
Publicado no jornal *Rabotnitsa* [*Trabalhadora*], nº 7, de acordo com o manuscrito corrigido por V. Lênin

43. A revolução e os "homens comuns"

O *Pravda* mantinha uma coluna "Vida na guerra", onde se pronunciavam soldados e marinheiros não necessariamente bolcheviques. Trata-se de uma fonte preciosa para avaliar o que pensavam e sentiam os "homens comuns" que estavam nos diferentes fronts e também na retaguarda. Nas quatro cartas a seguir, críticas e reflexões sobre as condições comuns e correntes em que viviam os soldados.

VIDA DE GUERRA

A liberdade do soldado

1) Liberdade de expressão:
   O soldado tem o direito de falar o que quiser; ele pode responder ao comando como achar melhor, sem recorrer às palavrinhas decoradas: sim, senhor, não, senhor etc. Ele pode falar livremente sobre a cozinha, as botas, as cantinas. Mas ao soldado não se dá o direito de conclamar os outros à resistência à burguesia e aos governantes carrascos — quando isso acontece, ele sofre chacota e lhe dão o vergonhoso apelido de "covarde".
2) Liberdade de reunião:
   Os soldados podem organizar associações, se reu-

nir para jogar cartas, para dividir os produtos, estabelecer a ordem das férias; é permitido discutir a questão da distribuição das latas com a imagem de Nicolau Sanguessuga sobre uma fita da sua cor, que são dadas a quem é capaz de matar mais pessoas. Nessas reuniões, o soldado pode discutir a questão da guerra, mas sem tomar quaisquer medidas ativas contrárias à burguesia. É permitido dizer que a guerra é desnecessária, contudo, é preciso defender os capitalistas e matar as pessoas inocentes. E caso o soldado se recuse a matar, como aconteceu nos regimentos 45, 46, 47 e 52, suas associações são dissolvidas.

3) Liberdade de pensamento:
É permitido não rezar, não acreditar em Deus, mas é preciso ter a convicção de que a terrível e desumana guerra deve continuar, e não se pode dizer: "Não quero". Agora, quando não há chicote nem forca, quando nos foi dado o direito de professarmos livremente nossas convicções, declaro que o massacre entre as pessoas não deve existir e eu não quero participar dele. E qual será o castigo? As pessoas, que deram a liberdade, dirão: "Covarde, desertor! Vamos privá-lo do título de cidadão!".
Neste país, onde a liberdade é condicional, não temos direito, e o direito de lavar as galochas da burguesia eu não quero usar.

Cabo do 88º regimento Petrovski
Markel Tchudakóv

Terceiro regimento de reserva de infantaria

Ao ouvir os telegramas do Soviete de Deputados Camponeses, Soldados e Operários de Petrogrado e do ministro da Guerra exigindo disponibilizar catorze companhias de marcha, o conselho do regimento determinou: levar ao conhecimento do Soviete de Deputados Camponeses, Soldados e Operários de Petrogrado que, nessa exigência, o conselho do regimento vê uma tentativa de dispersar as forças revolucionárias do Exército da guarnição de Petrogrado. Não obstante a existência da ainda não cancelada declaração sobre a não retirada e o não desarmamento da guarnição de Petrogrado, o conselho do regimento determinou: em vista da decisão do Soviete de Deputados Camponeses, Soldados e Operários de Petrogrado sobre a preservação do núcleo revolucionário no regimento, continuar observando essa decisão. Informamos o Soviete de Deputados Camponeses, Soldados e Operários de Petrogrado que, ao ter enviado dez companhias de marcha para aumentar nossa divisão, com a qual temos uma ligação direta, o conselho do regimento, com o intuito de preservar o núcleo revolucionário, não pode satisfazer o requerimento de envio de mais catorze companhias em marcha.

Presidente do conselho do 3º regimento de infantaria, (*P.*) *Aleksandr*
Secretário Blinov

Carta de Sebastopol

Caros camaradas pravdistas! Sejam atenciosos conosco, os moradores de Sebastopol simpatizantes do jornal *Pravda*. Desejamos de todo coração que o jornal tenha a difusão mais ampla possível entre as massas de visões chauvinistas. É simplesmente triste ver quando um camarada marinheiro ou soldado vai ao quiosque e pede o *Pravda*, e lhe respondem: “Não tem”. E, para consolar, oferecem-lhe o *Rússkoe Slovo* ou o *Edinstvo*. Como proceder, camaradas? No início, pensávamos que isso era um fenômeno puramente acidental, mas passam meses, e o *Pravda* não chega aqui.

Acreditamos que o jornal *Pravda* deve sempre servir como um meio de resistência ativa às difamações lançadas contra os bolcheviques. Num país livre, deve triunfar apenas o que é sensato e bom. Não há mais lugar para os gritos burgueses, que, se disfarçando com a bandeira vermelha, pensam em preservar nem que seja a metade ou um quarto de seus privilégios.

Então, por mais que tentássemos obter o motivo pelo qual o *Pravda* não tem sido enviado para cá, não descobrimos nada.

Se quisermos entender tudo que acontece agora, não devemos recusar a interpretação dos fatos a partir de outro ponto de vista, o dos bolcheviques.

Grupo de simpatizantes

Carta para a redação

Peço que publiquem no seu jornal o seguinte: no dia 13 de junho deste ano, às dezesseis horas, fui preso segundo a resolução do Comitê dos Deputados Soldados e Oficiais da 30ª divisão de artilharia. O motivo da prisão foram as minhas convicções políticas social-democratas bolcheviques e, em vista disso, minha atividade foi considerada nociva e perigosa.

Após a prisão, fui imediatamente enviado à cidade de Tecuci (Romênia), ficando à disposição do comandante do 30º corpo militar, onde me encontro agora sob prisão já faz cinco dias. Até agora não recebi nenhuma acusação. Fico muito indignado: sem receber acusação, estou mantido sob prisão. Onde está a declaração dos direitos do cidadão? Onde está a liberdade? A liberdade que conquistamos com nosso sangue? É assim que as coisas acontecem aqui. Além disso, considero útil informar: o regime é muito pior do que era nas prisões durante a época tsarista, a comida é terrivelmente ruim, o tratamento, impossível de ser pior. O local é sujo, e nunca nos deixam tomar ar. Peço, se for possível, escrever no seu jornal e levar ao conhecimento das pessoas competentes: não estou pedindo nada, mas, se fui preso, deixem-me saber pelo quê. E, além disso, se querem me manter sob prisão, devem fazê-lo de uma maneira apropriada, pois sou uma pessoa que está há mais de dois anos no front.

Escrivão auxiliar da 1ª bateria
da 30ª divisão de artilharia, Ivan Chichkin
Pravda, nº 107, 14/27 de julho de 1917

44. Cartas para a redação

A coluna "Carta para a redação" é também uma fonte inestimável para avaliar sentimentos e pensamentos dos operários, soldados e, às vezes, mais raramente, camponeses. Como se pode constatar na leitura da carta a seguir, nem sempre o que diziam os autores correspondia às posições do jornal ou dos bolcheviques.

CARTA PARA A REDAÇÃO

Senhor editor!

No nº 87 do jornal *Pravda*, do dia 21 de junho deste ano, foi publicada uma carta para a redação assinada por "Jurista velho" que relata sobre o fuzilamento na França de 84 soldados russos pelas autoridades militares francesas por causa da fraternização com os alemães.

Como foi dito, a carta fundamentou-se em um "boato oriundo, pelo visto, de fontes confiáveis, mas que não foi refletido por nenhum órgão de imprensa".

Permitam a nós, delegados das brigadas especiais de infantaria NN na França, declarar de modo categórico e, com isso, tranquilizar os pais e as mães, cujos filhos combatem heroicamente no front francês, que o boato sobre o fuzilamento de 84 soldados russos na França é uma mentira vergonhosa.

Por que motivo e por quem esses boatos são espalhados, não vamos esclarecer.

"Fraternização" é uma palavra estranha aos soldados russos na França.

Não esqueçam que os regimentos russos, os primeiros de todo o Exército russo revolucionário, começaram uma ofensiva com as bandeiras vermelhas, isso foi durante a ofensiva em Champanhe. Do dia 3 a 8 de abril deste ano, eles cobriram com a glória a honra do exército revolucionário, e isso, camaradas, no momento em que, na Rússia, se decidia a questão "atacar ou não"!!!

Depois do ataque, recuamos à retaguarda para nos reabastecermos, descansarmos etc., mas de modo algum por causa de fraternização.

Se é possível acusar os soldados das brigadas russas na França, vocês mesmos decidam!

Pedimos que outros jornais divulguem.

Delegados dos soldados russos na França:
P. Dvoretskov, E. Vtorov, G. S. Egorov,
I. Polenov, M. Shishov, A. Bulavkin, A. Rostovtsev
Pravda, nº 108, 15/28 de julho de 1917

45. A poética de combate

De modo habitual, o *Pravda* publicava poesias, canções e diálogos de autores consagrados ou de pessoas comuns. São uma fonte importante para avaliar os pensamentos e as reflexões das pessoas comuns. Ao mesmo tempo, facilitavam a propaganda de ideias numa sociedade constituída esmagadoramente por iletrados ou semiletrados.

ORAÇÃO

Na província, a maioria dos sacerdotes
faz propaganda do regime monarquista e
da eleição somente de sacerdotes
para a Assembleia Constituinte
[Dos jornais]

Ouça minha voz, Deus justo
A mão para o alto estendi
De batina banhada em choro infausto,
Eu tombei diante de ti...
Está próximo o dia de decisão...
Forte Deus, de mim não desista,
Meus pés guiados sejam

Para a luta com os sitsilistas...[1]
Destemido servirei
a Deus, à Rússia, ao monarquismo.
Os dentes dos "pecadores" destruirei
Sem estar constrangido.
E, sem meu orgulho aquietar,
Os judeus atacarei...
De novo a ti vou apelar,
Rezarei e padecerei...
Meu medo é sobejo, criador,
Escura como a noite minha fantasia...
Vai me abandonar o eleitor
Em favor dos sitsilistas...

Aksen-Atchkasov

A CEIFA SANGRENTA

Pela morte ossuda o poder foi tomado
E na Europa há três anos impera.
O povo trabalhador trapaceado
É abatido com sua foice feito hera.
Mas a ceifa sangrenta está acabando,
Os pobres a acordar começarão
E os ricos cobrando,
Os reizinhos seus dias contados terão.
A ira do povo vai se ampliar, crescer, aumentar.
As ondas da ira formarão um vagalhão execrável...
E da face da terra esse vagalhão vai eliminar
Tanto a guerra como o capital insaciável.

Ivan Loguinov
Pravda, nº 108, 15/28 de julho de 1917

1. Maneira jocosa de se referir a um socialismo criado em solo russo.

46. Os bolcheviques e o poder político

Na primeira quinzena de setembro, depois de vencido o golpe de L. Kornilov, o já abalado governo provisório, liderado por A. Kerenski, enfraqueceu-se ainda mais, perdendo o prestígio que lhe restava. Ao mesmo tempo, houve um forte e fulminante processo de radicalização entre soldados, marinheiros e operários, a maioria dos quais convenceu-se de que o poder deveria ser transferido aos sovietes, uma proposta defendida pelos bolcheviques desde abril. V. Lênin, no entanto, não queria esperar o advento do Congresso dos Sovietes, programado para o mês seguinte, defendendo a imediata tomada do poder pelos bolcheviques, mesmo sem a devida autorização dos sovietes.

OS BOLCHEVIQUES DEVEM TOMAR O PODER

(Carta ao Comitê Central, comitês de Petrogrado e Moscou do Partido Operário Social-Democrata da Rússia/ POSDR [B])

Depois de conseguir maioria nos Sovietes de Deputados Operários e Soldados em ambas as capitais, os bolcheviques podem e *devem* tomar o poder do Estado em suas mãos.

Podem, pois a maioria ativa de elementos revolucionários do povo de ambas as capitais é suficiente para atrair as massas, vencer a oposição dos adversários, derrotá-los, conquistar o poder e mantê-lo. Pois, ao propor imediatamente uma paz democrática, ao entregar imediatamente a terra aos camponeses, ao restabelecer as instituições democráticas e a liberdade esmagadas e derrotadas por Kerenski, os bolcheviques irão compor um governo tal que *ninguém* derrubará.

A maioria do povo está a nosso *favor*. O longo e difícil caminho de 6 de maio a 31 de agosto e até 12 de setembro comprovou isto: a maioria dos sovietes das capitais é *fruto* da vinda progressiva do povo *para o nosso lado*. As vacilações dos SRs e mencheviques e o fortalecimento dos internacionalistas entre eles demonstram a mesma coisa.

A Conferência Democrática *não* representa a maioria da população revolucionária, mas *apenas a camada superior da pequena burguesia conciliadora*. Não devemos nos deixar enganar pelos números das eleições nos sovietes, a questão não está nas eleições. Comparem as eleições em Moscou com a greve moscovita de 12 de agosto: esses são os dados objetivos sobre a maioria dos elementos revolucionários que guiam as massas.

A Conferência Democrática está enganando o campesinato ao não dar a ele nem paz, nem terra.

Apenas um governo bolchevique atenderá aos camponeses.

Por que os bolcheviques devem tomar o poder precisamente *agora*?

Porque a rendição iminente de Piter deixará nossas chances cem vezes piores.

E não temos força para impedir a rendição de Piter com Kerenski e cia. no comando do Exército.

Também não podemos "esperar" pela Assembleia Constituinte, pois, com a rendição de Piter, Kerenski e cia. sempre *podem frustrá-la*. Só nosso partido, depois de tomar o poder, pode assegurar a convocação da Assembleia Constituinte e, depois de tomar o poder, acusará os outros partidos de protelar essa convocação e provará a acusação.

Devemos e podemos impedir uma paz separada entre imperialistas ingleses e alemães, mas é preciso agir rapidamente.

O povo está cansado das vacilações dos mencheviques e SRs. Apenas nossa vitória nas capitais será capaz de atrair os camponeses para o nosso lado.

A questão não é o "dia" da insurreição nem seu "momento" em sentido estrito. Só quem decidirá isso é a opinião comum daqueles que *estão em contato* com os operários e soldados, *com as massas*.

A questão é que nosso partido agora, na Conferência Democrática, possui de fato *seu próprio congresso*, e esse congresso *deve* decidir (querendo ou não, deve) *o destino da revolução*.

A questão é, para deixar a *tarefa* clara para o partido: colocar na ordem do dia *a insurreição armada* em Piter e Moscou (e região), a conquista do poder, a derrubada do governo. Pensar em *como* agitar para que isso aconteça sem expressá-lo publicamente.

Devemos lembrar as palavras de Marx sobre a insurreição e refletir a respeito delas: "*A insurreição é uma arte*" etc.

Esperar pela maioria "formal" dos bolcheviques é ingenuidade: nenhuma revolução espera *por isso*. Kerenski e cia. não esperarão, e estão preparando a rendição de Piter. Justamente as lamentáveis vacilações da "Conferência Democrática" devem esgotar e esgotarão a paciência dos trabalhadores de Piter e Moscou! A história não nos perdoará se não tomarmos o poder agora.

Não temos aparato? Temos, sim: os sovietes e as organizações democráticas. A situação internacional, *exatamente* agora, às vésperas da paz separada entre ingleses e alemães, *está do nosso lado*. Propor a paz aos povos neste exato momento significa *vencer*.

Se tomarmos o poder *imediatamente* tanto em Moscou quanto em Piter (não importa quem comece: talvez até Moscou possa começar), venceremos de forma *incondicional e inquestionável*.

N. Lênin

Escrito em 12-14/25-27 de setembro de 1917
Publicado pela primeira vez em 1921
na revista *Proletárskaia Revoliutsia*
[*Revolução Proletária*], nº 2
Publicado segundo o texto da revista conferido
com a cópia datilografada

47. Marxismo e insurreição

Escrito ainda na primeira metade do mês de setembro, mais de um mês antes da insurreição revolucionária, o texto mostra a urgência com que V. Lênin encarava a questão da insurreição revolucionária. Segundo suas considerações, ela deveria ser empreendida antes mesmo do Congresso dos Sovietes, a ser chamado, posteriormente, para confirmar sua validade.

MARXISMO E INSURREIÇÃO

Carta ao Comitê Central do POSDR (B)

Entre as mais caluniosas e, talvez, das mais difundidas deturpações do marxismo que imperam nos partidos "socialistas" está a mentira oportunista de que a preparação para a insurreição, ou de que a visão da insurreição como uma arte, é "blanquismo".

O líder do oportunismo, Bernstein, já obteve uma triste glória ao acusar o marxismo de blanquismo, e os oportunistas de hoje em dia, em essência, não se renovam minimamente e não "enriquecem" as escassas ideias de Bernstein ao gritar "blanquismo".

Acusar os marxistas de blanquismo por tratar a insurreição como uma arte! Poderá haver uma deturpação mais gritante, quando nem um único marxista renega o fato de que o próprio Marx, com toda a razão, de forma definida, precisa e indiscutível manifestou-se a respeito disso ao chamar a revolução justamente de *arte*, ao dizer que é preciso tratar a insurreição como uma arte, que é preciso *conquistar* o primeiro sucesso e ir de sucesso em sucesso, sem interromper a *ofensiva* contra o inimigo, aproveitando sua confusão etc. etc.

Uma insurreição, para ter sucesso, deve apoiar-se não numa conspiração, não num partido, mas na classe de vanguarda. Isso em primeiro lugar. A insurreição deve apoiar-se na *sublevação revolucionária do povo*. Isso em segundo lugar. A insurreição deve apoiar-se naquele ponto de inflexão da história da revolução crescente em que a atividade das fileiras de vanguarda do povo chega ao máximo, quando a *hesitação* está mais intensa nas fileiras do inimigo e nas fileiras dos *amigos fracos, vacilantes e indecisos da revolução*. Isso em terceiro lugar. São essas três condições, ao propor a questão da insurreição, que diferenciam o *marxismo do blanquismo*.

Mas, uma vez que essas condições estejam presentes, recusar-se a encarar a insurreição como *uma arte* significa trair o marxismo e trair a revolução.

Para demonstrar por que é preciso ver justamente o momento em que vivemos como um daqueles em que o partido deve *sem falta* reconhecer que a *insurreição* foi posta na ordem do dia pela marcha dos acontecimentos objetivos e encarar a insurreição como uma arte, para provar isso, o melhor de tudo talvez seja utilizar o método da comparação e confrontar os dias 3 e 4 de julho com os dias de setembro.

Em 3 e 4 de julho era possível, sem pecar contra a verdade, formular a questão da seguinte maneira: seria mais certo tomar o poder, pois senão nossos inimigos nos acusariam pela insurreição de qualquer forma e nos aniquilariam como rebeldes. Mas nem por isso devíamos tirar uma conclusão a favor da tomada de poder na época, pois as condições objetivas para a vitória da insurreição não existiam então.

1) A classe que constitui a vanguarda da revolução não estava a nosso favor.

Ainda não tínhamos maioria entre trabalhadores e soldados das capitais. Agora, contamos com a maioria em ambos os sovietes. Ela foi construída *apenas* depois das histórias de julho e agosto, a partir da experiência da "repressão" dos bolcheviques e da experiência do golpe de Kornilov.

2) Na época, não houve um levante revolucionário nacional. Agora há, depois do golpe de Kornilov. A província e a tomada de poder pelos sovietes em muitos lugares comprovam isso.

3) Naquele período, não havia hesitação numa escala política séria entre nossos inimigos e entre a pequena burguesia indecisa. Agora, a hesitação é gigantesca: nosso inimigo, o imperialismo aliado e mundial, pois os "aliados" estão na liderança do imperialismo mundial, começou a vacilar entre continuar na guerra até a vitória ou estabelecer uma paz separada contra a Rússia. Nossos democratas pequeno-burgueses, que claramente perderam a maioria entre o povo, começaram a hesitar em demasia, depois de se recusar a entrar no bloco, ou seja, a fazer coalizão com os kadetes.

4) Por isso, uma insurreição em 3 e 4 de julho teria sido um erro: não teríamos mantido o poder nem física nem politicamente. Em termos físicos, apesar de Piter ter estado por um momento em nossas mãos, pois nossos trabalhadores soldados não estariam dispostos a *lutar*, *morrer* pela posse de Piter, não havia tamanha "brutalidade", tamanho ódio fervoroso nem aos Kerenski, nem aos Tsereteli e Tchernov, nossos homens ainda não estavam temperados pela experiência da perseguição dos bolcheviques com a participação de SRs e mencheviques.

Politicamente, não teríamos nos mantido no poder em 3 e 4 de julho, pois antes do *golpe de Kornilov*, o Exército e a província poderiam e teriam ido contra Piter.

Agora, o quadro é totalmente diferente.

Temos o apoio da maioria de uma *classe*, da vanguarda da revolução, da vanguarda do povo, capaz de arrebatar as massas.

Temos o apoio da *maioria* do povo, pois a saída de Tchernov não é nem de longe o único sinal, mas é o mais visível, o mais evidente, de que os camponeses *não vão receber a terra* do bloco dos SRs (e dos próprios SRs). E nesse aspecto está o caráter popular da revolução.

Temos a nosso favor a posição vantajosa de um partido que, inabalável, sabe seu caminho diante de uma hesitação sem precedentes, tanto de *todo o imperialismo* quanto de todo o bloco de mencheviques e SRs.

Temos a nosso favor a *vitória certa*, pois o povo está absolutamente próximo do desespero, e demos a todo o povo uma saída certa quando mostramos a todo o povo o significado de nossa liderança durante os "dias de Kornilov", depois *propusemos* compromissos aos bloquistas e recebemos uma recusa em condições que de modo algum fizeram cessar as hesitações do lado deles.

O maior dos erros seria pensar que nossa proposta de compromisso *ainda* não foi repudiada, que a Conferência Democrática *ainda* pode aceitá-la. Os compromissos foram propostos por um *partido* para *partidos*; eles não podiam ser propostos de outra forma. *Os partidos* os rejeitaram. A Conferência Democrática é apenas uma *conferência*, nada mais do que isso. Não devemos nos esquecer de uma coisa: nela não está representada a *maioria* da população revolucionária, o campesinato mais pobre e exasperado. Trata-se de uma conferência da *minoria* da população — não devemos nos esquecer dessa verdade evidente. O maior erro, o maior cretinismo parlamentar seria encarar a Conferência Democrática como um parlamento, pois *mesmo que* ela se declarasse um parlamento e o parlamento soberano da revolução, mesmo assim ela não *decidiria* nada: a decisão está *fora* dela, está nos bairros operários de Piter e Moscou.

Temos à nossa frente todos os pressupostos objetivos para uma insurreição exitosa. Temos à nossa frente a vantagem excepcional de uma posição em que *apenas* nossa vitória na insurreição pode pôr um fim às hesitações que atormentaram o povo, o que há de mais torturante no mundo; em que *apenas nossa* vitória na insurreição poderá *frustrar* o jogo de uma paz separada contra a revolução, frustrá-la porque propõe abertamente uma paz mais plena, mais justa, mais próxima, uma paz que virá *em prol* da revolução.

Por fim, só o nosso partido, depois de vencer a revolução, *pode* salvar Piter, pois, se nossa proposta de paz for rejeitada e não recebermos nem mesmo uma trégua, então *nós* nos tornaremos os "defensistas", nos tornaremos a *liderança do partido militar*, pois seremos o *próprio* partido "militar", conduziremos a guerra de forma efetivamente revolucionária. Tomaremos todo o pão e todas as botas dos capitalistas. Deixaremos para eles as cascas, os calçaremos com *lapti*. Mandaremos todo o pão e os calçados para o front.

E então defenderemos Piter.

Os recursos, tanto materiais quanto intelectuais, para uma guerra de fato revolucionária ainda são infinitamente grandes na Rússia; temos 99 chances em cem de que os alemães nos darão ao menos uma trégua. E alcançar uma trégua agora significa conquistar *toda a paz*.

Depois de reconhecer a necessidade incontestável de uma insurreição dos trabalhadores de Piter e Moscou para salvar a revolução e para salvar a Rússia de uma partilha preparada "separadamente" pelos imperialistas de ambas as coalizões, devemos, primeiro, adaptar nossa tática política na conferência às condições da insurreição iminente; segundo, devemos provar que não adotamos apenas em palavras as ideias de Marx sobre a necessidade de encarar a insurreição como uma arte.

Na conferência, devemos consolidar imediatamente a fração dos bolcheviques, sem preocupação com números, sem temer deixar os hesitantes no campo dos hesitantes; *lá*, eles são mais úteis para as questões da revolução do que no campo dos combatentes leais e decididos.

Devemos compor uma breve declaração dos bolcheviques ressaltando da forma mais clara a falta de propósito de longos discursos, a falta de propósito de "discursos" de uma maneira geral, a necessidade de uma ação imediata para salvar a revolução, a absoluta necessidade de um corte completo com a burguesia, da completa destituição de todo o governo atual, de uma ruptura total com os imperialistas anglo-franceses, que estão preparando uma partilha "separada" da Rússia, a necessidade de uma transição imediata de todo o poder para as mãos dos *democratas revolucionários, liderados pelo proletariado revolucionário*.

Nossa declaração deve ser a formulação mais curta e nítida dessa conclusão em relação aos projetos programáticos: paz para os povos, terra para os camponeses, confisco de lucros escandalosos e refreamento do vergonhoso estrago da produção conduzido pelos capitalistas.

Quanto mais curta e mais seca for a declaração, melhor. Nela, é preciso apontar claramente ainda dois pontos importantíssimos: que o povo está exausto das hesitações, esgotado pela indecisão dos SRs e mencheviques; estamos rompendo com esses partidos de maneira definitiva, pois eles traíram a revolução.

E outra coisa: ao propor a imediata paz sem anexações, ao romper agora mesmo com os aliados imperialistas e com todos os imperialistas, ou conseguiremos imediatamente uma trégua, ou todo o proletariado revolucionário passará para o lado da defesa e da condução de uma democracia revolucionária, sob sua liderança, de uma guerra de fato justa, de fato revolucionária.

Ao ler essa declaração, e chamados a *decidir*, e não a falar, a *agir*, e não a escrever resoluções, devemos *levar para as fábricas e quartéis* toda a nossa fração: lá é o lugar dela, lá está o nervo da vida, lá está a fonte de salvação da revolução, lá estão os motores da Conferência Democrática.

Lá, com discursos ardentes e apaixonados, devemos explicar nosso programa e apresentar a questão da seguinte forma: ou uma adoção *total* do programa pela conferência, ou a insurreição. Não há meio-termo. Não podemos esperar. A revolução está morrendo.

Ao propor a questão dessa forma, ao concentrar toda a fração nas fábricas e quartéis, *determinaremos corretamente o momento para o começo da insurreição.*

Para lidar com a insurreição de forma marxista, ou seja, como uma arte, devemos, ao mesmo tempo, sem perder nem um minuto, organizar um *Estado-Maior* das fileiras rebeldes, distribuir as forças, deslocar os regimentos leais para os pontos mais importantes, cercar o Aleksandrinski, ocupar a Fortaleza de Pedro e Paulo, prender o Estado-Maior dos generais e o governo, mandar ao encontro dos kadetes e da divisão selvagem os destacamentos que preferem morrer a deixar o adversário se deslocar para o centro da cidade; devemos mobilizar os trabalhadores armados, chamá-los para uma última luta desesperada, ocupar imediatamente o telégrafo e o telefone, alojar *nosso* Estado-Maior da insurreição na estação telefônica central, conectar-nos por telefone com todas as fábricas, todos os regimentos, todos os pontos de luta armada e assim por diante.

Isso tudo é um exemplo, claro, apenas para *ilustrar* o fato de que, no momento em que vivemos, é impossível continuar leal ao marxismo, continuar leal à revolução verdadeira, se *não encararmos a insurreição como uma arte.*

N. Lênin
Escrito em 13-14/26-27 de setembro de 1917
Publicado pela primeira vez em 1921
na revista *Proletárskaia Revoliutsia*, nº 2
Publicado segundo o texto da revista, conferido
com a cópia datilografada

48. Carta a Smilga

Preocupado com a resistência oferecida pelo Comitê Central do Partido Bolchevique às suas orientações de passar à preparação imediata e ao desencadeamento de uma insurreição revolucionária em Petrogrado, V. Lênin procura o apoio de I. T. Smilga, eleito presidente do soviete da Marinha de Guerra do Báltico e do soviete de soldados e operários estabelecidos na Finlândia, conhecidos pelo alto nível de radicalização em que se encontravam. Esta carta só seria publicada em 1925, oito anos depois do triunfo revolucionário.

CARTA AO PRESIDENTE DO COMITÊ REGIONAL DO EXÉRCITO, MARINHA E OPERÁRIOS DA FINLÂNDIA, I. T. SMILGA

Ao camarada Smilga,

Aproveito a boa oportunidade para conversar mais à vontade.

I

A situação política geral me inspira grande inquietação. O soviete de Petrogrado e os bolcheviques declararam guerra ao governo. Mas o governo tem um Exército e está se preparando *sistematicamente* (Kerenski, no quartel-general, está sem dúvida fazendo um acordo com os kornilovistas, um acordo prático, para reprimir os bolcheviques).

E nós, o que estamos fazendo? Nós nos contentamos em adotar resoluções? Estamos perdendo tempo, fixamos "prazos" (dia 20 de outubro, o Congresso dos Sovietes — não é ridículo protelar tanto? Não é ridículo depender disso?). Os bolcheviques *não* estão fazendo um trabalho sistemático para preparar *suas* forças militares para a derrubada de Kerenski.

Os acontecimentos confirmam por completo a correção da minha proposta, feita na época da Conferência Democrática, ou seja, que o partido *deve* colocar a insurreição armada na ordem do dia. Os acontecimentos *nos obrigam* a fazer isso. A história tornou a questão *militar* uma questão *política* fundamental agora. Temo que os bolcheviques estejam se esquecendo disso, arrebatados pela "polêmica do dia", por pequenas questões em curso e "*na esperança*" de que "a guerra varrerá Kerenski". É uma esperança ingênua, daria na mesma confiar "no acaso". Do lado do partido do proletariado revolucionário, isso pode se revelar um crime.

Penso que é preciso promover uma agitação no seio do partido para uma tomada de posição séria em relação à insurreição armada — para isso, passe para a máquina de escrever esta carta e entregue-a ao pessoal de Piter e Moscou.

II

Mais sobre seu papel. Parece que as únicas coisas que podemos ter *inteiramente* em nossas mãos e que têm um papel militar *sério* são o Exército da Finlândia e a frota do Báltico. Acho que você deve fazer uso de sua alta posição e passar para auxiliares e secretários todo o trabalho miúdo e rotineiro, não perder tempo com "resoluções", e sim voltar *toda a atenção* para a preparação *militar* dos Exércitos finlandeses + da frota para a derrubada próxima de Kerenski. Criar um comitê *secreto* de militares *confiáveis*, discutir com eles *todos os aspectos*, reunir (e conferir *você mesmo*) as informações mais precisas sobre a composição e o posicionamento do Exército perto de Piter e em Piter, sobre o transporte das tropas finlandesas para Piter e assim por diante.

Podemos terminar sendo uns idiotas ridículos se não fizermos isso: com resoluções maravilhosas e sovietes, mas *sem poder!!* Acho que você tem a possibilidade de escolher militares efetivamente confiáveis e competentes, reunir-se em Ino e outros pontos mais importantes, ponderar e estudar o assunto *com seriedade*, sem confiar nessas frases bazofeiras que são *demasiadamente comuns* entre nós.

O que não podemos permitir em *nenhum caso* é a retirada do Exército da Finlândia, isso está claro. É melhor fazer *de tudo* para uma insurreição, para a tomada de poder — para entregá-lo ao Congresso dos Sovietes. Hoje estou lendo nos jornais que, já daqui a duas semanas, o perigo de desembarque das tropas é zero. Isso significa que seu tempo de preparação é muito curto.

III

Adiante. É preciso aproveitar o "poder" na Finlândia para fazer uma propaganda sistemática entre os cossacos que agora estão na Finlândia. Kerenski e cia. tiraram uma parte deles propositadamente de Viborg, por exemplo, temendo uma "bolchevização", e os puseram em Usikirkko e Perkjärvi, entre Viborg e Terijoki, em um isolamento (dos bolcheviques) seguro. É preciso estudar todas as informações sobre as posições dos cossacos e organizar a expedição até os mesmos *destacamentos de agitadores* das melhores forças de marinheiros e soldados da Finlândia. Isso é indispensável. O mesmo para a literatura.

IV

Adiante. Claro, se concederá licença para marinheiros e soldados. Entre os que saírem de licença para o campo, precisamos estabelecer destacamentos de agitadores para percorrerem sistematicamente todas as províncias, para promoverem a agitação nos campos, e também, em geral, a favor da Assembleia Constituinte. Sua posição é excepcionalmente boa, pois você pode *começar* de imediato a pôr em prática esse bloco com os SRs de esquerda, os únicos que podem nos dar um poder estável na Rússia e a maioria na Assembleia Constituinte. Enquanto isso, monte imediatamente um *bloco* desses por aí, organize a impressão de panfletos (descubra o que você pode fazer tecnicamente para isso e para seu transporte até a Rússia), e então é preciso que, em cada grupo de agitadores que for para o campo, haja ao menos *duas* pessoas: um bolchevique e um SR de esquerda. Por enquanto, a "razão social" dos SRs ainda impera nos campos, e é preciso fazer uso da sua sorte (vocês têm SRs de esquerda) para, *sob o nome dessa* "razão social", levar para o campo o bloco dos bolcheviques e dos SRs *de esquerda*, camponeses com operários, e não com capitalistas.

V

Penso que, para a preparação correta das consciências, é preciso pôr em circulação agora mesmo a seguinte *palavra de ordem*: o poder deve passar imediatamente para as mãos do soviete de Petrogrado, *que o entregará* ao Congresso dos Sovietes. Para que aguentar ainda três semanas de guerra e de "preparações kornilovistas" de Kerenski?

A propaganda dessa palavra de ordem feita por bolcheviques e SRs de esquerda na Finlândia só pode ser útil.

VI

Uma vez que vocês estejam à frente do "poder" na Finlândia, vs. têm uma tarefa ainda mais importante, embora modesta: organizar ilegalmente o transporte da literatura *provinda* da Suécia. Sem isso todas as conversas sobre a "Internacionalização" *são apenas frases*. Organizar isso é absolutamente possível: primeiro, criar sua organização *de soldados* na fronteira; segundo, se isso não for possível, organizar *viagens regulares*, nem que seja de *um* indivíduo, para o lugar onde comecei a organizar o transporte com a ajuda da *pessoa em cuja casa passei um dia* antes de chegar em Helsingfors[1] (Rovio o conhece). Talvez seja preciso ajudá-lo com um pouco de dinheiro. Organize isso sem falta!

VII

Penso que precisaríamos nos ver para falar desses temas. Você podia vir, tomaria menos de um dia, mas se vier *apenas* para se encontrar comigo mande Rovio perguntar a Huttunen por telefone se a "irmã da mulher" de Rovio ("a irmã da mulher" = você) pode ver a "irmã" de Huttunen ("a irmã" = eu). Pois posso ir embora de repente.

Avise-me sem falta do recebimento desta carta (*queime-a*) pelo mesmo camarada que dará a carta a Rovio e *que em breve voltará*.

Caso eu fique muito tempo aqui, será preciso montar um correio entre nós: *você podia ajudar* entregando aos ferroviários envelopes para o *soviete* de Viborg (e dentro: para Huttunen).

1. Forma como os russos chamavam Helsinque até o fim de 1917.

VIII

Envie-me por esse mesmo camarada um certificado (o mais formal possível: num formulário do comitê regional, assinado pelo presidente, com carimbo, datilografado ou escrito *numa caligrafia muito clara*) em nome de Konstantin Petróvitch Ivánov, algo como "o presidente do Comitê Central endossa esse camarada e pede que *todos os sovietes*, tanto o soviete de VIBORG de Deputados Soldados quanto outros, ofereçam a ele *completa* confiança, colaboração e apoio".

Isso é indispensável para mim, *pelo sim, pelo não*, pois é possível que haja tanto um "conflito" quanto um "encontro".

IX

Por acaso você não tem a coletânea moscovita *Para a revisão do programa*? Procure com alguém em Helsingfors e mande-a para mim por esse mesmo camarada.

X

Tenha em mente que Rovio é uma pessoa maravilhosa, mas é *preguiçoso*. É preciso ficar de olho nele e lembrá-lo das coisas duas vezes por dia. Senão ele não fará nada.
Saudações,
K. Ivanov

Escrito em 27 de setembro/10 de outubro de 1917
Pravda, nº 255, 7 de novembro de 1925

49. O Comitê Central Bolchevique e o poder político — I

Como já se constatou em documentos anteriores, desde setembro, V. Lênin insistia com diversos camaradas e instâncias partidárias, para que assumissem a insurreição revolucionária como tarefa imediata. A ata desta reunião do Comitê Central Bolchevique atesta a insistência de Lênin e a resistência de vários de seus camaradas às suas orientações.

REUNIÃO DO COMITÊ CENTRAL POSDR (BOLCHEVIQUE)

Informe

Ata da reunião

O camarada Lênin constata que se nota uma espécie de indiferença em relação à questão da insurreição desde o começo de setembro. Isso é inadmissível se estivermos propondo a sério a palavra de ordem de tomada do poder pelos sovietes. Por isso, já passa da hora de prestar atenção no lado técnico da questão. Agora, pelo visto, já deixamos passar um tempo significativo.

Ainda assim, a questão é bastante crítica, e o momento decisivo está próximo.

A situação internacional é tal que a iniciativa deve ser assumida por nós.

O que estão começando a fazer para a rendição de Narva e para a rendição de Piter nos obriga ainda mais a tomar atitudes decisivas.

A situação política está se desenvolvendo de forma impressionante nesse sentido. De 3 a 5 de julho, ações decisivas do nosso lado fracassaram pelo fato de que não tínhamos uma maioria nos apoiando. Desde então, nosso crescimento vem dando passos gigantescos.

O absenteísmo e a indiferença das massas podem ser explicados pelo fato de que as massas estão cansadas de palavras e resoluções.

A maioria está a nosso favor agora. Em termos políticos, a situação está absolutamente madura para a transição de poder.

O movimento agrário também está indo para esse lado, pois está claro que são necessárias forças heroicas para extinguir esse movimento. O lema da transferência de toda a terra tornou-se o lema geral entre os camponeses. Dessa forma, as condições políticas estão prontas. É preciso falar sobre o lado técnico. Aí está toda a questão. No entanto, nós, como os defensistas, estamos inclinados a encarar a preparação sistemática da insurreição como algum tipo de pecado político.

Esperar até a Assembleia Constituinte, que claramente não estará do nosso lado, não tem sentido, pois isso significa complicar nossa tarefa.

O congresso regional e as propostas de Minsk devem ser utilizados para começarmos as ações decisivas.

10/23 de outubro de 1917
Publicado pela primeira vez em 1922
na revista *Proletárskaia Revoliutsia*, nº 10
Impresso segundo o exemplar manuscrito
do registro protocolar

50. O Comitê Central Bolchevique e o poder político — II

Essa segunda reunião do Comitê Central Bolchevique, em menos de uma semana, atesta as extremas tensões e incertezas que marcaram a trajetória do partido às vésperas da insurreição que decidiu a sorte da revolução. Ainda era necessário a V. Lênin e aos adeptos de uma cartada imediata e decisiva persuadir, convencer e vencer as dúvidas e resistências dos seus camaradas mais próximos. Nunca a história pareceu tão imprevisível como então.

REUNIÃO DO COMITÊ CENTRAL DO POSDR (B)

Informe

Ata da reunião

O camarada Lênin anunciou a resolução tomada pelo Comitê Central na reunião anterior. Ele comunicou que a resolução foi tomada contra dois votos. Se os camaradas que fizeram a objeção tiverem o desejo de se pronunciar, é possível abrir para discussões. Enquanto isso, [examinemos] o que motiva essa resolução.

Se os partidos dos mencheviques e SRs rompessem com a conciliação, seria possível propor a eles algum compromisso. A proposta foi feita, mas ficou claro que essa solução foi rejeitada pelos partidos mencionados. Por outro lado, nesse período tornou-se evidente que as massas estão do nosso lado. Isso aconteceu ainda antes do golpe de Kornilov. Como prova, ele apresenta a estatística das eleições de Piter e Moscou. O golpe de Kornilov empurrou as massas para o nosso lado de forma ainda mais definitiva. A correlação de forças na Conferência Democrática. A situação é clara: ou a ditadura de Kornilov, ou a ditadura do proletariado e das camadas mais pobres do campesinato. É impossível nos guiarmos pela disposição da massa, pois ela é inconstante e não permite cálculo; devemos nos guiar por uma análise objetiva e pela avaliação da revolução. As massas depositaram sua confiança nos bolcheviques e exigem deles não palavras, mas ações, uma política decisiva, tanto na luta contra a guerra quanto na luta contra a ruína. Se a análise política da revolução for posicionada na base, isso ficará absolutamente claro, o que, agora, é confirmado até mesmo pelas propostas anarquistas.

Continuando, ele analisou a situação na Europa e demonstrou que ali a revolução será ainda mais difícil do que em nossas terras; se em um país como a Alemanha a situação chegou a uma insurreição na Marinha, isso demonstra que lá também a coisa já chegou longe. A situação internacional nos dá uma série de dados objetivos de que, intervindo agora, teremos toda a Europa proletária do nosso lado; ele demonstrou que a burguesia quer entregar Piter. Só podemos nos salvar disso tomando Petrogrado em nossas mãos. De tudo isso, fica clara a conclusão de que é urgente a insurreição armada, sobre a qual se fala na resolução do Comitê Central.

Quanto às conclusões práticas da resolução, é mais oportuno fazê-las depois de escutar os discursos dos representantes dos centros.

De uma análise política da luta de classes tanto na Rússia quanto na Europa nasce a necessidade da política mais decisiva, mais ativa, que só pode ser a insurreição armada.

Ata da reunião do Comitê Central
do POSDR/Bolcheviques
16/29 de outubro de 1917
Publicado pela primeira vez na revista
Educação Proletária, nº 10, 1927

51. O socialismo moderado e a revolução

A notícia abaixo, publicada pelo *Izvestia*, órgão do Comitê Executivo Central dos Sovietes de Operários e Soldados, evidencia a atitude dos partidos socialistas moderados e dos partidos conservadores contra a realização de reformas antes da Assembleia Constituinte. A apenas quatro dias da insurreição que mudaria o curso dos acontecimentos, mantinha-se a perspectiva protelatória que, afinal, seria fatal ao governo provisório.

DO COMITÊ AGRÁRIO CENTRAL SOBRE O PROJETO DE S. L. MASLOV

Elaborado pelo ministro de Agricultura S. L. Maslov, o projeto de transferência da terra para os Comitês Agrários foi discutido previamente em reunião fechada com o Comitê Agrário Central.

Todos os membros do comitê agrário central concordaram que esse projeto constitui, em essência, o primeiro passo da reforma agrária, empreendida, por força das circunstâncias políticas, antes da convocação da Assembleia Constituinte.

Expressou-se veementemente contra o projeto N. N. Tchernenkov (kadete), que, claro, insistiu que a realização do projeto de S. L. Maslov sem dúvida antecipa a vontade da Assembleia Constituinte.

Falando em nome dos socialistas populares, A. A. Leontiev também se expressou contra o projeto, indicando que ele leva confusão às relações agrárias e diminui as perspectivas de produção de produtos alimentícios.

Os representantes dos SRs apoiaram o projeto, mas eles também concordaram que o projeto contém muitas imprecisões que podem provocar uma série de equívocos.

Como resultado das discussões, o Comitê Agrário Central deliberou comunicar ao governo provisório a necessidade de reelaboração do projeto de S. L. Maslov em suas partes mais essenciais.

Todas as reuniões noturnas do governo provisório foram dedicadas ao exame do projeto do ministro de Questões Agrárias, S. L. Maslov, a respeito da transferência da terra para os comitês agrários.

Os ministros se pronunciaram no sentido de que o projeto não está suficientemente elaborado e fundamentado do ponto de vista jurídico.

O governo provisório determinou a formação de uma comissão, com os ministros mais interessados, para estudar detalhadamente um projeto de lei que, em essência, será examinado na reunião do governo provisório do dia 20 de outubro.

Novaia Jizn, nº 160, 21 de outubro/
3 de novembro de 1917

52. As controvérsias entre os bolcheviques

O texto de V. Lênin evidencia controvérsias no Partido Bolchevique, desmontando, por um outro ângulo, a ideia de que os bolcheviques constituíam um partido monolítico. A discussão diz respeito às declarações públicas de L. Kamenev e G. Zinoviev, denunciando os preparativos para a insurreição revolucionária de Petrogrado. I. M. Sverdlóv era secretário de organização do partido, muito respeitado e admirado pelos camaradas.

CARTA A IAKOV M. SVERDLÓV

Ao camarada Sverdlóv,

Só ontem à noite soube que Zinoviev negou *por escrito* sua participação na declaração de Kamenev no *Novaia Jizn*.

Como é que vocês não me mandam nada disso???

Enviei todas as cartas sobre Kamenev e Zinoviev apenas para os membros do Comitê Central. Vocês sabem disso; não é estranho que, depois, vocês pareçam duvidar?

Pelo visto, não vou conseguir estar no plenário, pois estão me "pegando". Sobre o caso de Zinoviev e Kamenev, se *vocês* (+ Stálin, Sokolnikov e Dzerjinski) exigem uma solução conciliadora, façam *contra* mim uma proposta de entrega do caso a um tribunal do partido (os fatos estão claros, também Zinoviev *estava produzindo* conscientemente o fracasso): isso será um adiamento.

"A renúncia de Kamenev foi aceita"? Do Comitê Central? Mandem o texto da declaração dele.

O cancelamento da manifestação dos cossacos é uma *vitória* gigantesca. Viva! Devemos *atacar* com todas as forças e teremos a vitória completa em alguns dias! Meus melhores cumprimentos! Seu,

Escrito em 22 ou 23 de outubro/
4 ou 5 de novembro de 1917
Publicado pela primeira vez em 1957 no livro
Insurreição armada de outubro em Petrogrado.
Moscou: Ed. da Academia de Ciências da URSS
Publicado segundo o manuscrito

53. A urgência da revolução

Nos momentos imediatamente anteriores ao desencadeamento da insurreição revolucionária de Petrogrado, o texto evidencia a aflição de V. Lênin e sua relativa falta de confiança nos camaradas bolcheviques. Na reflexão de V. Lênin, a revolução estava em grande perigo, embora a história posterior não tenha comprovado a validade de sua apreensão. Por outro lado, é visível sua preocupação de que o poder fosse "tomado", e o governo provisório, deposto, antes da abertura do Congresso dos Sovietes.

CARTA AOS MEMBROS DO COMITÊ CENTRAL

Camaradas!

Escrevo estas linhas no fim da tarde do dia 24, e a situação é a mais crítica possível. Está mais do que claro que agora qualquer demora na insurreição é realmente a morte.

Com todas as minhas forças, concito os camaradas a se convencerem de que agora tudo está por um fio, que há questões na ordem do dia que não se decidem por reuniões nem congressos (mesmo que seja o Congresso dos Sovietes), mas exclusivamente pelos povos, pela massa, pela luta das massas armadas.

A pressão burguesa dos kornilovistas e a remoção de Verkhóvski mostram que não podemos esperar. É preciso, aconteça o que acontecer, aprisionar hoje à tarde, ou à noite, o governo, depois de desarmar (e vencer, se houver resistência) os *junkers* etc.

Não podemos esperar!! Podemos perder tudo!!

O valor da tomada imediata do poder: defender o *povo* (não o congresso, mas o povo, o Exército e os camponeses em primeiro lugar) do governo de Kornilov, que expulsou Verkhóvski e armou a segunda conspiração kornilovista.

Quem deve assumir o poder?

Isso agora não é importante: deixem que assuma o Comitê Militar Revolucionário "ou outra instituição" que declare que só vai entregar o poder aos verdadeiros representantes dos interesses do povo, dos interesses do Exército (proposta de paz imediata), dos interesses dos camponeses (tomada da terra imediata, abolição da propriedade privada), dos interesses dos famintos.

É preciso que sejam mobilizadas todas as regiões, todos os regimentos, todas as forças agora mesmo, e que delegações sejam enviadas de imediato para o Comitê Militar Revolucionário, para o Comitê Central Bolchevique, exigindo insistentemente: em nenhuma hipótese deixar o poder nas mãos de Kerenski e companhia até o dia 25, de forma alguma; decidir a questão hoje sem falta, de tarde ou de noite.

A história não perdoará uma demora de revolucionários que podem vencer hoje (e certamente vencerão hoje) e que amanhã arriscam perder muito, perder tudo.

Ao tomar o poder hoje, não o tomamos contra os sovietes, mas para eles.

A tomada de poder é um feito da insurreição; seu objetivo político se esclarecerá depois que o poder for tomado.

Seria a ruína ou uma mera formalidade esperar pela votação de 25 de outubro, o povo tem o direito e o dever de decidir essas questões não por votação, mas pela força;

o povo tem o direito e o dever de, nos momentos críticos da revolução, dirigir seus representantes, até seus melhores representantes, e não esperar por eles.

É o que mostra a história de todas as revoluções, e seria um imenso crime dos revolucionários deixar escapar o momento, sabendo que depende deles a *salvação da revolução*, a proposta de paz, a salvação de Piter, a salvação de quem passa fome, a transferência da terra para os camponeses.

O governo está vacilando. É preciso *terminar de liquidá-lo*, custe o que custar.

Uma demora em intervir será a morte.

Escrito em 24 de outubro/6 de novembro de 1917
Publicado segundo a cópia datilografada
In V. Lênin, *Obras completas*, v. 34, pp. 394 ss.

54. O Comitê Militar Revolucionário e a revolução

Na manhã de 25 de outubro, antes da abertura dos trabalhos do II Congresso dos Sovietes, esta proclamação evidencia o papel determinante do Comitê Militar Revolucionário (CMR) do Soviete de Petrogrado no desencadeamento da insurreição revolucionária que derrubou o governo provisório. Assinale-se que, embora a cidade estivesse sob controle, o Palácio de Inverno, sede do governo, ainda não fora tomado pelos revolucionários.

AOS CIDADÃOS DA RÚSSIA!

O governo provisório foi deposto. O poder estatal passou para as mãos do órgão do Soviete de Deputados Trabalhadores e Soldados, o Comitê Revolucionário que lidera o proletariado e a guarnição de Petrogrado.

A causa pela qual o povo lutava: a proposta imediata de paz democrática, a abolição da propriedade da terra, o controle operário sobre a produção, a criação do governo soviético está assegurada.

Viva a revolução dos trabalhadores, soldados e camponeses!

Comitê Militar Revolucionário do Soviete de Deputados Trabalhadores e Soldados de Petrogrado

25 de outubro de 1917, dez horas da manhã
Rabotchi i Soldat [*Trabalhador e Soldado*], nº 8, 25 de outubro/7 de novembro de 1917

55. A Revolução de Outubro pelo olhar do *Novaia Jizn*

A coluna Ізвъстия за день/"Notícias do dia", publicada pelo jornal *Novaia Jizn*, tentava encontrar um ponto equidistante entre as propostas dos partidos socialistas em luta pelo poder na Rússia. Por isso é tanto mais interessante o noticiário seco e preciso dos acontecimentos em curso nos dias 24-25 de outubro/6-7 de novembro de 1917.

Dois aspectos suscitam interesse: o fato de que ainda havia bolcheviques nas cadeias em virtude da tentativa revolucionária de julho de 1917, e a ênfase dos revolucionários vitoriosos na importância e no papel da Assembleia Constituinte.

NOTÍCIAS DO DIA

No curso do dia de ontem, o Comitê Militar Revolucionário ocupou todas as estações de estradas de ferro, postos importantes, estações elétricas e telefônicas; efetuou a detenção de alguns ministros e fechou os sovietes das repúblicas. O governo provisório foi declarado deposto.

A. F. Kerenski, segundo se conta, saiu do país.

De tarde, no Soviete de Deputados Operários e Soldados apresentaram-se Lênin e Zinoviev, que proclamaram o começo da revolução socialista.

Por meio de decretos governamentais, foi concedido

um mandato excepcional a Kichkin, e foram designados seus ajudantes Paltchinski e Rutenberg.

O 1º, 4º e 14º Regimentos Cossacos declararam que não vão intervir contra o Comitê Executivo Central e o soviete de Petrogrado.

Às 19h40, o Estado-Maior do distrito militar se rendeu às tropas do Comitê Militar Revolucionário.

Às 23 horas, foi aberto o Congresso dos Sovietes de Deputados Operários e Soldados. Primeiro, conforme a proposta dos internacionalistas, foi colocada a questão da resolução pacífica da crise. Em virtude da intransigência dos bolcheviques, abandonaram o Congresso os mencheviques, os socialistas revolucionários/SRs e o grupo dos comitês do front.

No fim da tarde houve um bombardeio do Palácio de Inverno.

À noite aconteceu um tiroteio pela cidade. Há vítimas.

No fim da tarde, o governo emitiu um radiotelegrama para comunicar que só poderá transferir o poder para uma Assembleia Constituinte e informou o quartel-general do envio de tropas. Mantidos na prisão pelos acontecimentos de 3-5 de julho, os bolcheviques foram liberados.

Em Kharkov há uma greve geral de tipógrafos. Os jornais não saíram.

Novaia Jizn, nº 150, 25 de outubro/
7 de novembro de 1917

56. A formação do novo governo revolucionário

A resolução do II Congresso dos Sovietes a respeito da constituição do primeiro governo revolucionário é muito expressiva no sentido da afirmação de seu caráter provisório. Havia muita expectativa, de fato, de que ainda seria possível a formação de um governo popular plural, formado pelos vários partidos socialistas que se congregavam no que então era conhecido como a "democracia".

RESOLUÇÃO SOBRE A FORMAÇÃO DO GOVERNO OPERÁRIO E CAMPONÊS

O Congresso Pan-Russo de Deputados Operários, Soldados e Camponeses delibera:

Formar para a administração do país, de agora em diante, até a convocação da Assembleia Constituinte, um governo operário e camponês provisório que se denominará Conselho dos Comissários do Povo. A direção das distintas áreas da vida do Estado fica a cargo das comissões cujos componentes devem assegurar a execução do programa promulgado pelo Congresso, em união íntima com as organizações de massas de operários, operárias, marinheiros, soldados, camponeses e empregados. A autoridade estatal pertence aos colégios de representantes dessas comissões, ou seja, ao Conselho dos Comissários do Povo.

O controle da atividade dos comissários do povo e o direito de sua destituição pertencem ao Congresso Pan-Russo dos Sovietes de Deputados Operários, Camponeses e Soldados e ao seu Comitê Executivo Central.

No momento presente, o Conselho de Comissários do Povo é constituído pelas seguintes pessoas:

Presidente do Conselho: Vladímir Uliánov (Lênin)

Comissário do Povo para Questões Interiores: A. I. Rikov

Agricultura: V. P. Miliutin

Trabalho: A. G. Chliapnikov

Questões Militares e Navais — comitê composto de: V. A. Ovsêienko (Antonov), N. V. Krilenko e P. E. Dibenko

Questões de Comércio e Indústria: V. P. Noguin

Educação Popular: A. V. Lunatchárski

Finanças: I. I. Skvortsov (Stiepánov)

Relações Exteriores: L. D. Bronstein (Trótski)

Justiça: G. I. Oppokov (Lomov)

Questões de Abastecimento: I. A. Teodorovitch

Correios e Telégrafos: N. P. Avilov (Glebov)

Presidente para Questões das Nacionalidades: I. V. Djugachvili (Stálin)

O posto de Comissário do Povo para Questões Ferroviárias permanece provisoriamente não ocupado.

26 de outubro/8 de novembro de 1917
Publicado no *Izvestia*, nº 208, 27 de outubro/
9 de novembro de 1917

57. A resolução revolucionária sobre a paz

O Decreto sobre a Paz desempenhou papel absolutamente central na legitimação do novo governo revolucionário. Aspiração crescente da sociedade e, em especial, dos soldados e marinheiros, a abertura imediata das negociações visando a um armistício e a um tratado de paz estabeleceu um divisor de águas em relação aos vários governos provisórios anteriores, caracterizados por posições ambíguas e protelatórias em relação ao assunto.

DECRETO SOBRE A PAZ

26 de outubro (8 de novembro)

A questão da paz é uma questão candente, a questão dolorosa da atualidade. Muito foi dito e escrito sobre ela, e vocês todos provavelmente não a discutiram pouco. Por isso, permitam-me passar à leitura da declaração que deve ser publicada pelo governo eleito por vocês.

Decreto

O governo dos trabalhadores e camponeses formado pela revolução de 24-25 de outubro e que tem base nos Sovietes de Deputados Operários, Soldados e

Camponeses propõe a todos os povos em guerra e a seus governos o começo imediato das negociações de uma paz justa e democrática.

Por paz justa e democrática ansiada pela esmagadora maioria dos trabalhadores e das classes trabalhadoras de todos os países combatentes, esgotadas, em frangalhos e atormentadas pela guerra — paz que os trabalhadores e camponeses russos exigiram da forma mais clara e insistente depois da derrubada da monarquia tsarista —, por essa paz, o governo entende uma paz imediata sem anexações (ou seja, sem tomada de terras alheias, sem a incorporação violenta de outros povos) e sem indenizações.

É essa a paz que o governo da Rússia propõe estabelecer com todos os povos em guerra imediatamente, e expressa decisão em tomar agora mesmo, sem a menor demora, todos os passos decisivos de agora em diante, até a ratificação final de todas as condições dessa paz pelas assembleias plenipotenciárias dos representantes populares de todos os países e de todas as nações.

Por anexação ou tomada de terras alheias o governo entende, conforme a noção jurídica geral da democracia e das classes trabalhadoras em particular, todo tipo de incorporação de um povo pequeno ou fraco a um Estado grande ou forte sem uma expressão precisa, clara e voluntária de consentimento e desejo desse povo, independentemente de quando essa incorporação forçada foi levada a cabo, independentemente também de quão desenvolvida ou atrasada for a nação incorporada à força ou mantida à força dentro das fronteiras de determinado Estado. Independentemente, por fim, de se essa nação fica na Europa ou em países de além-mar.

Se essa nação, não importa qual, é mantida à força dentro das fronteiras de um determinado Estado, se, a despeito do seu desejo expresso — não importa se esse desejo foi expresso na imprensa, em assembleias populares, em decisões dos partidos ou em revoltas e insurreições contra o jugo nacional —, ela não dispõe do direito de votar livremente, com a completa retirada das tropas que fizeram a incorporação ou da nação mais forte de uma maneira geral, e decidir sem a menor coerção a questão da forma de existência do Estado dessa nação, então sua incorporação é uma anexação, isso é, uma subjugação e uma violência.

Prosseguir com essa guerra para dividir entre as nações fortes e ricas as populações fracas dominadas por elas, isso o governo considera o crime supremo contra a humanidade e declara solenemente sua determinação em assinar de imediato condições de paz para cessar essa guerra nas disposições já mencionadas, igualmente justas para todos os povos sem exceção.

Junto com isso, o governo declara que de modo algum considera as supracitadas condições de paz um ultimato, ou seja, concorda em examinar quaisquer outras condições para a paz, insistindo apenas que sua proposta seja feita o mais rápido possível por algum dos países em guerra, não importa qual, na mais completa clareza e na exclusão incondicional de toda a ambiguidade e de todo o segredo ao propor as condições de paz.

O governo revoga qualquer acordo diplomático secreto, e expressa de seu lado o firme propósito de conduzir todas as negociações de forma aberta diante de todo o povo, além de dar início imediato à completa publicação dos tratados secretos mantidos ou concluídos pelo governo dos proprietários de terras e capitalistas desde fevereiro até 25 de outubro de 1917. Todo o conteúdo desses acordos secretos, já que tinham como objetivo, na maioria dos casos, a obtenção de vantagens e privilégios dos proprietários de terras e capitalistas russos, a manutenção ou o aumento das anexações do território dos grão-russos, o governo o declara imediata e incondicionalmente cancelado.

Dirigindo-nos aos governos e povos de todos os países com a proposta de um início imediato das negociações para o estabelecimento da paz, o governo expressa de seu lado a decisão de conduzir essas negociações tanto por meio escrito e por telégrafo quanto por conversas entre representantes de diversos países ou conferências desses representantes. Para facilitar essas negociações, o governo enviará seu próprio representante plenipotenciário para países neutros.

O governo propõe a todos os governos e povos de todos os países em guerra um acordo imediato de trégua, e ademais, de sua parte, considera desejável que a trégua seja de no mínimo três meses, ou seja, por um período que possibilite efetivamente concluir as negociações de paz com a participação de representantes de todos os povos ou nações envolvidos na guerra ou obrigados a participar dela, sem exceção, e a convocação de reuniões plenipotenciárias dos representantes nacionais de todos os países para a ratificação final das condições de paz.

Com essa proposta de paz dirigida aos governos e povos de todos os países em guerra, o governo provisório operário e camponês da Rússia dirige-se também e em especial aos trabalhadores com consciência de classe das três nações mais avançadas da humanidade e maiores participantes na atual guerra entre Estados: Inglaterra, França e Alemanha. Os trabalhadores desses países prestaram grande serviço ao progresso e ao socialismo: com os importantes exemplos do movimento cartista na Inglaterra; com a série de revoluções de importância mundial e histórica realizadas pelo proletariado francês; e, por fim, com a luta heroica, persistente e disciplinada, exemplo para os trabalhadores de todo o mundo, de criação de organizações proletárias de massa na Alemanha, e de suas lutas contra a lei que excluía os trabalhadores e contra as longas jornadas de trabalho. Todos esses exemplos de heroísmo proletário e criatividade histórica servem-nos como garantia de que os trabalhadores dos países mencionados entenderão a tarefa que agora repousa sobre eles, a tarefa de libertar a humanidade dos horrores da guerra e de suas consequências, e de que sua ação operária multilateral, decisiva e francamente enérgica nos ajudará a conquistar com êxito até o fim a causa da paz e, junto com isso, a libertação das massas trabalhadoras e exploradas do povo de toda a escravidão e toda a exploração.

O governo operário e camponês criado na revolução de 24 e 25 de outubro e com base no Soviete de Deputados Operários, Soldados e Camponeses deve dar início às negociações de paz imediatamente. Nosso apelo deve ser dirigido tanto aos governos quanto aos povos. Não podemos ignorar os governos, pois isso retardaria a possibilidade de estabelecer a paz, e um governo popular não ousa fazer isso, mas não temos nenhum direito de deixar de dirigir-nos aos povos ao mesmo tempo. Em toda a parte, governos e povos estão separados, e por isso devemos ajudar os povos a participar das questões da guerra e da paz. Claro, vamos defender por todos os meios nosso programa de paz integral, sem anexações e indenizações. Não vamos retroceder, mas devemos tirar das mãos de nossos inimigos a possibilidade de dizer que tem outras condições, e por isso não adianta entrar em negociações conosco. Não, devemos tirar deles essa posição vantajosa e não propor nossas condições como um ultimato. Por isso está incluída a disposição de examinar todas as condições de paz, todas as propostas. Examinaremos, o que não significa que aceitaremos. Nós as levaremos à discussão na Assembleia Constituinte, que tomará soberanamente a decisão do que podemos ou não ceder. Estamos lutando contra o engano dos governos que se enchem de palavras para falar de paz e justiça, mas em seus atos conduzem uma guerra usurpadora e extorsiva. Nenhum governo dirá tudo o que pensa. Mas somos contra a diplomacia secreta e vamos agir abertamente diante de todo o povo. Não estamos fechando, nem no passado fechamos, os olhos para as dificuldades. Não é possível terminar uma guerra com uma recusa, não é possível terminar uma guerra unilateralmente. Propomos uma trégua de três meses, mas não rejeitamos um prazo mais curto, para que, ao menos por algum tempo, nosso Exército extenuado possa respirar livremente; além disso, em todos os países desenvolvidos é necessário reunir assembleias populares para discutir as condições.

Ao propor que se inicie uma trégua imediatamente, nos dirigimos aos trabalhadores com consciência de classe dos países que muito fizeram para o desenvolvimento do movimento proletário. Nós nos dirigimos aos trabalhadores da Inglaterra, onde houve o movimento cartista, aos trabalhadores da França, que em repetidas revoluções mostraram toda a força de sua consciência de classe, e aos trabalhadores da Alemanha, que conduziram a luta contra as leis sobre os socialistas e criaram organizações poderosas.

No manifesto de 14 de março, propusemos derrubar os banqueiros, mas não derrubamos os nossos próprios, e até fizemos alianças com eles. Agora derrubamos o governo dos banqueiros.

O governo e a burguesia farão todos os esforços para

se unir e esmagar em sangue a revolução operária e camponesa. Mas os três anos de guerra ensinaram o suficiente para as massas. O movimento soviético em outros países, a insurreição da Marinha alemã, reprimida pelos *junkers* do carrasco Guilherme. Por fim, é preciso lembrar que não vivemos nas profundezas da África, mas na Europa, onde se fica sabendo de tudo rapidamente.

O movimento operário vencerá e abrirá a estrada para a paz e o socialismo. [Aplausos longos e contínuos.]

Publicado no *Izvestia*, nº 208, 27 de outubro/
9 de novembro de 1917

58. Os mencheviques e o II Congresso Soviético

A reportagem sobre o Congresso dos Sovietes, publicada pelo jornal dos mencheviques, mostra o empenho de J. Martov no sentido de construir uma alternativa revolucionária plural que se concretizaria num governo constituído pelos vários partidos socialistas e populares.

SESSÃO NOTURNA EXTRAORDINÁRIA DO COMITÊ EXECUTIVO CENTRAL DOS SOVIETES DE DEPUTADOS OPERÁRIOS, SOLDADOS E CAMPONESES

A sessão é aberta à 24h25 da madrugada sob a presidência do camarada Gots. O presidente comunica à assembleia que na ordem do dia consta a questão sobre a avaliação do momento presente.

Discurso de Martov

Sobre a questão dos acontecimentos em curso, o camarada Martov assinala que, sem dúvida, entre os membros do Comitê Executivo Central (CEC), não há quem negue o direito do proletariado à insurreição. Mas, no atual momento, as condições para tanto não são favoráveis. E, embora os mencheviques internacionalistas não se oponham à passagem do poder para as mãos da democracia, eles se manifestam decididamente contra os métodos pelos quais os bolcheviques lutam por esse poder. O camarada Martov encerra com a indicação de que o CEC fez bem quando colocou na ordem do dia da sessão a questão sobre o momento presente, pois ele não cumpriria seu dever revolucionário se não realizasse um balanço das forças. Martov conclama a assembleia a aderir à resolução adotada pelo Conselho da República.

O Congresso dos Sovietes

Antes da abertura

Ao abrir-se o II Congresso Pan-Russo dos Sovietes, estavam presentes 562 delegados, dos quais 532 indicaram vínculos com algum partido. Os delegados partidários distribuem-se da seguinte forma: 252 bolcheviques, quinze internacionalistas unificados, 65 mencheviques (dos quais trinta internacionalistas e 21 defensistas [*oborontsy*]), sete sociais-democratas nacionais, 155 socialistas revolucionários (SRs, dos quais dezesseis de direita). [...] Ocorrem o tempo todo reuniões das frações do congresso, principalmente dos mencheviques e SRs. Às nove horas da noite verificou-se que os mencheviques, também incluídos aí os internacionalistas, não julgam possível apoiar nem mesmo indiretamente a aventura bolchevique nem entrar em nenhuma combinação que seja, com relação à composição dos órgãos de poder. Por isso os mencheviques decidiram renunciar à participação no congresso e, tendo formulado sua declaração, abandoná-lo.

Abertura do congresso

Proposta de Martov

Em nome da fração menchevique internacionalista e do Partido Operário Social-Democrata Judeu, Martov apresenta a proposta, em primeiro lugar, de colocar na ordem do dia a questão da resolução pacífica da crise atual. Martov declara que a fração menchevique internacionalista não julga possível assumir a responsabilidade política pela aventura empreendida pelos bolcheviques. Cumpre tomar medidas, diz o orador, para suspender as operações militares de ambos os lados. Martov insiste em que a questão da resolução pacífica dos conflitos seja colocada em primeiro lugar para ser decidida pelo congresso, pois ela é extremamente séria e a guerra civil já começou. Todas as frações aderem à proposta de Martov.

Resoluções dos mencheviques

Considerando: 1) que uma conspiração armada foi organizada e realizada pelo partido bolchevique em nome dos sovietes nas costas de todos os outros partidos e frações neles representados; 2) que a tomada do poder pelo soviete de Petrogrado na véspera do Congresso dos Sovietes constituiu uma perturbação e uma sabotagem de toda a organização soviética e solapou o significado do congresso como representante plenipotenciário da democracia revolucionária; 3) que essa conspiração está arrastando o país a uma guerra civil, frustrando a Assembleia Constituinte, concorrendo para a catástrofe militar e levando ao triunfo da contrarrevolução; 4) que a única saída pacífica possível dessa situação continuam sendo as negociações com o governo provisório sobre a formação de um poder baseado em todos os estratos da democracia; 5) que o POSDR (unificado) considera sua obrigação diante da classe operária não apenas afastar de si toda responsabilidade pelas ações bolcheviques encobertas pela bandeira dos sovietes, mas também advertir os operários e soldados contra uma política aventureira e nociva para o país e a revolução; a fração do POSDR (unificado) está deixando o presente congresso, convidando todas as outras frações que, assim como ela, recusam-se a assumir a responsabilidade pelas ações dos bolcheviques, a reunirem-se imediatamente para debater a situação.

O Congresso dos Sovietes

Na sessão noturna de 25 de outubro, após as declarações dos S[ocialistas] R[evolucionários] e dos mencheviques, o camarada Erlikh toma a palavra para uma declaração não inscrita na ordem do dia.

Segunda declaração do camarada Martov

As notícias que se apresentam aqui exigem de nós, com ainda mais insistência, passos resolutos. [Aparte: "Que notícias? São apenas boatos".] Aqui se relatam não apenas boatos, mas, se vocês chegarem mais perto das janelas, também ouvirão os disparos de canhões. Se vocês querem que o seu congresso seja idôneo, não apenas porque ele está constituído conforme quaisquer estatutos, mas porque corresponde aos terríveis fatos do dia, vocês devem imediatamente adotar uma resolução afirmando que o congresso considera indispensável a resolução pacífica do conflito. É preciso formar imediatamente um governo democrático inclusivo, o qual a democracia toda reconheça. O congresso precisa dizer se deseja cessar o banho de sangue. Para encerrar, o camarada Martov pronuncia a declaração dos mencheviques internacionalistas e do Partido Operário Social-Democrata Judeu "Poalei Tsion" [Trabalhadores de Sion].

A saída dos internacionalistas

O camarada Kapelinski apresenta a declaração não inscrita na ordem do dia, em nome dos mencheviques internacionalistas e do Partido Operário Social-Democrata Judeu "Poalei Tsion". Acreditamos que no presente momento a situação é terrível, e cumpre tomar medidas urgentes para evitar uma guerra civil que arruinará a revolução. É necessário encontrar um caminho pacífico para solucionar a crise, e, quanto a isso, nada há a discutir. De nossa parte foi feita a proposta de enviar uma delegação a todas as organizações democráticas para formar um poder democrático. Nossa proposta não apenas não encontrou simpatia, mas também recebeu desaprovação. Tudo isso nos obrigou a abandonar a sessão do congresso. Mas cada momento é precioso, e visto que, apesar de tudo, a atitude negativa para com nossa proposta não teve aqui manifestação incisiva, então voltamos para colocar a questão de uma discussão imediata. Pois bem, nós propomos mais uma vez escolher uma delegação que vá a cada organização democrática. Podemos e devemos todos convergir quanto a isso se queremos de fato formar uma frente revolucionária unida. Lembrem-se de que tropas estão se aproximando de Petrogrado! A catástrofe nos ameaça! Se uma delegação não for imediatamente escolhida, nós sairemos do congresso.

Rabochaia Gazeta [*Jornal dos Operários*],
nº 196, 26 de outubro de 1917

59. O controle operário

As propostas sobre o controle operário foram trabalhadas, desde o primeiro semestre de 1917, pelas conferências e pelos congressos dos comitês de fábrica. Tais organizações, que existiram em paralelo aos sovietes, constituídas principalmente por operários, registravam a hegemonia bolchevique desde o mês de maio e uma presença importante de grupos anarquistas. Observe-se que a perspectiva da estatização das indústrias e sua gestão centralizada, traços marcantes do socialismo soviético, ainda não aparecem.

PROJETO DE DECRETO SOBRE O CONTROLE OPERÁRIO

1) Em todas as empresas industriais, comerciais, bancárias, agrícolas e similares, com um número de operários e funcionários (ao todo) de, no mínimo, cinco pessoas, e com um fluxo de, no mínimo, 10 mil rublos por ano, está decretado o *controle operário* sobre a produção, armazenamento e compra/venda de todos os produtos e matéria-prima.
2) Exercerão o controle operário todos os trabalhadores e funcionários das empresas, de imediato, se a empresa for pequena o suficiente para que isso seja possível, ou por meio de seus represen-

tantes eleitos, que devem ser escolhidos *imediatamente* em assembleias gerais, com atas de eleição, e os nomes escolhidos devem ser enviados para o governo e para os Sovietes Locais de Deputados Trabalhadores, Soldados e Camponeses.

3) Sem a autorização dos representantes eleitos dos operários e funcionários, é terminantemente proibida a paralisação da empresa ou da produção de importância nacional (ver parágrafo 7), assim como qualquer alteração em seu funcionamento.

4) *Todos* os livros de contabilidade e documentos, sem exceção, devem estar abertos para os representantes eleitos, assim como *todos* os depósitos e estoques de material, instrumentos e produtos, sem nenhuma exceção.

5) As decisões dos representantes eleitos dos operários e funcionários são obrigatórias para os proprietários da empresa e só podem ser anuladas pelos sindicatos e congressos sindicais.

6) Em todas as empresas de importância nacional, *todos* os proprietários e *todos* os representantes eleitos pelos trabalhadores e funcionários para a realização do controle operário são declarados responsáveis perante o governo pela mais rigorosa ordem, disciplina e proteção de bens. Os culpados por negligência e ocultação de estoques, relatórios etc. serão punidos com o confisco de todos os bens e prisão por até cinco anos.

7) São consideradas empresas de importância nacional todas as empresas que trabalham para a defesa, assim como as que estão, de uma forma ou de outra, relacionadas à produção de artigos necessários para a vida da massa da população.

8) Regras mais detalhadas do controle operário serão estabelecidas pelos Sovietes Locais de Deputados Trabalhadores e pelas conferências dos

comitês de fábrica e de funcionários, bem como pelos comitês de trabalhadores nas assembleias gerais de seus representantes.

Escrito dia 26 ou 27 de outubro
(8 ou 9 de novembro) de 1917
Publicado pela primeira vez em 1929,
na segunda e terceira edições
das *Obras de V. I. Lênin*, tomo XXII
Publicado de acordo com o manuscrito

60. O armistício

O texto em manchete do *Pravda*, publicado alguns dias depois da insurreição vitoriosa, apresenta um primeiro êxito revolucionário — um armistício com a Alemanha. E revela também a expectativa dos revolucionários russos num poderoso movimento internacional que obrigasse os governos beligerantes a se encontrarem para elaborar um tratado de paz.

A ALEMANHA CONCORDOU EM FAZER UM CESSAR-FOGO EM TODOS OS FRONTS

Os trabalhadores e soldados de todos os países devem fazer seus governos concordarem com a suspensão dos combates.

Ousarão as burguesias francesa e inglesa derrotar a causa da paz justa de todos os povos?

Trabalhadores ingleses e franceses, proletários da Itália, soldados de todos os países em guerra! Convocamos vocês para se unirem ao cessar-fogo, derrubando o poder dessa burguesia que lhes envia para a morte.

A Revolução Russa conseguiu sua primeira vitória sobre a guerra. Soldados, trabalhadores, camponeses! Todos de pé, juntos ao Soviete dos Comissários do Povo, pela causa da paz e do socialismo.

Pravda, nº 171, 28 de outubro/12 de novembro de 1917

61. A desagregação do poder após outubro

Logo depois da insurreição vitoriosa em Petrogrado, desencadeia-se um processo de desagregação fulminante do poder e de suas instituições (que já estava em curso), inclusive na frente de batalha. A notícia a seguir dá conta dessa situação, prenunciadora da guerra civil.

A SITUAÇÃO NA FRENTE DE BATALHA

Uma fonte absolutamente fidedigna comunica o seguinte:

No domingo e na segunda-feira, Kerenski recebeu uma série de comunicados que relatam a completa derrocada do front, precipitada pela agitação dos bolcheviques. A interrupção das atividades das instituições governamentais e a profunda desordem que tomou uma série de cidades da Rússia se refletiram fortemente no front. Além disso, em alguns lugares específicos tiveram início intervenções das massas contra os comitês. Por exemplo, no 12º Congresso do Exército, não se pôde trabalhar corretamente por causa dos bolcheviques. As unidades letãs ameaçaram prender o congresso se ele não assumisse o ponto de vista do bolchevismo. E ali a cada minuto podia eclodir uma guerra civil entre os bolchevistas do Exército e as unidades letãs. Ao mesmo tempo, foram recebidas informações sobre o começo do avanço dos alemães na região do Primeiro Exército, e em consequência nossas tropas começaram a se retirar sem a menor oposição.

Tudo isso tomado em conjunto mostrou indubitavelmente que o front não pode mais suportar esse descalabro interno.

Novaia Jizn, nº 157, 1/14 de novembro de 1917

PARTE III
O NOVO PODER: DITADURA OU DEMOCRACIA

62. Por um governo socialista plural

A manchete abaixo, publicada no *Novaia Jizn*, seis dias depois da insurreição vitoriosa, evidencia a proposta de boa parte dos socialistas moderados para que se constituísse uma frente pluripartidária — socialista — na direção da revolução vitoriosa. O jornal, dirigido por M. Górki, era uma das poucas vozes independentes no cenário radicalizado da revolução em curso.

O DERRAMAMENTO DE SANGUE DEVE SER DETIDO! A REVOLUÇÃO DEVE SER SALVA! Só poderemos fazer isso de uma maneira — com um acordo de todos os partidos socialistas, que inclua desde os bolcheviques ATÉ OS SOCIALISTAS POPULARES!

Novaia Jizn, nº 155, 30 de outubro/
12 de novembro de 1917

63. O governo revolucionário e a repressão

Um pouco mais de um mês depois da vitória da insurreição de outubro, o decreto abaixo é representativo das tendências repressivas que passariam a caracterizar a ação do novo governo do Conselho dos Comissários do Povo. Dirigido inicialmente contra o Partido Constitucional-Democrata, considerado "inimigo do povo", muito cedo tais tendências, e o uso ampliado do termo, passariam a atingir outros agrupamentos políticos que faziam oposição aos bolcheviques e ao CCP.

DECRETO DE PRISÃO DOS LÍDERES DA GUERRA CIVIL CONTRA A REVOLUÇÃO

Os membros da liderança do partido dos kadetes, como um partido de inimigos do povo, estão sujeitos a serem presos e levados a julgamento nos tribunais revolucionários.

Os sovietes locais ficam encarregados da obrigação de vigilância especial sobre o partido dos kadetes, tendo em vista suas conexões com a guerra civil de Kornilov e Kaledin contra a revolução.

O decreto entra em vigor a partir do momento de sua assinatura.

Presidente do Soviete de Comissários do Povo,
V. Uliánov (*Lênin*)
Petrogrado, 28 de novembro de 1917
22h30
Pravda, nº 23 (edição vespertina),
29 de novembro/12 de dezembro de 1917,
e *Izvestia*, nº 239, 29 de novembro de 1917
Publicado segundo o manuscrito

64. J. Martov, os mencheviques e a revolução vitoriosa

CONGRESSO NACIONAL EXTRAORDINÁRIO DO PARTIDO OPERÁRIO SOCIAL-DEMOCRATA DA RÚSSIA/POSDR (UNIFICADO)

Em novembro de 1918, os mencheviques mantinham-se ainda ligados à denominação tradicional — POSDR —, embora os bolcheviques já tivessem, desde o mês de março anterior, mudado sua denominação para Partido Comunista da Rússia (bolchevique). O apêndice à denominação — "unificado" — era um tributo prestado a um passado que se esvanecia. Embora o congresso dos mencheviques tenha se realizado num momento posterior à periodização da presente antologia (que se encerra em março de 1918, com o Tratado de Brest-Litovski), considerou-se interessante divulgar as intervenções de J. Martov por três razões: a) como evidência de que havia ainda margens de liberdade para críticas — embora precárias e intermitentes; b) pela consistência das análises do autor, alternativas ao discurso oficial do poder; c) por não serem nada conhecidas do público brasileiro.

O CONGRESSO É ABERTO EM 30 DE NOVEMBRO, AO MEIO-DIA

O atual momento

Esgotadas as declarações extraordinárias, o congresso passa a discutir o primeiro ponto da ordem do dia: a questão do atual momento e das tarefas do partido na Assembleia Constituinte. Relatores: Liber, Martov e Potresov.

Discurso de J. Martov

O próximo a discursar é o camarada Martov.

O golpe de 25 de outubro não foi casual, mas predeterminado pelo curso inteiro da Revolução Russa. O encerramento da guerra, a criação de condições para o desenvolvimento normal da vida econômica e a solução radical da questão agrária são os três problemas fundamentais de nossa revolução. Elas foram rapidamente assimiladas pelas massas, e o curso ulterior da revolução dependia de quais forças sociais podiam se candidatar para realizar essas tarefas. Objetando ao camarada Liber, o camarada Martov afirma que, no curso da revolução, os burgueses podem implantar as fundações da nova ordem, mas a própria revolução é capaz de ultrapassar suas forças criadoras e, como se deu com as revoluções no Ocidente, pode chegar uma hora em que a revolução burguesa vai se desenrolar contra a burguesia. Isso também ocorreu conosco. Em seguida o camarada Martov demonstra que a democracia pequeno-burguesa e rural não tinha forças para realizar as tarefas da revolução, por não ver em si a vontade de livrar-se da atração pelas classes proprietárias, de atuar sem elas e contra elas. A coalizão com a burguesia e o esforço em fazer a todo custo o poder de Estado na revolução representar toda a nação tornaram a pequena burguesia imprestável para o papel de líder nacional da revolução, apesar de toda a possibilidade de receber o apoio do proletariado. E aqui uma notável parte da responsabilidade recai sobre nosso partido, que, graças às particularidades da evolução da Revolução Russa, exerceu tão forte influência sobre a democracia pequeno-burguesa. Com nossa atitude favorável à ideia de coalizão, tão longamente predominante no partido, refreamos a autodeterminação da democracia burguesa. Havia muito a coalizão já estava superada, e apenas a ação bolchevique de 3-5 de julho prolongou seus dias. A rebelião de Kornilov, tendo despertado um enorme crescimento de energia nas massas da democracia, criou um fato novo: em quase toda a parte os poderes locais passaram para as mãos dos órgãos revolucionários. Isso criou um ensejo para uma difusão extraordinariamente ampla da ideia de um governo revolucionário homogêneo. Mas a deliberação democrática não seguiu por esse caminho, e resultou que a aguda contradição entre o humor das massas e a organização do poder central ficou visível a todos; e a única pergunta era se ocorreria um estouro antes da Assembleia Constituinte ou se esta o debelaria. Tanto à esquerda quanto à direita havia grupos interessados em que a questão fosse resolvida por meio de uma explosão espontânea. A coalizão com os burgueses, pela incapacidade deles de cumprir as tarefas da revolução, impeliu o proletariado à ideia de que a solução delas era viável com suas próprias forças. Isso isolou o proletariado, mas a mobilização de 10 milhões de camponeses fez da massa de soldados provisoriamente marginalizados um aliado do proletariado. Deu-se então que o caminho espontâneo já é uma realidade. Antes de tudo devemos constatar que o golpe de outubro, apesar de nos opormos a seu formato, impôs-se tarefas objetivamente progressistas. É indiscutível que o golpe, como toda tentativa de colocar tarefas objetivamente irrealizáveis, pode ser o prólogo da contrarrevolução, mas também pode não terminar em fracasso. A única questão é sobre de que maneira será efetuada a liquidação desse golpe: se na forma da derrocada da Revolução Russa ou por meio da restauração da unidade do movimento proletário e da coordenação das forças do proletariado e da democracia pequeno-burguesa. O fato de não estarem cumpridas as tarefas básicas da revolução e de serem impróprios os meios adotados pelos bolcheviques para resolvê-las vai criar a possibilidade de seguir uma segunda via. Isso explica a popularidade do lema do poder revolucionário unido, dos s[ocialistas] p[opulares] aos bolcheviques. Essa é a única chance de salvar a revolução. Pode ser que, quando os bolcheviques concordarem com ela, já seja tarde; mas nossa tarefa é tomar uma posição que evite que a responsabilidade por esse fracasso recaia sobre o partido da classe operária. Toda nossa tática na Assembleia Constituinte deve ser construída de modo que esse princípio básico oriente cada [membro] individual de nosso partido. Alguns nutrem a ilusão de que, na Assembleia Constituinte, graças à vitória dos s[ocialistas] r[evolucionários], será possível um governo homogêneo sem os bolcheviques e sem elementos censitários. É um engano. Tal poder precisaria se esquivar da pressão das massas proletárias, ainda majoritariamente atraídas pelos bolcheviques, e ele seria, além disso, obrigado a apoiar-se na fração de direita da Assembleia Constituinte, o que significaria uma restauração dissimulada da coalizão. Mas, agora, depois do que aconteceu, tal coalizão só é possível passando por cima dos cadáveres do movimento proletário. Mesmo que somente parte da burguesia se aloje no poder, resta-lhe apenas atuar como uma ditadura contrarrevolucionária. O proletariado deve recusar os métodos anárquicos da ditadura contra a democracia; mas a democracia também deve renunciar à ideia de formar um poder sem os proletários. O orador antevê que o desenrolar da luta pelo poder na Assembleia Constituinte será inevitável, e que os atuais detentores do mando não vão largá-lo sem luta. Mas a luta do partido do proletariado deve ser compreendida como uma luta por uma reeducação, ou melhor, por uma primeira educação política. À medida que forem crescendo os inevitáveis conflitos internos dos bolcheviques, devemos aparecer na qualidade de uma força que coligue o proletariado em torno da ideia da Assembleia Constituinte. Não temos interesse em acelerar a crise, objetivo que, conforme vemos, é o dos bolcheviques. Para nossos fins, pelo contrário, é proveitosa uma solução gradual da crise. Devemos admitir, além disso, que não temos influência sobre as amplas massas, e nossa tarefa é congregá-las. Para isso, devemos conservar a plena independência de classe. Claro que isso não exclui acordos, mas exclui a dissolução. Precisamos de uma política tal que excluiria qualquer adaptação no sentido de uma força resultante comum, pois a resultante deverá aparecer como fruto de luta dessas forças.

Sessão da manhã de 1º de dezembro

A sessão é aberta ao meio-dia, sob a presidência do camarada Krokhmal. Na ordem do dia está a discussão dos informes sobre a questão do atual momento e das tarefas do partido na Assembleia Constituinte.

Discurso de J. Martov

Martov começa opondo-se aos oradores precedentes. Potresov havia proposto combater o bolchevismo tal como os socialistas da Europa Ocidental combatem o antissemitismo. Mas agora a única questão é se eles vão se aliar à burguesia para reprimir os bolcheviques ou lutar apenas por meio da crítica. Os socialistas europeus lutaram contra um socialismo que estava levando os operários a morrer na guerra. Zhores havia até mesmo proposto um acordo, e foi nisso apoiado por Kautsky. Levitski diz que eles não podiam "acomodar-se". Não, em ampla medida era preciso: devia-se atuar de acordo com as circunstâncias. A base do movimento bolchevique repousa na incapacidade de uma coalizão realizar as tarefas da revolução. A realidade mostra que muito podia ter sido feito, mas não o foi, a fim de conservar a coalizão. Trótski, por exemplo, conseguiu agora a libertação de Chicherin. E o que foi feito quanto a regularizar a indústria e out[ras] questões? Reduzir o bolchevismo às suas aventuras significa fechar os olhos à realidade. Dizem que um acordo com os bolcheviques é inadmissível. Mas em caso contrário é de fato inevitável uma coalizão com uma burguesia dirigida para promover a contrarrevolução, aberta por longos anos. Se a burguesia tomar a mão de vocês, será apenas para esmagá-la com a dela mesma. Potresov acerta ao dizer que o regime bolchevique atrai os aventureiros, só que eles também não eram poucos em torno de Kerenski. Era um despotismo, embora muitíssimo esclarecido, mas ele habituava as massas ao arbítrio e com isso deu espaço à insurreição. Potresov censura que em nossas formulações concedemos pouco espaço à Assembleia Constituinte, o que é falso. As teses de meu informe desmentem isso. Pensamos que, apenas fortalecendo as instituições democráticas, o proletariado pode vencer. Um acordo com os bolcheviques, claro, é um compromisso. Mas é óbvio que, em relação à questão do caráter burguês da revolução, não se deve transigir. Um terreno para o acordo só pode se formar no curso dos acontecimentos, da desilusão das massas com o bolchevismo e da separação delas de seus chefes. Por enquanto esse terreno não existe e, talvez, nem vá existir. Mas nossa consciência estará limpa. Potresov pensa que, isolando-nos do menchevismo e isolando o proletariado, conseguiremos que as massas, tendo se desiludido com o bolchevismo, virão até nós. Não, elas continuarão rodando e varrerão também a nós. Talvez seja isso que acontecerá. Mas é possível que a salvação esteja apenas em manter o movimento ofensivo da revolução, em cumprir as tarefas dela.

Seção noturna de 2 de dezembro

Discurso de J. Martov

Parte do congresso transformou os debates sobre a questão da guerra e do armistício num tribunal contra os internacionalistas. Isso se faz com vistas a utilizar a ruína do bolchevismo para desacreditar o internacionalismo e renovar a ideia nacional. Ontem nos gritavam: "O que vocês fizeram?". Mas, de fato, nós mesmos não fizemos uma política diferente da nossa. Seguindo nossa política, em 3-5 de julho, quando os bolcheviques chamaram às ruas, nós não os acompanhamos. Também não os acompanhamos quando eles traduziram no front nossas ideias para a língua deles. Não fizemos isso porque não acreditávamos no internacionalismo e no socialismo das massas. Não acreditávamos na paz, à revelia e contra a maioria da democracia. Por isso nossa luta foi orientada para a conquista dessa democracia, para o esclarecimento classista das massas que nos seguiam. E visto que a política de vocês afastava da social-democracia as massas, nós a mantivemos, mesmo que num grau mínimo. Nossos êxitos não são grandes: as eleições mostraram isso. Mas há alguns: de congresso em congresso aumentam nossas forças dentro do partido. Não temos responsabilidade direta pelo que foi feito para alcançar a paz. Mas também não podemos ser acusados daquilo que é culpa dos bolcheviques, pois sempre lutamos contra a interpretação bolchevista das ideias internacionalistas. Estão nos acusando de intervenções contra o "Empréstimo da Liberdade". Nós discursamos contra ele não porque esse dinheiro deveria ter sido gasto em canhões e espingardas, mas porque ele se destinava a canhões e espingardas inúteis. Para nós, já em junho, estava claro que era indispensável a redução do Exército. Entretanto, apenas em setembro Verkhóvski apresentou um projeto de tal redução, e exatamente graças a isso ele teve que se demitir. Uma redução das Forças Armadas agiria em proveito da Aliança imperialista e dos interesses de nossos industriais. A questão sobre a existência futura da Rússia não se decide nem com um armistício, nem com uma paz assinada antes da Assembleia Constituinte, nem com uma paz que a Assembleia será forçada a reconhecer. A questão sobre o futuro da Rússia pode ser reconsiderada. É indispensável renunciar à política da coalizão, cuja ruína foi mostrada quando não se realizou nem a Conferência de Estocolmo, nem a de Praga. Devemos colocar o partido nos trilhos da luta de classes e lembrar que nossas esperanças devem estar fundadas não na possibilidade de desforra, mas na avaliação do movimento democrático no Ocidente. Dessa forma pode-se conseguir que a insurreição bolchevique também se mostre um passo adiante no curso da revolução.

Sessão de 4 de dezembro

A sessão é aberta ao meio-dia. A palavra sobre a questão da unidade do partido é concedida a Iezhov.

Discurso de J. Martov

Passa-se a palavra final para o camarada Martov. Martov declara que os internacionalistas nunca ameaçaram sair do partido, como disse Dan. Eles não saíram sequer do Comitê Central (CC). Foi um mal-entendido, imediatamente elucidado, quando os internacionalistas decidiram retirar seus representantes da composição representativa do CC no Comitê de Salvação, mas Abramovich comunicou por engano que haviam sido retirados seus representantes do CC. Já os defensistas, onze pessoas, realmente haviam saído. Somos acusados, por um lado, de ter reprimido com nossos votos opiniões contrárias às nossas no CC, formando uma maioria artificial, e, por outro lado, com uma organização própria, de ter combatido esse mesmo CC. Enquanto a possibilidade de termos maioria no CC era apenas eventual, é verdade que nos recusamos a aproveitar essa eventualidade. Mas não nos comprometemos a não usar nossas palavras. E quando, depois de 25 de outubro, nós e o centro compusemos uma maioria bastante regular, estaríamos falseando a vontade do partido se, renunciando ao voto, tivéssemos formado uma maioria artificial na ala direita. Entenderam meu informe como um fundamento de divisão. Foi um erro. Penso que no partido deve haver disciplina, mas em condições de unidade orgânica das diversas tendências quanto ao essencial, e não o domínio de uma fração sobre a outra. Cumpre reconhecer apenas o princípio organizativo geral, deixando que o tato dos centros e frações o ponha em prática, que a consciência de cada fração decida se pode ou não permanecer nas fileiras do partido, tendo aceitado esse princípio. O princípio é reconhecer como critério diretor as noções de solidariedade internacional do proletariado e de luta de classes. Encerrou-se a discussão sobre a questão da unidade do partido. Para elaborar uma resolução sobre essa questão, o congresso elegerá uma comissão composta por Kibrik, Akhmátov, Iezhov e Martov. O congresso passa a discutir as questões sobre a atitude do partido diante da formação de regiões nacionais autônomas, agora ocorrendo em toda a parte, e sobre as necessidades que daí decorrem de mudar as formas como o partido está estruturado. A sessão do congresso que estudou essa questão não chegou a uma decisão unânime;

por isso discursam os relatores de ambas as correntes nela delineadas — os camaradas Liber e Semkovski.

Sessão de 7 de dezembro

Discurso de J. Martov

Partilho da opinião expressa na resolução de Martynov. Acredito ser possível entrar na Comissão Executiva Central, mas apenas quando se formarem condições adequadas para tanto. Saímos do congresso porque percebemos o naufrágio da linha anterior do soviete e, ao mesmo tempo, o naufrágio de nosso partido. Não julgamos possível permanecer na qualidade de um pequeno e fraco grupo de protesto. Mas com relação a isso a situação agora não está melhor. As eleições mostraram isso. Porém, tenho esperança de que, se as massas rapidamente se afastaram de nós, elas também podem retornar rapidamente. E nós, nesse caso, já apoiados nas massas, devemos conduzir a luta não apenas fora, mas também dentro do Smolny. Por isso, não convém atar as mãos ao Comitê Central. Dan manifesta pouco alcance de visão ao não notar que a questão da participação nos sovietes está estreitamente ligada à política expressa na fórmula "dos SRs aos bolcheviques". Considero prematuro e perigoso dizer que os sovietes já devem ceder lugar a organizações políticas normais. Se mais uma vez, assim como ocorreu nas jornadas de Kornilov, surgir um perigo contrarrevolucionário, formar-se-á de novo o terreno para a existência dos sovietes. Todas as revoluções conhecem organizações de massa não autorizadas, e essas organizações sempre se revelam dispostas a lutar contra os órgãos do sufrágio universal. Seria isso fatal? Penso exatamente que nossa política de acordo possibilita uma transição indolor do período revolucionário a um regime democrático normal. Essa política contribui para transformar os sovietes em órgãos normais de pressão política.

Fonte: <www.lib.ru/HISTORY/FELSHTINSKY/martov.txt_with-big-pictures.html>.

65. Os desafios do governo revolucionário

A coluna "Notícias do dia", do jornal independente *Novaia Jizn*, alternando notícias internas e internacionais, oferece o quadro de extrema instabilidade com que se defrontava o governo revolucionário.

NOTÍCIAS DO DIA

Os boatos de que uma paz separada foi assinada não se confirmam.

Askvit, Gray e Henderson estão partindo para os Estados Unidos para uma reunião.

Em Berlim está acontecendo uma reunião com a participação do general Tchernin.

Na Grécia, há uma insurreição dos soldados, que pedem a paz. Venizélos mandou prender uma série de ex-ministros.

A embaixada inglesa se negou a conceder o visto ao passaporte de Petrov, enviado em missão à Inglaterra para propaganda.

O general Alekseiev está desenvolvendo atividades militares em Rostov e Vorônej. Na província de Ekaterinoslávski atua o general Erdeli. Ocorreu uma grande batalha com a Guarda Vermelha na estação Zverevo e perto de Makeievka. O governo provisório conferiu a Alekseiev poderes ilimitados.

A batalha perto de Tammerfors continua; a luta aqui assumiu a forma de uma guerra de posições. A Guarda Branca liberou San Michel.

No Soviete Supremo da Economia Popular estão sendo estudados projetos de novos impostos estatais.

Funcionários das instituições de crédito deliberaram dar início ao trabalho com base no decreto de 14 de dezembro.

A ração diária de pão de Petersburgo diminui para três oitavos de libra.

Em consequência de um incêndio em um depósito, foi interrompida a entrega de banha.

Novaia Jizn, nº 203, 20 de dezembro de 1917

66. Os direitos do povo trabalhador e explorado

A "Declaração dos direitos do povo trabalhador e explorado" foi escrita por V. Lênin em 3/16 de janeiro de 1918 e aprovada pelo Comitê Executivo Central (CEC) dos Sovietes de Soldados e Operários. Apresentada na primeira sessão da Assembleia Constituinte em 5/18 de janeiro, foi recusada pela maioria dos deputados em nome da própria soberania. O Conselho dos Comissários do Povo (CCP) ordenou, então, o fechamento da Assembleia Constituinte. Dias depois, em 12/25 de janeiro, a declaração foi aprovada pelo III Congresso Pan-Russo dos Sovietes de Deputados Operários e Soldados, e ratificada pelo III Congresso Pan-Russo de Deputados Camponeses, em 18/31 de janeiro. Verificou-se, então, a fusão entre os Sovietes de Deputados Operários, Soldados e Camponeses.

DECLARAÇÃO DOS DIREITOS DO POVO TRABALHADOR E EXPLORADO

I. 1) A Rússia proclama-se uma República de Sovietes de Deputados Operários, Soldados e Camponeses. Todo o poder central e local pertence aos sovietes.

2) A República Soviética Russa é fundada com

base na união livre de nações livres, numa federação de repúblicas soviéticas nacionais.

II. Estabelecendo como tarefa fundamental a erradicação de todo tipo de exploração do homem pelo homem, a completa abolição da divisão da sociedade em classes, a repressão implacável dos exploradores, a instauração de uma organização socialista da sociedade e o triunfo do socialismo em todos os países, o III Congresso Pan-Russo dos Sovietes de Deputados Operários, Soldados e Camponeses decreta também:

1) Para a realização da socialização da terra, fica abolida a propriedade privada da terra, declara-se todo o fundo agrário como patrimônio de todo o povo, que passa para os trabalhadores sem nenhum tipo de indenização, segundo os princípios do uso igualitário da terra. Todas as florestas, o subsolo e a água de importância nacional, assim como todas as construções, animais e demais materiais, latifúndios modelo e empresas agrícolas são declarados patrimônio nacional.
2) Como primeiro passo para a completa transferência das fábricas, usinas, minas, ferrovias e outros meios de produção e transporte para a República Operária e Camponesa Soviética, ratifica-se a lei soviética de controle operário e a do Conselho Supremo de Economia Nacional com o objetivo de garantir a autoridade dos trabalhadores sobre os exploradores.
3) Ratifica-se a transferência de todos os bancos para a propriedade do Estado operário e camponês como uma das condições para a libertação das massas trabalhadoras do jugo do capital.
4) Com o objetivo de eliminar as camadas parasitas

da sociedade e organizar a economia, introduz-se o serviço universal do trabalho.

5) No interesse de garantir a plenitude do poder das massas trabalhadoras e eliminar qualquer possibilidade de restauração do poder dos exploradores, decreta-se o armamento dos trabalhadores, a formação do Exército Vermelho Socialista de operários e camponeses e o completo desarmamento das classes proprietárias.

III. 1) Expressando a resolução inflexível de arrancar a humanidade das garras do capital financeiro e do imperialismo que inundam a terra com sangue na atual guerra, a mais criminosa de todas as guerras, o III Congresso dos Sovietes adere por completo à política adotada pelo poder soviético de ruptura com os tratados secretos, à organização da mais ampla confraternização entre operários e camponeses dos Exércitos que atualmente lutam entre si e a conquista, custe o que custar, de medidas revolucionárias, de uma paz democrática para os que trabalham, sem anexação nem indenização, com base na livre autodeterminação dos povos.

2) Com os mesmos objetivos, o III Congresso dos Sovietes insiste na completa ruptura com a política bárbara da civilização burguesa, que construiu a prosperidade dos exploradores em algumas nações, escolhidas com base na opressão de milhões de trabalhadores na Ásia, nas colônias em geral e em países pequenos.

O III Congresso dos Sovietes saúda a política do Soviete dos Comissários do Povo, que proclamou a completa independência da Finlândia, começou a retirada das tropas da Pérsia e declarou a liberdade e a autodeterminação da Armênia.

O III Congresso dos Sovietes considera a lei soviética de anulação (eliminação) dos empréstimos contraídos pelo governo do tsar, dos senhores de terras e da burguesia como primeiro golpe no capital financeiro e bancário, expressando a certeza de que o poder soviético seguirá rigorosamente por esse caminho até a completa vitória da insurreição internacional dos trabalhadores contra o jugo do capital.

IV. O III Congresso Pan-Russo dos Sovietes de Deputados Operários, Soldados e Camponeses crê que agora, em um momento de luta decisiva contra os exploradores, estes não podem ter nenhuma posição em nenhum dos órgãos do governo. O poder deve pertencer completa e exclusivamente às massas trabalhadoras e a seus representantes plenipotenciários: os Sovietes de Deputados Operários, Soldados e Camponeses.
Além disso, aspirando à construção de uma união das classes trabalhadoras de todas as nações da Rússia, efetivamente livre e voluntária e, por consequência, mais completa e sólida, o III Congresso dos Sovietes limita-se a estabelecer os princípios fundamentais da Federação das Repúblicas Soviéticas da Rússia, e deixa para os operários e camponeses de cada nação a decisão autônoma, em seu próprio Congresso Plenipotenciário de Sovietes, quanto à sua vontade, e em que condições, de participar do governo federal e das demais instituições federativas soviéticas.

Pravda, nº 6, 12/25 janeiro de 1918

67. A sombra da guerra civil

Em inícios de janeiro de 1918 a manchete do *Pravda* mostra bem o caráter instável da situação que ainda prevalecia na Rússia revolucionária. A manchete também é interessante por mostrar, no trabalho de propaganda, o esforço que se fazia para atribuir à revolução um caráter socialista e mesmo comunista, o que estava muito além da consciência média das camadas populares. Observe-se igualmente que o país encontrava-se às vésperas da reunião da Assembleia Constituinte, num momento de radicalização das tensões entre o poder soviético e a própria Assembleia, que, como se sabe, logo seria fechada.

> HOJE EM DIA, AS HIENAS DO CAPITAL E SEUS MERCENÁRIOS QUEREM ARRANCAR O PODER DAS MÃOS DOS SOVIETES.
> VIVA OS SOVIETES! VIVA A REVOLUÇÃO OPERÁRIA COMUNISTA!

Pravda, nº 3 (230), 5/18 de janeiro de 1918

68. O *Pravda* e a Assembleia Constituinte

A reportagem do *Pravda* narra a primeira reunião da Assembleia Constituinte e a leitura que I. Sverdlóv fez então da "Declaração dos direitos do povo trabalhador e explorado", texto elaborado por V. Lênin e aprovado pelo Conselho dos Comissários do Povo e pelo Comitê Central do Soviete de Deputados Operários e Soldados. Na concepção dos bolcheviques e dos SRs de esquerda, a declaração oferecia os parâmetros nos quais a Assembleia Constituinte deveria trabalhar. Era um claro desafio à soberania da Assembleia e por isso foi recusada, o que levou a seu fechamento no dia seguinte. Os bolcheviques temiam que a Assembleia Constituinte pudesse constituir o núcleo de um futuro duplo poder e, por isso, não hesitaram em encerrar pela força os seus trabalhos, apesar do desgaste que a medida trouxe em muitos meios e segmentos sociais que simpatizavam com a revolução.

ASSEMBLEIA CONSTITUINTE

Ontem houve a abertura da Assembleia Constituinte.

Desde a manhã, os membros da Assembleia Constituinte começaram a chegar ao Palácio Tauride.

Até o momento da abertura da sessão, chegaram muito mais de quatrocentas pessoas.

Tanto nas ruas adjacentes ao Palácio Tauride, como perto dele, tudo está numa ordem exemplar e em completa tranquilidade. Não dá para ver nenhuma passeata nem manifestação.

À uma hora da tarde, ao Palácio Tauride chega o Conselho dos Deputados do Povo em sua composição completa, exceto o deputado do povo para as relações exteriores, o camarada Trótski.

Às quatro horas, no salão das reuniões toca a campainha. Os membros da Assembleia Constituinte enchem o salão e tomam seus lugares de acordo com seus grupos parlamentares.

Um membro do grupo dos socialistas revolucionários de direita se levanta do seu lugar e fala em voz alta:

— Sugerimos que a sessão seja aberta pelo membro mais idoso da Assembleia Constituinte!

À tribuna sobe um membro da Assembleia Constituinte, o sr. S. P. Shevtsov.

Nos bancos de direita começam aplausos, abafados pelos gritos de protesto por parte dos membros dos grupos de esquerda, os bolcheviques e os socialistas revolucionários de esquerda.

O barulho no salão continua por alguns minutos.

Apenas quando o camarada Sverdlóv aparece na tribuna presidencial, o barulho começa a cessar e, finalmente, a ordem é recuperada.

O camarada Sverdlóv se dirige aos membros da Assembleia Constituinte com a seguinte fala introdutória:

"O Comitê Executivo Central de Toda a Rússia dos Sovietes dos Deputados Operários, Soldados e Camponeses me encarregou de abrir a Assembleia Constituinte de Toda a Rússia."

Quero ressaltar que o Comitê Executivo Central de Toda a Rússia dos Sovietes dos Deputados Operários, Soldados e Camponeses exprime a certeza de que haverá reconhecimento total pela Assembleia Constituinte de todos os decretos e resoluções do Conselho dos Deputados do Povo.

"A Revolução de Outubro", continua o camarada Sverdlóv, "disparou o incêndio da revolução socialista não só na Rússia. Não duvidamos de que as faíscas do nosso incêndio se espalharão pelo mundo inteiro, e não está longe o dia em que as massas trabalhadoras de todos os países se insurgirão contra os seus exploradores." [Aplausos longos e estrondosos nos bancos dos bolcheviques e socialistas revolucionários de esquerda.]

"Não duvidamos", diz o camarada Sverdlóv, "de que, porquanto a Assembleia Constituinte expressa corretamente os interesses do povo, ela deve ajudar os sovietes a acabar com os privilégios de classe. Os representantes dos operários e camponeses reconhecem os direitos do povo trabalhador sobre as ferramentas e os meios de produção, que até agora pertenciam à burguesia e permitiam seu domínio." [Nova explosão de aplausos estrondosos nos bancos dos bolcheviques e socialistas revolucionários de esquerda; nos bancos de todos os outros grupos há um silêncio mortal.] "Assim como, na sua época, a Revolução Francesa do final do século XVIII proclamou a 'Declaração dos direitos do homem e do cidadão', a declaração do direito da burguesia de explorar livremente o homem desprovido de ferramentas e meios de produção, a nossa revolução deve proclamar a 'Declaração dos direitos do povo trabalhador e explorado'." [O camarada Sverdlóv lê a declaração.]

I. 1) A Rússia é declarada República dos Sovietes dos Deputados Camponeses, Soldados e Operários. Todo o poder central e local pertence aos sovietes.

2) A República Russa Soviética é instituída com base na união livre de nações livres, como uma federação de repúblicas nacionais soviéticas.

II. Colocando como sua principal tarefa a liquidação de toda a exploração do homem pelo homem, a eliminação total da divisão social e a vitória do socialismo em todos os países, a Assembleia Constituinte determina:

1) Para realizar a socialização da terra, a propriedade privada sobre a terra é anulada, e todos os fundos de terra são declarados patrimônio de todo o povo e transferidos aos trabalhadores sem indenizações, segundo os princípios de fruição igualitária.
[As últimas palavras provocam aplausos estrondosos nos bancos dos bolcheviques e socialistas revolucionários de esquerda. Chama a atenção o silêncio obstinado que reina nos lugares do grupo de socialistas revolucionários de direita. Por parte desse grupo, não houve nenhum som de aprovação das palavras de declaração sobre a transferência da terra ao povo trabalhador. O que faz as prolongadas ovações nos bancos dos bolcheviques e socialistas revolucionários de esquerda serem mais demonstrativas ainda.]
Todas as florestas, minerais e águas de importância estatal, assim como o gado e as ferramentas, as propriedades rurais e as empresas agrícolas, são declaradas patrimônio nacional.

2) Ratifica-se a lei soviética sobre o controle operário e o supremo Conselho da Economia Nacional.
A fim de garantir o poder dos trabalhadores sobre seus exploradores, é nosso primeiro passo transferir as fábricas, minas, estradas de ferro, os demais meios de produção e o transporte para a propriedade da República Camponesa e Operária Soviética.

3) Ratifica-se a transferência de todos os bancos para a propriedade do Estado camponês e operário, como uma das condições da libertação das massas trabalhadoras sob o jugo do capital.

4) A fim de eliminar as camadas parasitas da sociedade e organizar a economia com base em novos princípios, introduz-se o trabalho obrigatório para todos.

5) Para garantir a totalidade do poder das massas trabalhadoras e afastar qualquer possibilidade de restauração do poder dos exploradores, decreta-se o armamento dos trabalhadores, a formação do Exército Vermelho socialista dos operários e dos camponeses, assim como o desarmamento completo das classes dominantes.

III. 1) Expressando a determinação inabalável em tirar a humanidade das garras do capital financeiro e do imperialismo, que cobriram a terra com sangue na atual guerra, a mais criminosa de todas, a Assembleia Constituinte apoia totalmente a política realizada pelas autoridades soviéticas de romper os acordos secretos, organizar a fraternização mais ampla com os operários e camponeses dos Exércitos em guerra e alcançar, a qualquer custo, com medidas revolucionárias, a paz democrática entre os povos, sem anexações e indenizações, com base na autodeterminação livre das nações.

2) Para os mesmos objetivos, a Assembleia Constituinte insiste no rompimento total com a política bárbara da civilização burguesa, que construía a prosperidade dos exploradores em poucas nações, eleitas a custo da escravidão de centenas de milhões da população trabalhadora na Ásia, nas colônias em geral e nos países menores.

A Assembleia Constituinte aprova a política do Conselho dos Deputados do Povo, que proclamou a completa independência da Finlândia, começou a retirar as tropas da Pérsia, declarou a liberdade e a autodeterminação da Armênia.

Como o primeiro ataque ao capital financeiro e bancário internacional, a Assembleia Constituinte considera a lei soviética relativa à anulação (eliminação) dos empréstimos feitos pelos governos do tsar, dos proprietários de terra e da burguesia, expressando a certeza de que as autoridades soviéticas estarão firmes nesse caminho até a vitória completa da insurreição operária internacional contra o jugo do capital.

Sendo formada com base nas listas eleitorais feitas antes da Revolução de Outubro, quando o povo ainda não podia insurgir-se em massa contra os exploradores, não conhecia toda a força da resistência destes quando defendem seus privilégios de classe, ainda não empreendera na prática a criação de uma sociedade socialista, a Assembleia Constituinte considera profundamente incorreto, até de um ponto de vista formal, se opor às autoridades soviéticas.

Em essência, a Assembleia Constituinte considera que agora, no momento da luta categórica do povo contra seus exploradores, os exploradores não podem ter lugar em nenhum órgão do poder. O poder deve pertencer completa e exclusivamente às massas trabalhadoras e aos seus representantes plenipotenciários, os Sovietes dos Deputados Camponeses, Soldados e Operários.

Apoiando as autoridades soviéticas e os decretos do Conselho dos Deputados do Povo, a Assembleia Constituinte reconhece que suas tarefas se limitam à elaboração geral das bases principais da reestruturação socialista da sociedade.

Pravda, nº 4 (231), 6/19 de janeiro de 1918

69. A dissolução da Assembleia Constituinte

O fechamento da Assembleia Constituinte suscitou reservas e protestos por parte de muitos socialistas e mesmo de alguns bolcheviques e simpatizantes. Bandeira histórica dos revolucionários russos de todas as tendências, reafirmada no contexto da insurreição de outubro, eleita no mês seguinte, em novembro, sua existência passou a ser questionada quando a maioria dos eleitos insurgiu-se contra o governo do Conselho dos Comissários do Povo. Os bolcheviques retiraram-se do seu recinto depois que a maioria dos deputados, em nome da própria soberania, recusou-se a subscrever a "Declaração dos direitos do povo trabalhador e explorado", elaborada por V. Lênin e aprovada pelo Comitê Executivo Central dos sovietes. No dia seguinte, a Assembleia Constituinte foi dissolvida pela força.

DECLARAÇÃO DO PARTIDO OPERÁRIO SOCIAL-DEMOCRATA DA RÚSSIA (POSDR) (BOLCHEVIQUE) SOBRE A REUNIÃO DA ASSEMBLEIA CONSTITUINTE

A imensa maioria da Rússia trabalhadora — operários, camponeses, soldados — apresentou à Assembleia Constituinte a exigência de reconhecimento das conquistas da grande Revolução de Outubro, os decretos soviéticos sobre a terra, sobre a paz, sobre o controle operário e, acima de tudo, o reconhecimento da autoridade dos Sovietes de Deputados Operários, Soldados e Camponeses. O Comitê Executivo Central Pan-Russo, cumprindo a vontade dessa enorme maioria das classes trabalhadoras da Rússia, propôs à Assembleia Constituinte assumir essas decisões como obrigatórias. A maioria da Assembleia Constituinte, no entanto, em consonância com as pretensões da burguesia, recusou essa proposta e lançou um desafio a toda a Rússia trabalhadora.

Na Assembleia Constituinte, a maioria do partido dos SRs de direita acolheu o partido de Kerenski, de Avksêntiev e de Tchernov. Esse partido, que se chama de socialista e revolucionário, lidera a luta de elementos da burguesia contra a revolução operária e camponesa, e é de fato um partido burguês e contrarrevolucionário.

A Assembleia Constituinte, em sua composição atual, é resultado dessa correlação de forças que se constituiu antes da grande Revolução de Outubro. A atual maioria contrarrevolucionária da Assembleia Constituinte, eleita a partir de listas partidárias antiquadas, expressa o passado da revolução e tenta bloquear o caminho do movimento operário e camponês.

As discussões ao longo de todo o dia mostraram por si que o partido dos SRs de direita, assim como fazia sob o comando de Kerenski, alimenta o povo com promessas, jura em palavras que vai dar a ele tudo e mais alguma coisa, mas de fato decidiu lutar contra as autoridades dos Sovietes dos Operários, Camponeses e Soldados, contra as medidas socialistas, contra a transferência da terra e de todas as suas construções e instrumentos para os camponeses sem indenização, contra a nacionalização dos bancos, contra a anulação das dívidas estatais.

Como não queremos esconder os crimes dos inimigos do povo nem por um minuto, declaramos que estamos nos retirando da Assembleia Constituinte para deixar ao poder dos sovietes a decisão final quanto à questão das relações com o segmento contrarrevolucionário da Assembleia Constituinte.

Pravda, nº 5 (edição vespertina),
6/19 de janeiro de 1918

70. Uma declaração de guerra

A violenta manchete do *Pravda*, equivalente a uma declaração de guerra, legitimou o fechamento da Assembleia Constituinte, antiga reivindicação dos revolucionários russos. A linguagem extremamente agressiva atribui aos adversários uma força e propósitos que, na realidade, eles não tinham. Também é de se registrar o amálgama que se faz entre os partidos socialistas alternativos e os piores inimigos da revolução. Essa característica seria retomada muitas vezes ao longo da história do socialismo soviético.

O *PRAVDA* E O FECHAMENTO DA ASSEMBLEIA CONSTITUINTE

Os serviçais dos banqueiros, capitalistas e proprietários de terra, os aliados de Kaledin e de Dutov, servos do dólar americano, os assassinos traiçoeiros — os socialistas revolucionários de direita exigem todo o poder na Assembleia Constituinte para si e para seus donos inimigos do povo.

Nas palavras, eles supostamente adotam as exigências populares: terra, paz e controle, enquanto com suas ações tentam apertar um laço em volta do pescoço do poder e da revolução socialista.

Mas os operários, camponeses e soldados não vão morder a isca das palavras mentirosas dos piores inimigos do socialismo. Em nome da revolução socialista e da República Soviética Socialista, eles vão varrer da face da Terra todos os seus assassinos evidentes e ocultos.

Pravda, nº 4 (231), 6/19 de janeiro de 1918

71. Notícias da revolução internacional

As vibrantes manchetes do *Pravda* mostram bem como os revolucionários preocupavam-se ainda com a dimensão internacional da revolução. A expectativa de um avanço mundial da revolução, desde a defesa, por V. Lênin, da insurreição em Petrogrado, fazia parte essencial do imaginário revolucionário bolchevique.

A EFERVESCÊNCIA REVOLUCIONÁRIA NA ÁUSTRIA CONTINUA.

NA INGLATERRA, COMEÇAM GREVES REVOLUCIONÁRIAS. OS OPERÁRIOS DE PARIS VÃO AO ENCONTRO DA NOVA INTERNACIONAL.

NA ESPANHA, NOVOS MOTINS SÃO DEFLAGRADOS.

NA FINLÂNDIA, OS OPERÁRIOS AVANÇAM PARA TOMAR A CAPITAL.

A REVOLUÇÃO OPERÁRIA INTERNACIONAL AVANÇA.

ELA É ILUMINADA PELA TOCHA DA GRANDE REPÚBLICA SOVIÉTICA SOCIALISTA NA RÚSSIA.

VIVA A INSURREIÇÃO MUNDIAL DOS PROLETÁRIOS!

VIVA OS SOVIETES DOS CAMPONESES, SOLDADOS E OPERÁRIOS!

Pravda, nº 8, 14/27 de janeiro de 1918

72. "A Internacional" (hino)

A versão russa da "Internacional" foi elaborada pelo poeta e tradutor Arkadi Iakovlevich Kots (1872-1943), em 1907. Considerada pelos socialistas como o cântico dos operários revolucionários de todo o mundo, tornou-se hino oficial da República Socialista Federativa Soviética da Rússia (RSFSR) em 23 de janeiro de 1918. No contexto da Segunda Guerra Mundial, em março de 1944, a "Internacional" foi substituída por outro hino, com acentos russos e nacionalistas.

A INTERNACIONAL

1. *De pé, mundo escravizado,*
Faminto e marcado pela maldição!
Nosso juízo revoltado está fervendo
E pronto a travar a luta de morte.
Vamos destruir o mundo opressor
Inteiramente e, em seguida,
Construir um mundo novo, nosso,
Quem nada era vai se tornar tudo.

refrão (duas vezes):
Esta é nossa última
E decisiva batalha;
Com a Internacional
A humanidade vai se reerguer!

2. *Ninguém vai nos emancipar:*
Nem Deus, nem tsar, nem um herói.
Vamos alcançar a libertação
Com nosso próprio esforço.
Para abater o jugo com mão hábil
E reconquistar o que era nosso,
Acendam o forno e malhem o ferro
Com ousadia enquanto está quente!

refrão (duas vezes)

3. *Apenas nós, membros do Grande*
Exército Mundial do Trabalho,
Temos direito a mandar no planeta,
Mas os parasitas, jamais!
E se estourar um grande trovão
Sobre a corja de cães e carrascos,
De modo igual vai começar a brilhar
Para nós a luz dos raios do sol.

refrão (duas vezes)

1. Вставай, проклятьем заклеймённый,
Весь мир голодных и рабов!
Кипит наш разум возмущённый
И смертный бой вести готов.
Весь мир насилья мы разрушим
До основанья, а затем
Мы наш, мы новый мир построим, —
Кто был ничем, тот станет всем.

припев (duas vezes):
Это есть наш последний
И решительный бой;
С Интернационалом
Воспрянет род людской!

2. Никто не даст нам избавленья:
Ни бог, ни царь и не герой.
Добьёмся мы освобожденья
Своею собственной рукой.
Чтоб свергнуть гнёт рукой умелой,
Отвоевать своё добро, —
Вздувайте горн и куйте смело,
Пока железо горячо!

припев (duas vezes)

3. Лишь мы, работники всемирной
Великой армии труда,
Владеть землёй имеем право,
Но паразиты — никогда!
И если гром великий грянет
Над сворой псов и палачей, —
Для нас всё так же солнце станет
Сиять огнём своих лучей.

припев (duas vezes)

73. A formação do Exército Vermelho

Estas solicitações, convocações e instruções publicadas no *Pravda* dão o quadro de como se iniciou a organização, na prática, do Exército Vermelho. Assinale-se que o Exército é concebido, num primeiro momento, como um órgão do Partido Bolchevique, e não como uma instituição de Estado. Registre-se também a base operária do novo Exército. Observe-se que se usam indistintamente, para se referir à capital da revolução, as palavras "Petrogrado", "Petersburgo" e "Piter". Por fim, mencione-se que, embora já tendo sido introduzido o novo calendário na Rússia revolucionária (desde 10 de fevereiro), o *Pravda* continua imprimindo as datas do velho calendário (juliano, velho estilo) e do novo (gregoriano, novo estilo).

ORGANIZAÇÃO DO EXÉRCITO VERMELHO

A Organização Militar do Partido Operário Social-Democrata Russo (POSDR) (dos bolcheviques) começou a formação da tropa de combate do partido. Na tropa, são admitidos exclusivamente membros do partido. Convocamos os camaradas trabalhadores soldados e operários bolcheviques a se alistarem de imediato.

O alistamento acontece todos os dias no prédio da Organização Militar (avenida Litiêni, 20, Casa do Exército Operário e Camponês), das 10h às 19h.

Está sendo organizada a rede de comunicações do Exército Vermelho Operário e Camponês.

Para o alistamento convidamos camaradas: mecânicos de telégrafo, vigias, telefonistas e radiotelegrafistas.

Endereço: rua Morskáia, 61, das 10h às 20h.

Para ensinar os camaradas operários a atirar com fuzis estão abertos campos de tiro ao alvo: 1) na antiga escola de cavalaria Nikoláievskoie (avenida Liêrmontovski, próximo da estação ferroviária Baltíski); 2) na antiga escola militar Pávlovskoie (rua Bolcháia Spásskaia); 3) no regimento de granadeiros da guarda (rua Bolcháia Vúlfovaia); 4) no regimento da guarda Finliándski (Ilha Vassílievski, linha 17).

Todos os sovietes regionais e estados-maiores do Exército Vermelho devem enviar aos locais indicados camaradas operários que desejem aprender a atirar, onde farão um curso de tiro sob a orientação de instrutores.

Os campos estão abertos das 8h às 17h. Todos que comparecerem aos campos deverão apresentar identificação emitida por um soviete regional.

Os documentos podem também ser emitidos por grupos de operários.

Comissário Chefe das instituições militares de ensino
Dzeviáltovski
Para informações, ligar para o número 446-54.

Os membros do partido bolchevique da região da região de Petersburgo ainda não alistados no Exército Vermelho são obrigados a comparecer imediatamente ao Comitê Distrital para o alistamento, no dia 27 de fevereiro.

Secretário Avílov

CAMARADAS!

Nos próximos dias, na antiga escola de artilharia Konstantínovskoe, começarão novos cursos soviéticos de artilharia de Petrogrado, para a preparação de comandantes do Exército Vermelho Operário e Camponês.

Para a admissão no primeiro curso, exige-se: habilidade de leitura fluente e de reproduzir o que foi lido sem distorções, habilidade de escrever e conhecimento das quatro regras da aritmética.

Para a admissão no segundo curso, exige-se: formação em uma *escola municipal* de segundo ciclo ou outra escola com programa equivalente.

O recebimento das solicitações vai até o dia 10 de março (dia 25 de fevereiro, no estilo antigo), na secretaria dos cursos.

As provas acontecerão no dia 15 de março (dia 2 de março, no antigo estilo).

Informações detalhadas podem ser obtidas no prédio dos cursos (avenida Zabalkánski, 17).

A TODOS OS SOVIETES REGIONAIS, A TODAS AS ORGANIZAÇÕES MILITARES

O Departamento de Propaganda do Comitê Executivo Central Pan-Russo insiste em solicitar que sejam enviados de imediato camaradas totalmente confiáveis, oriundos das províncias de: Pskov, Nóvgorod, Vítebsk, Moguilióv, Mínsk, e da região de Pribaltíski, para a organização de destacamentos de guerrilha. Solicitamos que providenciem aos camaradas identificações apropriadas e os enviem ao Instituto Smolny, segundo andar, sala 44, onde eles receberão instruções e o material necessário.

Chefe interino do departamento de propaganda,
G. Liêssovski

A TODOS OS CAMARADAS OPERÁRIOS ELETRICISTAS

Camaradas! Em um momento de terrível perigo, em que as gangues do biltre Guilherme[1] investem contra Piter, ameaçando anular todas as conquistas do proletariado de Petersburgo, sua Organização Profissional se dirige a vocês com o apelo de se voluntariarem para a defesa da liberdade e da revolução, de entrarem nas fileiras do Batalhão Eletrotécnico Vermelho, que está sendo organizado na Seção dos Operários Elétricos.

O alistamento nos batalhões acontece no prédio da seção: rua Sadóvaia, 27/9, das 10h às 22h.

Camaradas! O tempo não espera, há uma enorme necessidade de eletricistas, apressem-se em ajudar!

Comissão Organizadora para a formação do Batalhão Vermelho de Operários Eletricistas

MOBILIZAÇÃO DOS ESTUDANTES

A Organização Estudantil do Comitê do POSDR de Petersburgo (bolchevique) convoca os camaradas membros da organização a se alistarem imediatamente no Exército Vermelho.

1. Guilherme II da Alemanha.

Destacamentos de minagem, de desminagem e de enfermeiros estudantis estão sendo organizados.

O alistamento acontece diariamente no prédio da Organização Estudantil (rua Potchtámskaia, 12/7) das 7h às 22h.

A TODOS OS OPERÁRIOS E SOLDADOS

No dia 27 de fevereiro, a sessão reunida da comissão dos clubes do Soviete dos Deputados Operários e Soldados de Petrogrado e do departamento de clubes do *Proletkult*[2] determinou auxiliar o Poder Soviético na tarefa de organizar e completar o Exército Vermelho.

Com esse objetivo, foi decidido solicitar a todos os clubes operários e de soldados: 1) organizar uma série de palestras para esclarecer as tarefas do Exército Vermelho, de modo geral e, no momento atual, o ataque do imperialismo alemão à Rússia revolucionária, em particular; 2) organizar o alistamento dos voluntários que desejem entrar para as fileiras do Exército Vermelho.

Os clubes operários e de soldados que desejarem participar dessas atividades podem solicitar palestrantes e instruções ao secretário da comissão dos clubes e do departamento de clubes do *Proletkult* (Comissariado para a Educação Popular, rio Fontanka, perto da ponte Tchernichiôv), diariamente, exceto domingos, das 11h às 17h, sala 100 (tel.: 444-78).

Informamos a todas as organizações e instituições operárias da região de Petrogrado que o Departamento de Armamento, situado junto ao Principal Estado-Maior da Guarda Vermelha Operária (praça Dvortsóvaia, 4), será transferido, a partir do dia 27 de fevereiro, para o prédio do Palácio Marínski. Portanto, requere-

2. Organização cultural e educativa do proletariado.

mos que, para todas as questões de armamento, dirijam-se diretamente ao Palácio Marínski (ao Departamento de Armamento).

Principal Estado-Maior da Guarda Vermelha Operária

CAMARADAS SOLDADOS!

Os especialistas e técnicos que até agora serviram na artilharia são convidados a se alistarem nas fileiras do Exército Vermelho, na artilharia leve e pesada, como instrutores e especialistas. O alistamento acontece no Estado-Maior do Exército Vermelho, amanhã, dia 28 de fevereiro, na rua Karavánnaia, 22, durante o dia inteiro.

A Conferência dos Comitês de Fábrica sobre a questão da formação de um destacamento de combate junto ao soviete central dos comitês de fábrica, que aconteceu no dia 27 desse fevereiro, determinou:

1) Formar um destacamento de combate junto ao soviete central dos comitês de fábrica, composto de membros dos comitês de fábrica, assim como dos camaradas que expressarem o desejo de se alistar no mencionado destacamento.
2) A conferência decide convocar todos para o destacamento do soviete central dos comitês de fábrica.
3) Os comitês são obrigados a enviar para o destacamento seus representantes e outros camaradas conscientes da fábrica, se for possível, armados.

Elege-se o Estado-Maior composto de dez membros, a saber, os camaradas trabalhadores Tchubar, Amóssov, Nikítin, Spiridónov, Missin, Liêbedev, Polikárpov, Vladímirov, Intritsan, Frolóv. Ele é encarregado de organizar todo o necessário para o armamento do destacamento.

No dia 28 de fevereiro, às 14h, todos os representantes dos comitês de fábrica e camaradas voluntários das fábricas comparecerão à escola de artilharia Mikháilovskoie, para o alistamento e a distribuição.

Conforme a determinação da Conferência dos Comitês de Fábrica, os comitês de fábrica são obrigados a enviar os membros disponíveis dos sovietes dos Comitês de Fábrica, no dia 28 de fevereiro, às 14h, para o prédio da Escola de Artilharia Mikháilovskoie. A localização do destacamento e o lugar do alistamento nos demais dias serão anunciados à parte.

CURSOS SOVIÉTICOS DE ENGENHARIA

Com base nas decisões do Comissariado do Povo para Assuntos Militares nº 104, do dia 15/28 de fevereiro de 1918, e nº 130, do dia 14/27 de fevereiro de 1918, a partir do dia 1º de março, em Petrogrado, começa a inscrição de solicitações dos que desejem entrar no segundo curso soviético de engenharia para a preparação do comando do Exército Vermelho Camponês e Operário.

O curso possui duas turmas: a preparatória e a especial. A inscrição começa para ambas as turmas. A duração do estudo será: para a turma preparatória, três meses e, para a turma especial, seis meses.

Os que terminarem com sucesso o curso preparatório passam, para finalizar sua preparação técnica militar, à turma especial, dividida em dois setores: o de comunicação militar e o mecânico.

De modo geral, os ingressantes devem satisfazer todas as condições de ingresso nas fileiras do Exército Vermelho Camponês e Operário, de acordo com o decreto do Conselho dos Deputados do Povo do dia 15 de janeiro deste ano.

Além disso, exige-se, dos ingressantes para a turma preparatória, formação em escola elementar superior ou alguma instituição de ensino equivalente.

Exige-se, dos ingressantes para a turma especial, formação em uma instituição de ensino médio ou superior.

Depois de uma prova de matemática e física, podem ser admitidas na turma especial pessoas que não terminaram o curso completo da instituição de ensino médio, assim como pessoas formadas em algum tipo de escola técnica, se sua formação for reconhecida como suficiente pela banca examinadora.

A inscrição acontece diariamente, exceto feriados, das 10h às 15h, na Secretaria dos Cursos (rua Kírotchnaia, 8).

DO DEPARTAMENTO DE ORGANIZAÇÃO E INSTRUÇÃO DO EXÉRCITO VERMELHO

O Departamento de Organização e Instrução, junto ao colégio de formação do Exército Vermelho, informa que, além do trabalho em escala nacional, no seu prédio (Palácio Marínski, terceiro andar), realizam-se:

1. o registro de todos os oficiais de todas as armas militares (do Exército) moradores de Petrogrado;
2. o alistamento dos oficiais e a indicação a postos dos que desejem entrar imediatamente nas fileiras do Exército Vermelho como instrutores;
3. a distribuição e indicação dos oficiais instrutores a diversos cargos nos batalhões do Exército Vermelho e nos distritos, para a instrução militar dos operários tanto em Petrogrado como em outras cidades;
4. no departamento, há uma reserva de instrutores para todas as armas militares, que são enviados aos locais assim que for solicitado;

5. distribuição dos combatentes do Exército Vermelho, alistados nos Estados-Maiores distritais de Petrogrado, para batalhões em formação.

Membro do presidium Humbert
Secretário G. Ivanov

AOS HOSPITAIS MILITARES, CIVIS E ENFERMARIAS DA CIDADE DE PETROGRADO E DE SEUS ARREDORES

O departamento sanitário do Exército Vermelho Camponês e Operário informa a todas as instituições que recebem os feridos e os enfermos do Exército Vermelho que elas devem enviar informações sobre todos os internados e aqueles que tiveram alta ao bureau de informações do Departamento Sanitário do Exército Vermelho Camponês e Operário: rua Fontanka, 7, tel.: 33-15 e 109-44.

Colégio do Departamento Sanitário do Exército Vermelho Camponês e Operário

DO PRIMEIRO REGIMENTO SOCIALISTA DE METRALHADORES

Camaradas! Chegou a hora suprema da última batalha decisiva. O inimigo da revolução, atrevido e insolente, avança e aperta o seu estreito anel de ferro em cima da Petrogrado Vermelha. A burguesia russa e todo o capital internacional o aplaudem e o auxiliam. Camaradas! Resta-nos apenas uma coisa: a morte pela vitória da revolução ou a escravidão, fuzilamentos e forcas dos carrascos do imperialismo.

Quem é honesto, quem é corajoso, quem ama a República vermelha e operária deve entrar nas fileiras dos combatentes e, com as armas nas mãos, repelir o inimigo imperialista com o último e terrível combate.

O Comitê do Primeiro Regimento Socialista de Metralhadores do Exército Vermelho Camponês e Operário Socialista convoca vocês, camaradas operários: quem serviu em regimentos de metralhadores, entrem nas fileiras do regimento! No regimento são admitidas pessoas com carta de recomendação de sindicatos, partidos políticos e outras organizações operárias.

O regimento inteiro constitui a única família socialista dos proletários disciplinados e conscientes.

Endereço para o alistamento no regimento: rua Kiríllovskaia, 4.

Em Tsárskoie Seló, está sendo formado o Primeiro Destacamento de Cavalaria de Tsárskoie Seló do Exército Socialista. Convidam-se os camaradas voluntários familiarizados com o serviço da cavalaria. Solicita-se que os candidatos tenham carta de recomendação de organizações. A inscrição é realizada em Tsárskoie Seló, nos quartéis do regimento Kirassírski. O comando do destacamento se encontra na antiga sala de reuniões dos oficiais do regimento, onde é possível obter informações sobre as condições.

Está sendo formado um Departamento de Telegrafia no Primeiro Corpo do Exército Vermelho Camponês e Operário. Precisa-se de telegrafistas e telefonistas. Os que desejam servir no Departamento de Telegrafia devem dirigir-se ao endereço: rua Chpálernaia, escola técnica Mikháilovskoe, acesso pela travessa Tekhnítcheski, terceiro andar.

No dia 1º de março deste ano, o Conselho dos Colégios Médicos determinou a formação de um colégio para a administração do Departamento Sanitário do Exército Vermelho Camponês e Operário, incluindo representantes do Conselho dos Colégios Médicos [...] do Comitê Executivo Central Pan-Russo do Soviete dos Deputados Operários e Soldados, da Principal Diretoria Sanitária Militar e da Cruz Vermelha Proletária.

O Estado-Maior do Exército Vermelho do distrito de Admiraltêiski solicita que os Sovietes Distritais enviem os cavaleiros alistados nas fileiras do Exército Vermelho para o endereço: travessa Konnogvardêiski, para o 1º Regimento de Cavalaria do Exército Vermelho, e os soldados de infantaria para o regimento de guarda Keksgólmski, no mesmo endereço.

Os que desejem se alistar, favor dirigir-se ao Estado-Maior do Exército Vermelho (rua Morskáia, 61).

A todos os agitadores da formação do Exército Vermelho, solicita-se que informem imediatamente ao Departamento de Agitação do Colégio Pan-Russo seus endereços e relatórios sobre a situação atual acerca da formação do Exército Vermelho nos locais frequentados por eles. Os relatórios devem ser enviados no mínimo duas vezes por semana.

Pravda, nº 25, 15 de fevereiro de 1918

74. A contrarrevolução branca

O front comandado pelo general A. Kaledin, prenunciador da guerra civil que se seguiria, situava-se a sudoeste da Rússia, na região do rio Don, terra de ocupação cossaca. Por não ter concordado com a Revolução de Fevereiro e a subsequente democratização do Exército, Kaledin foi afastado das funções que exercia no comando das tropas russas do sudoeste. A partir de junho, eleito chefe (*ataman*) dos cossacos, passou a comandar um autodenominado exército governamental cossaco, rebelde ao governo provisório, mas por este tolerado. Depois da Revolução de Outubro, insurgiu-se abertamente contra o novo poder. Os cossacos, porém, e cada vez mais, adeririam ao novo governo em virtude de sua política de distribuição de terras. Quando se viu por fim derrotado, A. Kaledin suicidou-se em 11 de fevereiro de 1918. As notícias abaixo, publicadas no *Pravda*, dão conta da progressiva neutralização da revolta liderada por Kaledin.

NO FRONT DE KALEDIN

Nas proximidades de Rostov

Batáisk, dia 17 de fevereiro. A cidade de Batáisk está firmemente ocupada por nós. Nossas unidades de vanguarda ocupam posições a oito quilômetros de Rostov, prendemos muitos oficiais de todas as patentes. A população nos recebe com alegria, de todos os pontos e povoações próximas chegam correndo representantes, de todo lugar trazem em grande quantidade carroças com víveres. Anteontem recebemos uma delegação dos cossacos do povoado de Ólginskaia, que era considerado pertencente a Kaledin. Os cossacos estão muito bem-dispostos em relação a nós, eles prometeram nos ajudar com alimentos. Apesar das exigências insistentes dos oficiais de atacar a retaguarda de Batáisk, eles se recusaram categoricamente a fazer isso.

Estado-Maior da Defesa

Os êxitos das tropas revolucionárias

Tchitá, dia 17 de fevereiro. A cidade de Tchitá está ocupada pelas tropas vitoriosas da revolução camponesa e operária lideradas pelos cossacos revolucionários do front. A divisão cossaca é liderada pelo chefe eleito, o cossaco Iankóv. Todas as baterias de Tchitá passaram para o lado da revolução. A atividade do soviete é restabelecida, e seu poder é declarado. Forma-se uma Guarda Vermelha; a Guarda Branca é desarmada. Foram presos muitos oficiais e a maior parte do Conselho do Povo, de orientação burguesa. Contra Semiónov foram enviados destacamentos armados. De Irkutsk partem comboios de soldados e cossacos.

Borís Chumiátski

Klin, dia 17 de fevereiro. O chefe do primeiro destacamento revolucionário de Minsk, Belêtski, telegrafou informando que, nas proximidades da cidade de Jlóbin, as tropas soviéticas ocuparam a aldeia de Malévitchi na direção de Bobrúisk e a aldeia Luki na direção de Rogátchevsk. Nossas tropas avançam travando batalhas, fazendo o inimigo recuar cada vez mais para Bobrúisk.

Do lado de Osipóvitchi em direção a Bobrúisk, também investem as tropas revolucionárias do front oeste. Nas tropas polonesas, cresce a desmoralização, e todo dia há muitos desertores, que informam que os soldados poloneses não sabem por que os oficiais os mandam batalhar. Entre as legiões polonesas, há muitos oficiais russos.

Comandante do 2º Exército Revolucionário, Berezin

Formação de bureau de imprensa

Vorónezh. Para combater a deturpação provocadora e as invencionices mentirosas da imprensa socialista réptil e burguesa sobre os acontecimentos no rio Don e para esclarecê-los mais plenamente, o Comitê Militar Revolucionário da Região do Don formou um bureau de imprensa.

Ocupação da estação Kámenskaia pelas tropas revolucionárias

No dia 28 de janeiro, às 21 horas, a estação Kámenskaia foi ocupada pelos operários, camponeses e tropas cossacas revolucionárias. A primazia foi do destacamento intrépido de Sablin, que entrou na Kámenskaia pelo lado da Likháia. A situação na região está favorável. O sucesso da mobilização geral revolucionária na região está garantido. O Comitê Militar Revolucionário do Don se prepara para a transferência à Kámenskaia. Amanhã entregarei os detalhes da vitória e os acontecimentos dos primeiros dias da revolução no Don à imprensa.

Presdon. Presidente do Comitê Revolucionário dos Comissários do Povo.

Transferência do Comitê Militar Revolucionário Cossaco Regional para Kámenskaia

No dia 30 de janeiro, às 20 horas, de Kámenskaia chegou o informe de que o Comitê Militar Revolucionário Cossaco Regional foi transferido para lá. A situação na região está boa. A maior parte da população está do lado da revolução.

Presidente do Bureau do Comitê Militar Revolucionário Bolchevique da Região do Don

Avanço das tropas revolucionárias

Vorónezh, dia 15 de fevereiro. Nos dias 21 e 22 de janeiro, na região do rio Don, o distrito Glubókaia-Kámenskaia foi limpado dos restos do destacamento de Tchernetsóv. A posição do Comitê Militar Revolucionário começou a se fortalecer. No dia 28 de janeiro, as unidades revolucionárias ocuparam Tarsóna. Naquele momento, a estação Glubókaia já estava completamente livre das tropas inimigas. No dia 23 de janeiro, nos distritos, vilarejos e estações de estrada de ferro foi declarada a mobilização. Os idosos, de 35 a 45 anos, ficam com armas nas mãos para proteger o novo poder soviético nas localidades. Já os jovens, de vinte a 35 anos, estruturaram um destacamento para combate aberto. No dia 24 de janeiro, foram presos o general Pólotski, que organizou o ataque e a destruição do soviete de Rostov e tentou retirar-se para Uriúpino, e seu ajudante. Eles foram transferidos à disposição de Sáblin. Segundo este, a cidade de Taganróg está nas mãos dos operários insurgentes. O primeiro dia da mobilização deu resultados satisfatórios. As pessoas chegavam de bom humor. Sente-se a falta de forças propagandistas e organizadoras.

Adesão dos cossacos às tropas revolucionárias

No dia 25 de janeiro, fomos informados da cidade de Tsarítsin de que o movimento revolucionário se expandiu largamente pelos distritos situados no norte. Houve um congresso que determinou a luta contra Kaledin. Foram formados sovietes em Kotélnikov, Uriúpino, Ust-Medvéditskaia, Mikháilovskaia, Morózovskaia e outras localidades. Em Uriúpino e Ust-Medvéditskaia, foram formados Comitês Militares Revolucionários distritais, que tomaram o poder em suas mãos. No norte, as unidades cossacas e a população reconheceram o poder soviético e também decidiram lutar contra Kaledin e os guerrilheiros, que provocam uma forte agitação.

Ocupação das estações Torgóvaia e Tiliaróvskaia

A 39ª divisão não cossaca ocupou a estação Torgóvaia, estabeleceu o controle sobre os trens, o telégrafo e os correios, e também ocupou a estação Tiliaróvskaia.

Formação do Estado-Maior de Guerra na cidade de Tsarítsin

Em Tsarítsin, foi formado o Estado-Maior de Guerra, chefiado por Avtonómov, um oficial cossaco e membro do antigo círculo militar.[1] Este também foi eleito comandante das tropas revolucionárias dos distritos do norte da região.

Ocupação das estações Tchira e Tchirskáia

No dia 26 de janeiro, fomos informados de que os destacamentos revolucionários, que incluíam 1750 destacamentos de pelotão Tsarítsinski, segundo batalhão cossaco de infantaria e as unidades 23 e 40 do regimento cossaco, sem combate eliminaram os guerrilheiros das estações Tchira e Tchirskáia. Três foram mortos, há presos. Nas unidades revolucionárias, não há perdas. De Tsarítsin foi

1. Reunião de tropas cossacas com funções deliberativas e judiciais.

enviado reforço, ao qual foi proposto agregar, no caminho, as unidades cossacas revolucionárias. Esses destacamentos receberam a ordem de avançar na linha de Donetsk, pressionar as estações Sévernaia e Likháia, juntar-se às tropas revolucionárias de Kámenskaia e agir como um conjunto. Ao mesmo tempo, fomos informados de que Sáblin também pressiona a estação Likháia.

Detalhes da ocupação da estação Kámenskaia

A investida contra a estação da estrada de ferro de Kámenskaia, que começou no dia 25 de janeiro, continuou nos dias 26, 27 e 28. A estação sofreu dos dois lados um ataque com armas de fogo nutrido. No dia 28 de janeiro, às 21 horas, as tropas revolucionárias tomaram Kámenskaia. No dia 29 de janeiro, o Comitê Militar Revolucionário do Don se preparava para a transferência para Kámenskaia.

Luta contra o alcoolismo

Ultimamente, no 1º Exército do Sul, foram notados casos isolados de alcoolismo. Protegendo os princípios revolucionários, o Comitê Regional do Don e o comandante do 1º Exército do Sul decidiram deixar claro que esse fenômeno vergonhoso é inaceitável no exército revolucionário. Algumas pessoas foram presas por alcoolismo e, daqui em diante, todos aqueles pegos em flagrante, qualquer que seja sua posição, serão presos e julgados pelo tribunal revolucionário.

Pravda, nº 29, 19 de fevereiro de 1918

75. Sair da guerra, conquistar a paz

Desde a emissão do "Decreto sobre a paz", sair da guerra passou a ser uma preocupação central do novo governo revolucionário. No entanto, conseguir uma paz "sem anexações e sem indenizações" não se afigurou uma tarefa fácil. Como os governos ocidentais recusaram-se a negociar, restou ao Conselho dos Comissários do Povo tratar diretamente com os alemães, também interessados na paz, pois isso lhes permitiria transferir todas as tropas para a frente ocidental. Entretanto, as margens de manobra dos germânicos eram bem mais amplas que as dos revolucionários, como revelam os termos do ultimato alemão, de 24 de fevereiro de 1918. As notícias publicadas no *Pravda*, quase que diariamente, sobre as tensas negociações, evidenciam a importância do assunto aos olhos da jovem sociedade soviética.

Conseguido o armistício, permaneceu de pé o desafio de assinar um tratado de paz vantajoso para a revolução ou que respeitasse seus princípios. Não era coisa fácil, dadas as circunstâncias. A partir de janeiro de 1918, a situação tornou-se desesperadora, gerando conflitos e contradições no Partido Bolchevique e no governo revolucionário. Uma ala dos bolcheviques, liderada por N. Bukhárin, e os SRs de esquerda, aliados no governo, recusando os termos alemães, preconizavam uma "guerra revolucionária". L. Trótski, numa posição intermediária, advogava uma fórmula bizarra: "nem paz nem guerra". Acabou prevalecendo a posição de V. Lênin de que era necessário aceitar todas as condições alemãs. Para ele, era necessário "salvar a revolução", mesmo à custa de abandonar os princípios, pelo menos temporariamente. Como se constatará na leitura do último artigo aqui apresentado, essa decisão esteve longe de merecer apoio total, mesmo entre os bolcheviques.

Na sequência, textos de época, dando conta das expectativas, da tensão, da urgência e das divergências que cercaram as negociações que culminaram, afinal, com a assinatura do Tratado de Brest-Litovski, em 5 de março de 1918.

A PAZ DE BREST-LITOWSKI: EXPECTATIVAS E TENSÕES

Os generais alemães organizaram batalhões de choque e, de surpresa, sem aviso, atacaram nosso Exército, que pacificamente dava início à desmobilização.

Mas a resistência já está sendo organizada. Ela está crescendo e vai crescer a cada dia. Empregaremos todas as nossas forças na oposição ao Exército branco alemão!

Pois eles estão marchando para trazer de volta os senhores de terras expulsos pelos camponeses. Eles marcham para restabelecer o direito dos senhores e o despotismo dos senhores sobre as fábricas e as indústrias. Eles marcham para trazer de volta os ex-proprietários e senhores Románov — trono, terra e bilhões.

Trabalhadores, camponeses, soldados! Pela defesa da República Soviética! Todos, sem tardar, rumo às fileiras do Exército Vermelho do socialismo!

Pravda, nº 33, 23 de fevereiro de 1918

Últimas notícias

Resposta do Alto-Comando alemão

Em resposta ao radiograma nº 95, de 24 de fevereiro, assinado pelo comandante supremo Krilenko, o Alto-Comando alemão responde à rádio de Tsárskoie Seló, em Varsóvia, em 24 de fevereiro, que o antigo cessar-fogo foi interrompido e já não pode ser reinstaurado.

Segundo o ponto 10 das condições de paz alemãs de 21 de novembro, a paz deve ser assinada no curso de três dias depois da chegada dos representantes russos a Brest-Litovski. Até este momento, continua o avanço militar conduzido dentro dos moldes das condições de paz alemãs, que servem de defesa para a Finlândia, Estônia, Lituânia e Ucrânia.

No Alto-Comando alemão está o general-Major Hoffmann.

Pravda, nº 38, 28 de fevereiro de 1918

Comunicado da delegação de paz

Às três horas da tarde de 27 de fevereiro, foi recebida a notícia de que nossa delegação de paz partiu para Pskov.

Pravda, nº 38, 28 de fevereiro de 1918

Chegada da delegação russa a Brest-Litovski

Hoje, 1º de março de 1918, foi recebido de Brest-Litovski o seguinte radiograma da delegação de paz russa em Brest.

> Petrogrado, Smolny, para Lênin.
> Chegamos a Brest no dia 28 de fevereiro, às três da tarde. Ocorreu uma deliberação sobre a ordem do dia da reunião de ontem. À nossa exigência de interrupção das atividades de guerra em vista de nossa concordância com o ultimato e nossa che-

> gada, o lado adversário respondeu que a interrupção das atividades de guerra só acontecerá a partir do momento da assinatura do tratado de paz. O prazo de três dias é contado a partir da primeira reunião de 1º de março, às onze horas da manhã.
> Karakhan

A delegação de paz de Brest comunica que, à exigência de interrupção das atividades de guerra, os alemães responderam que as atividades de guerra só serão interrompidas a partir do momento da assinatura do acordo de paz, não antes do dia 4 de março, às onze horas. Os alemães, pelo visto, nesses três dias têm a intenção de avançar o mais longe possível Rússia adentro, para ditar suas condições e mais. Preconizamos a vocês não entregar nada sem luta, bater-se até a última possibilidade, expulsando os alemães o mais longe possível para o oeste. Segundo nossas informações, os alemães agem em toda parte com grupos de pequenos destacamentos que não são difíceis de derrotar com um certo esforço de nosso lado.

Às oito horas da noite foi recebido o seguinte telegrama de Brest-Litovski.

> Mandem-nos um trem para Torochino (perto de Pskov), com segurança suficiente. Comuniquem sobre este último a Krilenko.
> Karakhan

Esse telegrama, muito provavelmente, significa que as conversas de paz foram suspensas pelos alemães. É preciso estar prontos para o ataque imediato dos alemães sobre Piter e sobre todos os fronts.

Todos devem obrigatoriamente se levantar e fortalecer as medidas de segurança e defesa.

Presidente do Soviete dos Comissários do Povo, V. Uliánov (Lênin)

Pravda, nº 40, 1º de março de 1918

Conferência bolchevique do Exército Vermelho

Ontem, no comitê de Petrogrado do Partido Comunista (bolchevique), foi aberta a conferência urbana da Guarda Vermelha.

Primeiro discutiu-se a questão do momento presente. Volodarski se apresentou com um discurso que repetia a tese habitual da necessidade de utilizar a trégua para fortalecer o poder dos sovietes e criar um exército forte.

Os bukharinistas apontaram que não há uma trégua de fato e que é pouco provável que ela crie condições de atacar. A paz de Brest é uma capitulação da revolução, e por isso é necessário montar um exército forte e romper com todas as obrigações que nos foram impostas.

O discurso de Mikeladze se distinguiu pelo profundo pessimismo. Ele apontou para a necessidade de alinhamento com o front revolucionário internacional, pois a vida pela vida não tem sentido. Não é necessário capitular diante do imperialismo apenas em nome da manutenção do poder soviético.

Depois da manifestação de Mikeladze, apresentou-se o representante do Soviete dos Comissários da Comuna. Ele espera que o proletariado internacional se alinhe com o nosso front revolucionário. É verdade que em Brest nós reconhecidamente capitulamos, mas isso não significa que capitularemos em outros fronts.

Depois de longas discussões foi tomada uma decisão que aponta para a necessidade de usar a paz de Brest para criar um exército forte e fortalecer o poder dos sovietes.

Novaia Jizn, nº 41, 15 de março de 1918

76. Polêmicas em torno da paz

Firmado o armistício em inícios de dezembro de 1917, iniciaram-se as conversações entre russos e alemães para a assinatura de um tratado de paz. Entretanto, as propostas alemãs feriam os princípios consagrados pelos bolcheviques, favoráveis à paz, mas sem "anexações e indenizações". Ora, era precisamente isso que os alemães exigiam — anexações e indenizações. V. Lênin era favorável a aceitar as condições impostas, fossem quais fossem, para "salvar a revolução". Outros, como N. Bukhárin e os socialistas revolucionários de esquerda, advogavam o recurso à "guerra revolucionária". Acabou prevalecendo a estranha alternativa de L. Trótski: "nem paz nem guerra". Depois de um momento de perplexidade, os alemães desencadearam uma grande ofensiva militar, colhendo sucessivas vitórias e ameaçando Petrogrado de uma queda iminente. Foi, então, necessário curvar-se às imposições, aceitar a proposta de V. Lênin e assinar o tratado de paz, agora em piores condições. "Uma lição dura", como o título do texto assinalou.

Recorde-se que, a partir de 10 de fevereiro de 1918, o calendário vigente na Rússia adotou os parâmetros do Ocidente, abandonando-se o calendário juliano, em proveito do calendário gregoriano.

UMA LIÇÃO DURA, MAS NECESSÁRIA

A semana de 18 a 24 de fevereiro de 1918 será vista como uma das mais importantes reviravoltas históricas no curso da Revolução Russa e internacional.

No dia 27 de fevereiro de 1917, o proletariado russo, em conjunto com uma parte do campesinato, despertado pelo desdobramento da guerra, e com a burguesia, derrubou a monarquia. No dia 21 de abril de 1917, o proletariado derrubou o reinado absoluto da burguesia imperialista, e o poder passou para as mãos de conciliadores pequeno-burgueses, que estavam de acordo com a burguesia. No dia 3 de julho, o proletariado urbano saiu espontaneamente em manifestação e abalou o governo conciliador. No dia 25 de outubro, ele o derrubou e estabeleceu uma ditadura da classe trabalhadora e do campesinato pobre.

Foi preciso defender essa vitória na guerra civil. Isso levou aproximadamente três meses, começando com a vitória sobre Kerenski perto de Gátchina, continuando com as vitórias sobre a burguesia, os *junkers* e parte dos cossacos contrarrevolucionários em Moscou, Irkutsk, Oremburgo, Kiev, e terminando com a vitória sobre Kaledin, Kornilov e Aleksêiev em Rostov no rio Don.

O fogo da insurreição proletária irrompeu na Finlândia, e passou para o lado da Romênia.

As vitórias no front interno se deram de forma relativamente fácil, pois o adversário não possuía nenhuma superioridade de equipamento ou organização, e, além disso, não estava estruturado sobre nenhuma base econômica e não possuía nenhum apoio nas massas da população. A facilidade das vitórias terminou por subir à cabeça de muitos líderes. Apareceu uma disposição geral de "já ganhou".

Fizeram vista grossa para a gigantesca desintegração do Exército, que rapidamente se desmobilizou e abandonou o front. Inebriaram-se com frases revolucionárias.

Passaram a usá-las na luta contra o imperialismo mundial. Confundiram a "liberdade" temporária da Rússia diante da pressão inimiga com algo normal, quando, na verdade, essa "liberdade" era explicada apenas por um intervalo na guerra entre os abutres germânico e anglo-francês. Confundiram o começo das greves de massa na Áustria e na Alemanha com a revolução que nos livraria de um sério perigo vindo da parte do imperialismo alemão. Em vez de um trabalho sério, eficaz e consequente de colaboração com a revolução alemã, que está nascendo por um caminho especialmente duro e difícil, apareceu um dar de ombros: "Onde eles estão, os imperialistas alemães? Nós e Liebknecht os derrubamos na hora!".

Na semana de 18 a 24 de fevereiro de 1918, da tomada de Dvinsk até a tomada de Pskov (depois perdida outra vez), durante a ofensiva militar da Alemanha imperialista contra a República Socialista Soviética, tivemos uma lição amarga, ultrajante, dura, mas necessária, útil e benéfica. Como foi infinitamente edificante comparar os dois grupos de telegramas e comunicados telefônicos que confluíram para o centro do governo nessa semana! De um lado, um conjunto desenfreado de frases revolucionárias "resolutivas" — frases steinberguianas, pode-se dizer, que faziam lembrar a obra-prima desse estilo, o discurso do SR de "esquerda" (hm... hm...) Steinberg na reunião de sábado do Comitê Executivo Central. Do outro lado, comunicados dilacerantes e vergonhosos sobre regimentos que se negavam a manter suas posições, sobre a recusa de defender até a linha de Narva, sobre o descumprimento da ordem de destruir tudo em caso de retirada; e nem vamos falar das fugas, do caos, da incompetência, da incapacidade, do desleixo.

Uma lição amarga, ultrajante, dura — mas necessária, útil e benéfica!

O operário que raciocina com consciência de classe tira três conclusões dessa lição histórica: a respeito de nossa relação com a defesa da pátria, da capacidade de defesa do país e da guerra revolucionária socialista; a respeito das condições de nosso conflito com o imperialismo mundial; a respeito da forma correta de propor a questão de nossas relações com o movimento socialista internacional.

Somos defensivistas agora, desde 25 de outubro de 1917, estamos, desde então, a favor da defesa da pátria. Isso porque demonstramos *com ações* nosso rompimento com o imperialismo. Denunciamos e publicamos os tratados e conchavos sujos e sangrentos dos imperialistas. Derrubamos a *nossa* burguesia. Demos liberdade aos povos explorados *por nós*. Entregamos a terra e o controle operário para o povo. Estamos a favor da defesa da República Socialista Soviética da Rússia.

Mas, exatamente porque somos favoráveis à defesa da pátria, exigimos uma atitude *séria* em relação à capacidade defensiva e à preparação militar do país. Declaramos guerra inclemente contra frases revolucionárias sobre a guerra revolucionária. É preciso preparar-se para ela de forma demorada e séria, começando com a recuperação econômica do país, a reparação das ferrovias (pois sem elas a guerra contemporânea é a mais vazia das frases), o estabelecimento, em toda parte e por todos os lados, da mais rígida autodisciplina e disciplina revolucionárias.

É um crime, do ponto de vista da defesa da pátria, iniciar um embate militar contra adversários infinitamente mais fortes e preparados, quando é notório que não temos um Exército. Temos a obrigação de assinar, do ponto de vista de defesa da pátria, a paz mais difícil, opressora, brutal e vergonhosa — não para "capitular" diante do imperialismo, mas para aprender e preparar-nos para lutar contra ele de forma séria e eficaz.

A semana passada ergueu a Revolução Russa a um nível de desenvolvimento histórico mundial incomensuravelmente mais alto. A história deu um passo à frente nesses dias, subiu alguns pequenos degraus de uma vez.

Até agora, tivemos à nossa frente inimigos mesquinhos, desprezíveis e lamentáveis: um idiota de um Románov, um Kerenski falastrão, bandos de *junkers* e burguesinhos. Agora, ergue-se contra nós o gigante do imperialismo mundial, instruído, equipado com tecnologia de primeira classe, formidavelmente bem organizado. É preciso lutar com ele. É preciso *saber* lutar com ele. Um país rural, levado a um descalabro sem precedentes pelos três anos de guerra, que começou uma revolução socialista, deve abster-se de entrar em novos embates enquanto for possível, ainda que à custa dos mais duros sacrifícios — justamente para ter a possibilidade de fazer algo sério no momento em que eclodir a "última batalha decisiva".

Essa batalha só começará quando a revolução socialista eclodir nos países imperialistas avançados. Essa revolução, sem dúvida, está amadurecendo e ganhando forças a cada mês, a cada semana. É preciso *ajudar* essa força em processo de amadurecimento. É preciso *saber* ajudá-la. Não a ajudaremos, mas prejudicaremos, se entregarmos a República Socialista Soviética vizinha à destruição em um momento em que o país notoriamente não tem um Exército.

Não devemos transformar em uma frase qualquer o grande lema: "Vamos traçar o mapa da vitória do socialismo na Europa". Isso é uma verdade se tivermos em mente o caminho longo e difícil até a vitória completa do socialismo. É uma verdade filosófica e histórica indiscutível, se tomarmos a "era da revolução socialista" como um todo. Mas toda verdade abstrata se transforma em uma simples frase se a aplicarmos a *qualquer* situação concreta. É indiscutível que "a hidra da revolução social está em cada greve". Mas é um absurdo achar que de cada greve já se pode imediatamente passar para a revolução. Se "traçarmos o mapa da vitória do socialismo na Europa", no sentido de assumir essa garantia perante o povo, garantia de que a revolução europeia eclodirá e vencerá sem falta nas próximas semanas, necessariamente antes do momento em que os alemães consigam chegar a Piter, a Moscou, a Kiev e consigam "terminar de destruir" nosso transporte ferroviário, não estaremos nos comportando como revolucionários internacionalistas sérios, mas como aventureiros.

Se Liebknecht vencer a burguesia em duas, três semanas (isso não é possível), ele nos livrará de toda a dificuldade. Isso é indiscutível. Mas, se definirmos nossa tática atual de luta contra o imperialismo atual com base na esperança de que Liebknecht provavelmente deva vencer justo nas próximas semanas, vamos servir apenas de objeto para zombarias. Vamos transformar os maiores lemas revolucionários da contemporaneidade em uma frase revolucionária qualquer.

Aprendam com as lições duras, mas úteis da revolução, camaradas trabalhadores! Preparem-se seriamente, com atenção e firmeza para a defesa da pátria, para a defesa da República Socialista Soviética!

Assinatura: Lênin

Pravda, nº 35 (edição vespertina), 25 de fevereiro de 1918

77. Os artistas e a revolução

Nos começos de 1918, muitos intelectuais, inclusive os futuristas, apesar da repressão que se desencadeava, simpatizavam com a revolução e com os bolcheviques, embora outros tantos já se afastassem e tomassem o caminho do exílio. Poucos meses depois do manifesto que se lê em seguida, foi fechado o Café dos Poetas, onde residiam alguns futuristas. Era vizinho à Casa da Anarquia, uma espécie de Estado-Maior dos anarquistas, também fechada. Prenúncios de uma incompatibilidade que se radicalizaria mais tarde.

MANIFESTO DA FEDERAÇÃO AMBULANTE DOS FUTURISTAS

O antigo regime baseava-se em três pilares: a servidão política, a servidão social e a servidão espiritual. A Revolução de Fevereiro aboliu a servidão política. Com as penas negras da águia bicéfala foi forrado o caminho para Tobolsk. Outubro jogou no capital a bomba da revolução social. No horizonte, ao longe se avistam os traseiros gordos dos industriais em fuga. E permanece inabalado apenas o terceiro pilar, a SERVIDÃO DO ESPÍRITO. Como antes, ele expele o jorro de água bolorenta chamado VELHA ARTE. Os teatros, como outrora, apresentam: os "Judeus" e outros "dos tsares" (obras dos ROMÁNOV); como antes, encontram-se nos gargalos das jovens ruas os monumentos aos generais, príncipes — amásias dos tsares e amantes das tsarinas, de suporte pesado e barrento. Nas lojecas mesquinhas chamadas pomposamente de exposições, negociam-se genuínos borrões das filhas e das datchas de fidalgos no estilo rococó e demais luíses.

E, finalmente, em nossas radiantes festividades cantamos não nossos hinos, mas a grisalha *Marselhesa* emprestada dos franceses. Basta. Nós, proletários da arte, chamamos os proletários das fábricas e das terras à terceira revolução, incruenta mas brutal, a revolução do espírito. Exigimos que reconheçam:

I. A separação entre a arte e o Estado. A extinção do patrocínio com privilégios e do controle no domínio da arte. Abaixo os diplomas, títulos, os postos e honrarias oficiais.

II. A transferência de todos os recursos materiais artísticos — teatros, capelas, locais de exposição, prédios da academia e das escolas de arte — para as mãos dos próprios mestres no ofício para que toda a classe artística possa fruí-los com direitos iguais.

III. A universalização da educação artística, pois acreditamos que as bases da futura arte livre só podem sair das entranhas da Rússia democrática, que até agora esteve faminta do pão da arte.

IV. O confisco imediato, junto com os de gêneros, de todas as reservas estéticas que jazem sem uso, para emprego equânime e regular de toda a Rússia. Viva a terceira revolução, a Revolução do Espírito!

D. Burliuk, V. Kamenski, V. Maiakóvski.
Jornal dos Futuristas, Moscou, 16 de março de 1918

78. Os comunistas de esquerda

O jornal *Komunist*, agrupando os autodenominados "comunistas de esquerda", circulou na Rússia revolucionária em 1918 com críticas contundentes ao Tratado de Paz de Brest-Litovski, assinado em começos de março de 1918. Os comunistas de esquerda defendiam o recurso a uma guerra revolucionária contra as imposições alemãs. A ideia de formação de uma tendência específica foi, porém, abandonada, na medida em que os principais líderes integraram-se a tarefas de construção do Estado socialista na Rússia.

SUBSCRIÇÃO DE ASSINATURAS DO JORNAL OPERÁRIO DIÁRIO

Komunist

Órgão dos comitês de Petersburgo e da região de Petersburgo RSDRP

O jornal é publicado com participação de: R. Abramovich, Arkadi G. Boki, A. Bubnov, D. Bogolpov, S. Bobinski, N. Bukhárin, M. Bronski, M. Vassíliev (Sarátov), A. Viborgski, A. Doletski, B. G. Zul, Kuzmin, S. Kassiur, Iu. Lenski, N. Antonov (N. Lukin), N. Lukina, G. Oppokov (Lomov), V. Obolenski (N. Ossinski), M. Pokrovski, E. Preobrajenski, G. Piatakov, I. Radek, S. Ravitch, A.

Soltse, M. Saviolov, V. Smirnov, I. Stukov, Spundo, M. Uritski, I. Unchlikht, P. Chteriberg, V. Iakovleva e outros.

Condições de assinatura: um mês, seis rublos; três meses, dezoito rublos. Para assinaturas coletivas de no mínimo dez exemplares, desconto de 10%. Mudança de endereço, 75 copeques.

Só se aceitam assinaturas de 10 a 10.

Endereço do escritório: rua Liteini, 48, tel.: 208-49.

Komunist, nº 1, 20 de abril de 1918

79. As incertezas da paz

Estas manchetes, publicadas no *Pravda* na véspera da assinatura do Tratado de Paz de Brest-Litovski, mostram bem as incertezas que ainda rondavam as conversações entre alemães e russos. A hipótese de uma guerra revolucionária não estava inteiramente afastada.

> NOSSA DELEGAÇÃO DE PAZ VOLTA A PETROGRADO. A QUESTÃO SOBRE A GUERRA E A PAZ ESTÁ DECIDIDA: *GUERRA!* GUERRA DO IMPÉRIO LATIFUNDIÁRIO E BURGUÊS CONTRA A REPÚBLICA CAMPONESA E OPERÁRIA.
>
> O VELHO MUNDO CAPITALISTA CAI SOBRE NÓS COM TODA A SUA POTÊNCIA. ELE PRECISA DA RUÍNA DO JOVEM PODER SOCIALISTA. ELE PRECISA DA NOSSA RUÍNA.
>
> OPERÁRIOS, SOLDADOS, CAMPONESES! SÓ POR CIMA DOS NOSSOS CADÁVERES O INIMIGO ENTRARÁ EM PETROGRADO! SÓ TOMANDO COM COMBATE CADA CIDADE, CADA POVOADO, A BURGUESIA PODERÁ PASSAR A REINAR NO PAÍS!
>
> A PARTIR DE AGORA, O NOSSO LEMA É: "VITÓRIA OU MORTE!".

Pravda, nº 39 (265), 2 de março de 1918

80. O Exército Vermelho e os operários

Viborgski, na época da Revolução de 1917, era uma área de forte concentração industrial e operária e se tornou um dos principais baluartes dos setores radicalizados da classe operária russa e do Partido Bolchevique. A reportagem publicada pelo *Pravda* mostra as condições e as modalidades de formação inicial do Exército Vermelho, contando com a Guarda Vermelha (operária) como sua principal base de recrutamento. Registre-se igualmente o caráter democrático do processo em que as unidades militares elegem seus comandos e recebem "propostas", e não "ordens".

ORGANIZAÇÃO DO EXÉRCITO VERMELHO

O Exército Vermelho na área de Viborgski

O quartel da Guarda Vermelha da área de Viborgski está com muito trabalho. A ameaça direta à capital revolucionária levou à luta todo o povo trabalhador do distrito de Viborgski.

Ao prédio do Soviete dos Deputados Soldados e Operários na avenida Sampsónievski, a cada minuto, chegam multidões de pessoas armadas. Os operários se levantaram, unidos, para defender a revolução; pelotões inteiros pedem para ser imediatamente enviados para o front. Todos querem se lançar à batalha e estão bem armados.

O exército revolucionário está sendo formado com operários locais e unidades militares que voltam do front. Em virtude da nova situação, o primeiro escalão de marcha Petrogradski, que na Ucrânia combateu os regimentos *haidamaks* e veio do front de Kiev para reforçar o Exército, recebeu a proposta do soviete e do Estado-Maior do Exército Vermelho da área de Viborgski de permanecer na capital para defendê-la. Na reunião do escalão, foi tomada a decisão de permanecer em defesa de Petrogrado. Tendo em conta a tarefa recebida, foi colocada a questão sobre a reorganização do escalão e foram realizadas eleições para o comando.

Segundo os dados da comissão de recrutamento, até o dia 2 de março, o quartel da Guarda Vermelha da área de Viborgski enviou mais de 3 mil combatentes armados. Além disso, foram formadas e estão à disposição do Estado-Maior do Exército Vermelho da área de Viborgski as seguintes forças: o Exército Vermelho de duzentas pessoas, dois escalões de marcha de mais de setecentas pessoas, quinhentas pessoas para segurança interna, duas baterias de artilharia e equipes de metralhadoras concentradas nas fábricas da área de Viborgski.

Pronta para o combate, a fábrica mecânica de Nobel, em número de setecentas pessoas, espera ser enviada para o front.

O perigo que está se aproximando faz se levantarem massas operárias cada vez maiores, prontas para rechaçar energicamente o ataque predador e os atentados contra as conquistas da revolução camponesa e operária.

A assembleia geral dos representantes dos sovietes distritais, dos Estados-Maiores do Exército Vermelho distritais e do Comitê da Defesa Revolucionária estabelece na resolução do 1º de março sobre a questão da organização do Exército Vermelho:

1) O estado de mobilização dos que entram para as fileiras do Exército Vermelho só é obrigatório enquanto há o perigo da invasão imperialista e, portanto, todos os alistados no Exército voltam à vida civil a partir do momento da publicação da ordem sobre a desmobilização.
2) O Exército Vermelho funde em si todos os quadros da Guarda Vermelha, do Exército Vermelho e dos voluntários existentes até agora em uma única força poderosa do povo armado insurgente.
3) Para esses fins, em cada distrito junto ao soviete distrital, é criado o Estado-Maior do Exército Vermelho único, composto dos representantes do soviete distrital, do Estado-Maior do Exército Vermelho, onde ele existir, ou dos estabelecimentos que o substituem. O Estado-Maior realiza recrutamento, registro, armamento, municiamento, abastecimento e instrução inicial dos voluntários.
4) Como centro unificador de Petrogrado, é criado o Estado-Maior do Exército Vermelho do soviete de Petrogrado, composto dos cinco representantes dos Estados-Maiores distritais, três representantes do Comitê Executivo do soviete de Petrogrado, dois representantes do quartel-general da Guarda Vermelha e um representante do Estado-Maior da região de Petrogrado. Para que suas necessidades sejam atendidas, o Estado-Maior utiliza todos os estabelecimentos do Ministério de Guerra dentro das fronteiras da região de Petrogrado.

Membro do Colégio de Toda a Rússia, Trífonov
Secretário da reunião, Pundakov
Pravda, nº 40, 3 de março de 1918

81. Uma paz precária

O texto a seguir, publicado logo após a assinatura da paz de Brest-Litovski, ilustra bem como a paz era encarada como algo provisório e sujeito a reviravoltas. Evidencia-se, por outro lado, a perspectiva de retomar, mais cedo ou mais tarde, o sul "russo", ocupado então pelos alemães e seus aliados ucranianos. Outros dois aspectos notáveis do texto: a expectativa numa revolução europeia se mantém, além da proposta de um regime internamente repressivo para enfrentar os inimigos externos.

ASSINADA A PAZ

Nossa delegação assinou as condições da paz, as quais nem discutiu. Os bandidos alemães obrigaram-na a assinar as condições da paz que consideram aceitáveis para si. Hoje eles são donos da situação. Hoje eles não veem a necessidade de serem prudentes. Fazendo-nos o favor de dar a paz como uma concessão devida à preocupação com operários alemães e austríacos, eles parecem fazê-lo de uma maneira que fica difícil dizer se isso é paz ou não. De fato, o que significa a recusa em admitir em Brest a delegação pacífica da República Soviética Ucraniana? Será que isso significa que a Ucrânia e, junto com ela, todo o sul russo serão sacrificados para as expedições punitivas do bloco dos partidos socialistas ucranianos, que agora está liderando as tropas alemãs e magiares? Ainda não sabemos por onde passa a nova fronteira da Rússia, devido ao que Czernin e Hoffmann, através dos traidores nacionais e contrarrevolucionários estonianos, ucranianos e outros, acobertam a continuação da guerra. A reação germano-austríaca precisa da guerra contra o poder soviético. Eles assinam a paz obrigados, mas não pretendem terminar a luta contra o poder soviético nem por um minuto.

Eles só sabem de uma coisa. O poder soviético na Rússia deve ser derrubado antes que comece uma revolução na Alemanha e na Áustria. A melhor parte dos operários russos, o proletariado russo organizado e a vanguarda dos camponeses devem ser fuzilados e enforcados antes que o proletariado da Alemanha e da Áustria comece a viver seus próprios dias de outubro.

Guerra civil. Uma coisa cruel. Os hipócritas do socialismo, que usam a palavra "socialismo" para tapear os operários, acusavam os operários de serem cruéis. Para as pessoas honestas, para os não hipócritas, é evidente que a crueldade cega e desalmada é própria justamente dos inimigos dos operários. O operário e o camponês russo agora estão sob a ameaça de um massacre cruel planejado, que está sendo preparado pelos reacionários germano-austríacos junto com os nossos contrarrevolucionários. A expedição punitiva na Ucrânia, liderada pelo bloco dos partidos socialistas ucranianos, já nos mostrou o verdadeiro valor das palavras dos nossos "socialistas", quando recebem dos Hoffmann algumas boas baionetas. Não há a menor dúvida de que os Hoffmann e os Czernin farão todo o possível para apoiar a contrarrevolução na Rússia, mesmo que eles tenham concordado em assinar a paz com o poder soviético.

O poder soviético precisa agora da paz. A paz é extremamente necessária para ele. A última acusação que poderia ser feita ao poder soviético é que ele estaria brincando de paz. O poder soviético agora faz tudo para conseguir a paz. Mas acreditar nas palavras de Hoffmann e de Czernin seria uma loucura. A cada minuto, a República Soviética deve estar pronta para oferecer resistência, para passar a uma situação de guerra. Não uma guerra expansionista, não. O poder soviético não pode conduzir uma guerra expansionista saqueadora agressiva nem agora nem depois. O poder soviético por si só é a negação desse tipo de guerra.

Mas é preciso, a cada minuto, estar pronto para rechaçar as investidas, talvez, perder Petrogrado e outros centros. Estamos entrando no período mais difícil da existência do poder soviético. Estamos prestes a enfrentar as provações mais inesperadas e sérias. Assinamos a paz. Mas os srs. Hoffmann e Czernin subentendem que a paz é guerra, uma guerra civil... A contrarrevolução dentro do país deve ser reprimida sem piedade para que o poder soviético possa conduzir a luta. Todos os recursos do país devem ser mobilizados. Todos aqueles aptos para o trabalho e os que não querem trabalhar devem ser obrigados ao trabalho. Apenas esses esforços heroicos podem tirar o país do estado de destruição, ao qual ele foi atirado pela guerra e pelas derrotas militares. Somente a eliminação impiedosa da contrarrevolução e a política enérgica da expropriação dos expropriadores dentro do país podem criar um país dos sovietes estável e homogêneo, que conseguirá defender sua independência e liberdade dos Kaledin russos, austríacos e alemães.

O futuro mais próximo mostrará se nos será dada, ao menos, uma sombra de paz, uma pausa, por menor que seja, para curarmos as feridas da guerra. Mas venha o que vier, segundo o ditado russo, "na nossa rua também haverá festa". A recusa de ter paz conosco significa nada mais que uma luta descarada contra um poder específico só porque esse poder é operário e camponês, e não dos proprietários de terra e banqueiros. Nessa guerra, os

Hoffmann e Czernin podem obter uma série de vitórias militares. Mas, inevitavelmente, eles provocarão uma insurreição nas regiões ocupadas e desmoralizarão suas unidades, que não sejam de todo contrarrevolucionárias. Eles mesmos entendem isso muito bem, senão teriam se recusado a assinar a paz com a República Soviética odiada. Mas quaisquer que venham a ser as circunstâncias no futuro, qualquer que seja a paz assinada, não devemos esquecer uma coisa: a luta pelo poder soviético e pela revolução social contra o imperialismo mundial continua. Embora, talvez, em novas condições, em outro ambiente e nas formas modificadas.

Pravda, nº 41 (267), 5 de março de 1918

82. Celebração da operária

As mulheres desempenharam um papel fundamental na tradição revolucionária e nas revoluções russas. A primeira passeata, em 23 de fevereiro/8 de março de 1917, foi organizada por mulheres em protesto contra a escassez de gêneros essenciais em Petrogrado e em comemoração ao Dia Internacional da Mulher. Assim, o poema publicado no *Pravda* é não apenas retórico, mas também expressivo de um reconhecimento autêntico a um "personagem" central da revolução.

À OPERÁRIA

Minha língua é áspera. A alma, grave.
Mas no momento em que a dor é temerária,
Não há para mim palavra mais suave,
Do que você — "irmã-operária".

Quando às vezes parecia
Incontável a força dos algozes,
Diante de nós, como uma centelha,
Vinha você com uma bandeira vermelha.

Como nos velhos dias de tristeza,
Nossa cabeça se inclinava,

Com que fé e justeza
Sua palavra de alento soava.

Com a vingança planando no horizonte,
Diante da humilhação de amargas medidas,
Imploro, irmã, que sua fé desponte,
E sejamos salvas e erguidas.

Demian Biédni
Pravda, nº 44 (270), 8 de março de 1918

83. A Revolução Russa e a defesa da pátria revolucionária

Estas manchetes, publicadas logo após a assinatura da paz de Brest-Litovski, mostram que já se desencadeavam as forças que iriam lutar na guerra civil. Observe-se igualmente que o governo revolucionário já apela para os sentimentos e as tradições nacionalistas do povo russo, tentando identificar a revolução com a Rússia.

> OS CONTRARREVOLUCIONÁRIOS RUSSOS LIDERADOS PELO PRÍNCIPE LVOV CRIARAM UM NOVO GOVERNO NO EXTREMO ORIENTE.
>
> OS TRAIDORES FIZERAM UMA ALIANÇA COM OS IMPERIALISTAS JAPONESES PARA SUBJUGAR O PAÍS.
>
> OS PROPRIETÁRIOS DE TERRA E OS CAPITALISTAS VENDEM O EXTREMO ORIENTE AO JAPÃO PARA RECUPERAR SEU PODER SOBRE OS OPERÁRIOS E OS CAMPONESES.
>
> ÀS ARMAS, OPERÁRIOS E CAMPONESES! LEVANTEM-SE TODOS, COMO UMA SÓ PESSOA, À LUTA PELA GRANDE REVOLUÇÃO!
>
> TODOS À DEFESA DA PÁTRIA SOCIALISTA!
>
> *ÀS ARMAS!*

Pravda, nº 45 (271), 9 de março de 1918

84. Moscou, a nova capital revolucionária

O texto a seguir, publicado poucos dias depois da assinatura da paz de Brest-Litovski, evidencia a permanência de uma situação bastante instável, em particular sobre a questão da transferência da capital, de Petrogrado para Moscou. Recorde-se que os revolucionários russos, até outubro, tinham denunciado com muita ênfase a mudança da capital como um recurso do governo provisório para enfraquecer a pressão revolucionária, muito mais forte em Petrogrado do que em qualquer outro lugar. Vale também registrar o ânimo repressivo do governo revolucionário.

À POPULAÇÃO OPERÁRIA DE PETROGRADO

Devido à disseminação de boatos perturbadores sobre a evacuação de Petrogrado, a crise de alimentos etc., o soviete de Petrogrado considera necessário declarar que, embora em virtude da situação internacional seja preciso transferir o centro governamental para um lugar mais seguro, a questão da transferência da capital de Petrogrado para Moscou pode ser e será resolvida, de modo definitivo, pelo Congresso Extraordinário dos Sovietes, que começará no dia 12 de março, em Moscou. Todo o poder de Petrogrado permanece nas mãos do soviete de Petrogrado, que continua firme na defesa dos interesses da população operária e dos pobres da cidade, e que toma todas as medidas para a organização e a regularização de uma vida tranquila na nossa cidade.

O soviete declara, de forma categórica, que nenhum perigo imediato ameaça Petrogrado, que a situação alimentar está melhorando e que, ao mesmo tempo, estão sendo tomadas todas as medidas para retirar, em primeiro lugar, o quanto antes e de maneira planejada, as mulheres e as crianças de Petrogrado.

O soviete de Petrogrado concita a população operária de Petrogrado à absoluta tranquilidade e à vigilância revolucionária.

O soviete de Petrogrado adverte que todos que disseminam pânico e todos que espalham boatos perturbadores serão julgados pelo tribunal revolucionário.

Além disso, quaisquer tentativas de violação da ordem revolucionária serão reprimidas da maneira mais enérgica.

Pravda, nº 46, 10 de março de 1918

85. Uma paz controvertida: debates do IV Congresso dos Sovietes

Depois de assinado o tratado de paz com a Alemanha, em Brest-Litovski, em março de 1918, o governo do Conselho dos Comissários do Povo compreendeu que era necessário convocar um IV Congresso — extraordinário — dos Sovietes de Operários, Camponeses e Soldados. Tratava-se de discutir, aprovar e legitimar a paz, pois o tratado estava suscitando muitos protestos e críticas em virtude das concessões feitas pelo governo revolucionário, que contrariavam o princípio, considerado até então sagrado, de uma paz "sem anexações e indenizações". Mesmo entre os bolcheviques, houve sérias discrepâncias. Quanto aos socialistas revolucionários de esquerda, demitiram-se do governo, que parecia abalado.

As intervenções de J. Martov inserem-se neste contexto, de aparentes brechas, aproveitadas pelo líder menchevique para fustigar o governo e os bolcheviques.

Uma última entrevista de J. Martov, em outubro de 1918, dá sequência às intervenções proferidas no IV Congresso dos Deputados Operários, Camponeses e Soldados e trata das cada vez mais complicadas relações entre bolcheviques e mencheviques.

CONGRESSO EXTRAORDINÁRIO
(IV Congresso dos Sovietes)

Discurso de Martov

O discurso de Martov causa forte impressão. Em particular, ele suscita muita atenção quando fala da "premência em designar uma comissão de inquérito para esclarecer em que circunstâncias foi dada a ordem para que o Exército se desmobilizasse, enquanto ele podia ainda oferecer resistência. É preciso achar o responsável". O governo que levou o país a tal situação deve renunciar imediatamente e ceder o poder a uma democracia que o país inteiro reconheça. "Onde estão as palavras de Trótski sobre a guerra santa?", pergunta o orador. Faz muito pouco que Trótski disse: "Se a Alemanha se recusar a assinar uma paz democrática, nós lhe declararemos uma guerra santa". Onde está essa guerra? "Exigimos", Martov conclui seu discurso, "a convocação imediata da Assembleia Constituinte. Abaixo os imperialistas e seus capatazes!" Martov desce do púlpito. Ouvem-se tempestuosos aplausos à direita e vaias à esquerda.

Vecherniaia Zvezda, nº 34, 16 de março de 1918

Guerra e paz
(Discursos de Abramovich e Martov)

Com esse nome os mencheviques unificados realizaram ontem seu comício no Museu Politécnico. O comício atraiu um numeroso público, que superlotou a plateia e o balcão; compareceram 2 mil pessoas. Ao contrário do Congresso dos Sovietes, que se reunia ao lado, o humor aí era acerbamente antibolchevique. Vivo e repleto de ataques espirituosos, o informe de R. Abramovich foi recebido com um entusiasmo já há muito perdido em nossas reuniões públicas; nos momentos mais impressionantes, o salão, tomado pela juventude intelectual e operária, lança ao orador entusiásticas ovações que constituem uma sólida manifestação contra os bolcheviques. A guerra civil na Ucrânia, dizia o orador, e a dissolução da Assembleia Constituinte assinalam a desintegração da Rússia em pedaços distintos. Os bolcheviques, incentivando-os sobre os estreitos instintos da multidão, conseguiram não a ditadura camponesa e operária, mas uma tirania do grupo predominante no Comitê Central Bolchevique. A afirmação de Lênin de que a paz vergonhosa foi consequência da política do absolutismo e de Kerenski é falsa. Por acaso, em 24 de outubro, os alemães podiam ter ocupado Dvinsk com uma dezena de soldados em bicicletas? Será que 2 mil soldados russos teriam então fugido de sete alemães, como se passou em fevereiro? Teriam baterias e automóveis sido vendidos ao inimigo, e nas ruas de Petrogrado as metralhadoras saído por 25 rublos cada? E não foi em fevereiro que a tripulação de um célebre cruzador russo vendeu toda a mobília, louça e peças de cobre e dividiu o lucro, com 8 mil rublos por cabeça?! Pergunto a vocês, camaradas, quem nos levou a isso?... De todos os lados da plateia se ouvem os brados: "Lênin, Trótski...". O objetivo de reconstruir o Exército em 24 horas sob princípios eletivos, continua o orador, foi uma ideia absurda, e o desejo dos bolcheviques de tomar o poder arruinou o Exército. Em seguida, o relator analisa as condições da paz e aponta que o pagamento aos alemães por meio de empréstimos russos equivalerá a liquidar o decreto sobre a anulação dos empréstimos, pois o capital é internacional. A leviandade fanfarrona dos bolcheviques em geral e, em particular, o "gesto vermelho" de Trótski em Brest nos deram esse tratado vergonhoso recém-anunciado no congresso. Os bolcheviques não podem invocar as falhas de seus antecessores: eles estão no poder e eles são responsáveis. O relator folheia uma brochura com o acordo de paz e se espanta: onde está o mapa definindo os limites da ocupação alemã e as fronteiras do Estado ucraniano? O tratado faz referência a esse mapa, mas o congresso está obrigado a ratificar a paz às cegas. O orador passa a criticar as condições econômicas da "paz vantajosa", como é agora chamada na Alemanha, pois ela dará a cada alemão 102 gramas a mais de pão todo dia.[1] Na opinião do orador, o operário russo está doravante condenado ao papel de escravo do capital alemão. O orador encerra caracterizando o telegrama de Wilson ao congresso como uma advertência, nos dizendo que em breve a Rússia será uma arena de luta entre as duas coalizões inimigas. Nossa única salvação é nos unir e cerrar forças para nos fortificarmos contra a próxima investida. Se criarmos nos Urais um centro de defesa e, ao encerrar-se a guerra mundial, restaurarmos, ao menos em parte, nossa potência de combate, teremos de ser levados em conta e obrigaremos os imperialistas ocidentais a anular as condições infamantes da paz bolchevique. Com essa paz, os bolchevistas destroçaram o socialismo alemão; seria cômico esperar que o operário alemão fizesse a revolução contra um poder que lhe deu o pão e a banha ucranianos, a manteiga siberiana, o metal e o carvão russos. Não há pelo que culparmos o operário alemão! O orador termina exigindo que se resista ao inimigo, o que só é possível realizando uma série de premissas políticas: é preciso restaurar a frente única revolucionária e unificar a terra russa. A melhor saída agora é recusar-se a ratificar o tratado de paz e convocar a Assembleia Constituinte. As últimas palavras do orador foram cobertas por tempestuosas e muito demoradas ovações de todo o salão em honra da Assembleia Constituinte. Pronunciando o último discurso, L. Martov ilustra em pessoa a luta denodada que é preciso sustentar no congresso da "oposição", como testemu-

1. "Paz vantajosa" é *khlebny mir* em russo. O adjetivo "khlebny" se refere a *khleb* (pão), e o trocadilho está em que ele também significa "rendoso", "vantajoso".

nham seu semblante exausto e sua voz rouca. Daqui a algumas horas se decidirá a questão da assinatura da paz, diz ele, o que não significará o encerramento da guerra. Essa paz é um ato de partilha da Rússia, e se o país não acordar, ela será o prólogo do desmembramento final. Ao encerrar, L. Martov destaca a importância de terem os bolcheviques mudado o nome de seu partido, transformando-se em "comunistas": o bolchevismo renegou a social-democracia, e ela não arcará com a responsabilidade pela paz desastrosa. Se for verdade a afirmação de que a revolução está rolando montanha abaixo, então é melhor morrer do que se entregar. Nossa missão é lutar contra a paz humilhante e para restaurar a república democrática. Apenas uma Rússia democrática livre libertará os povos irmãos traídos pelos bolcheviques e guiará os povos rumo à reconstrução da "Internacional" operária. A plateia aplaude ruidosamente o orador. As posições que ele manifesta são tão compartilhadas pelos presentes que não se encontra quem queira contestá-las, e o comício termina sem debates.

Russkiye Vedomosti, 16 de março de 1918

Os mencheviques e o poder soviético
(Entrevista com L. Martov)

Pela última vez nos jornais soviéticos mencionava-se a desintegração do Partido Social-Democrata e a passagem massiva de seus membros para o comunismo. Nessa ocasião, nosso companheiro entrevistou uma das figuras mais destacadas desse partido, L. Martov, para que explicasse a verdadeira versão dos fatos.

> "São reais os rumores", foi a primeira pergunta, "sobre uma aproximação entre os mencheviques e o poder soviético?"

"Pelo visto você se refere ao artigo de Radek sobre 'Uma voz da sepultura', no *Pravda*. Ele percebe como uma tentativa de aproximação a nossa resolução de que não falamos da Assembleia Constituinte, mas exigimos apenas 'uma radical mudança na política do poder soviético'. Está claro que é um absurdo. Uma radical mudança na política soviética é indispensável no crítico momento atual para que as massas populares da Sibéria, dos Urais, da Ucrânia etc. *não receiem* unir-se à Grã-Rússia nem se aliem à ocupação estrangeira, que consideramos perniciosa."

"Quer dizer então que vocês concordam em conciliar-se com o poder soviético?"

"De jeito nenhum. Permaneceremos convictos de que apenas na soberania popular, na república democrática, as classes trabalhadoras encontrarão o meio para se libertarem e salvarem uma revolução ameaçada de todos os lados."

"Mesmo assim vocês não desistem da Assembleia Constituinte?"

"E por quê? Mesmo sob o tsarismo, avançamos, a cada momento dado, exigências cuja realização tornaria mais favoráveis as condições para alcançar a República e convocar a Assembleia Constituinte. Isso em nada implicava, como então nos acusavam os amigos do sr. Radek, a traição ao mote da Assembleia Constituinte. Assim procedemos também agora."

"Então seu partido permanecerá na oposição, mesmo que mudem os rumos da política do poder soviético conforme vocês exigem?"

"Claro, pois a parte do proletariado que nos seguiu não pode confiar num 'socialismo imediato' nem na construtividade dos meios pelos quais ele está se implantando."

"E o que há de verdade ao dizerem que as massas que seguiam os mencheviques estão deixando-os?"

"Não conheço nenhum fato que respalde isso. Pois os argumentos que usam para nos combater residem apenas em povoar as prisões com membros de nosso partido, em fechar todos os nossos jornais e organizações, em declarar nosso partido 'fora da lei'. O grau de evolução da classe operária russa não é tal que convencê-la fosse possível aos detentores de semelhantes argumentos."

"Mas Radek afirma que vocês podem constatar a saída das massas 'pelas listas de membros de seu partido'."

"Ah, não. Na maioria dos casos essas listas são reguladas pelas *chekas*, que com elas realmente reduzem os quadros de nosso partido, mandando-os em parte para o xadrez, e outros (como em Rybinsk, Nizhni [Novgorod] etc.), direto desta para melhor."

"Porém, o senhor assentiu que em termos políticos seu partido atualmente está morto."

"Ora, parece-me que a notícia de nossa morte é 'um tanto exagerada', como dizia Mark Twain. Tenho essa segurança ao ver que os nobres comunistas, embora nos declarem como um cadáver, já faz dois meses que não param de se interessar e se ocupar com o que pensamos e o que pretendemos fazer. Como sabemos, sobre os mortos, deve-se ou falar bem ou não falar nada. Verdade, esse é um preconceito burguês, mas os comunistas fazem a mesma coisa. Veja por exemplo F. Lassalle. Esse 'social-traidor' via no sufrágio universal o alfa e o ômega da ditadura do proletariado. Porém, não apenas lhe ergueram um monumento, como, durante sua inauguração, nem Lunatchárski nem Zinoviev mencionaram suas fraquezas, e nem sequer uma vez o chamaram de 'social-canalha' ou 'lacaio da burguesia', e até verteram para o defunto algumas lágrimas mornas. Enquanto isso, embora inventem histórias sobre nós 'como que falando de mortos', continuam nos dirigindo todo tipo de obscenidade. Disso concluo que estamos vivos, apesar de tudo."

"Em geral", diz L. Martov, encerrando, "a social-democracia marxista é um pessoal muito resistente."

Utro Moskvy, nº 19, 21 de outubro de 1918

86. Brest-Litovski e a revolução internacional

Depois da paz de Brest-Litovski, em virtude das oposições suscitadas, inclusive entre os próprios bolcheviques, foi necessário chamar um novo Congresso Soviético, o quarto, desde junho de 1917, para legitimar a decisão. O congresso, finalmente, aprovou a paz, mas chama a atenção o fato de que o tratado assinado é visto como apenas um episódio num quadro de "guerras e revoluções". É fato, no entanto, que o tratado, contrariando princípios anteriores, relativos a uma paz "sem anexações e indenizações", priorizava a construção socialista na Rússia revolucionária do investimento na revolução internacional. Um antecedente que seria invocado mais tarde, não obstante os compromissos reafirmados com a revolução mundial proletária.

CONGRESSO SOBRE A PAZ

Enfim, o Congresso dos Sovietes extraordinário ratificou o tratado de paz. Com a plena consciência da grande responsabilidade colocada neles pela história, os representantes dos camponeses, soldados e operários russos reconheceram como correta a política do seu órgão executivo, o Comitê Executivo Central dos Sovietes dos Deputados Cossacos, Camponeses, Soldados e Operários, e do Conselho dos Comissários do Povo.

Os representantes dos trabalhadores entenderam que, se tivessem aceitado o combate contra o imperialismo alemão agora, isso teria favorecido somente os inimigos da revolução camponesa e operária, tanto na própria Rússia como fora dela, que a burguesia e todos os seus bajuladores não desejam nada tanto quanto envolver a Rússia Soviética numa luta aberta contra o imperialismo hostil. A burguesia sabe que, neste momento, a Rússia exaurida poderia se tornar uma presa fácil para o conquistador. Mas a ratificação da paz extremamente difícil de modo algum significa a capitulação da Revolução Russa diante dos seus inimigos.

Ao ter denunciado toda guerra imperialista, o congresso extraordinário ao mesmo tempo reconheceu que a República Soviética tem "o direito e a obrigação de defender a pátria socialista contra todas as possibilidades de ataque por parte dos representantes dos países imperialistas".

Portanto, o congresso reconheceu como "um dever incondicionado das massas trabalhadoras a concentração de todas as forças para recuperar e aumentar as defesas do nosso país e para recuperar sua potência militar com base nos princípios de milícia socialista".

E os representantes dos operários e camponeses de toda a Rússia entendem que o único meio de preparar a Rússia para os futuros confrontos com o imperialismo mundial consiste no trabalho incansável de recuperar a vida econômica destruída pela guerra, aprofundar a revolução socialista e levá-la ao fim.

Como se diz na resolução do congresso, "as tarefas principais e mais necessárias do momento atual são o aumento da atividade e da autodisciplina dos trabalhadores; a criação por todo o interior de organizações que abrangeriam, o quanto possível, a produção e a distribuição dos víveres; a luta implacável contra o caos, a desorganização e a destruição, que são historicamente inevitáveis como herança da guerra devastadora".

Com essas palavras, o congresso indicou o caminho, tomando o qual a Rússia revolucionária pode olhar com calma para todos os perigos que partem do imperialismo mundial.

Assim que a organização socialista de produção e de distribuição na Rússia se fortalecer, a Rússia revolucionária se tornará invencível, sem medo de nenhum inimigo externo.

Na organização socialista da economia, a Rússia, o país da grande revolução, adquirirá a base material que possibilitará a condução de uma luta vitoriosa contra os países líderes do mundo capitalista.

Para o congresso, não havia dúvidas de que o Tratado de Paz de Brest seria apenas um breve episódio na história da Revolução Russa e internacional, que o ferrão imperialista direcionado contra a revolução seria anulado pela insurreição do proletariado internacional.

Segundo a resolução aprovada pelo congresso, o congresso está profundamente convencido de que a revolução operária internacional não está longe, que a completa vitória do proletariado socialista está garantida.

É claro que o congresso não vê o futuro como um idílio. Os representantes plenipotenciários da República Soviética sabem que, nesta etapa alcançada pelo desenvolvimento da revolução operária internacional, toda paz só pode ser vista como uma "pausa", talvez, até muito breve; que o mundo entrou numa época de guerras e revoluções, que vivemos numa era de revolução permanente, de insurreição prolongada dos trabalhadores contra os seus exploradores. As resoluções do congresso chamam não para descansar, e não para a paz, mas para a guerra, guerra até a completa vitória sobre a predação capitalista. Como diz Euphorion no *Fausto* de Goethe:

Vocês sonham com o dia da paz?
Que sonhem aqueles que podem.

Guerra! Essa é a palavra-chave!
Vitória! Por ela seguimos avante.[1]

Pravda, nº 51, 17 de março de 1918

1. No original: *Träumt ihr den Friedenstag?/ Träume, wer träumen mag./ Krieg! ist das Losungswort!/ Sieg! Und so treibt es fort.*

87. Uma paz imposta

Nas manchetes do *Pravda*, mesmo após a assinatura do Tratado de Paz de Brest-Litovski, ou em virtude mesmo da decepção e da amargura que ele provocou, manteve-se o tom épico de enfrentamentos catastróficos. Por outro lado, ajudava na preparação para a guerra civil que se aproximava, inclusive porque o isolamento dos bolcheviques aprofundou-se com a saída dos SRs de esquerda do governo, inconformados com os termos do tratado de paz. Vale ainda mencionar que essa atmosfera de enfrentamentos era um fator de mobilização e de coesão em torno do governo, considerado como "salvador da pátria".

> O TRATADO DE PAZ IMPOSTO À FORÇA PELOS IMPERIALISTAS ALEMÃES FOI RATIFICADO.
>
> O PROLETARIADO DA RÚSSIA RECEBE UMA GRANDIOSA TAREFA: SUPERAR AS DIFICULDADES E OBSTÁCULOS EXTREMOS CRIADOS PELAS GRAVES CONDIÇÕES DITADAS A NÓS PELOS INVASORES ALEMÃES. DE MANEIRA FIRME E INTRANSIGENTE, PREPARAREMO-NOS PARA A LUTA CONTRA O IMPERIALISMO MUNDIAL, ESPERANDO OS IRMÃOS PROLETÁRIOS DA ALEMANHA E DE OUTROS PAÍSES DESPERTAREM E NOS AJUDAREM.

QUE CRESÇA A CONSCIÊNCIA DA CLASSE TRABALHADORA INTERNACIONAL!

PROLETÁRIOS DE TODOS OS PAÍSES, UNI-VOS!

Pravda, nº 51, 17 de março de 1918

88. A Revolução Russa e K. Marx

Neste eloquente texto, em comemoração ao centenário de K. Marx, nascido em 5 de maio de 1918, o Comitê Executivo Central dos Sovietes Pan-Russos de Operários, Soldados e Camponeses, sustenta que a revolução e os revolucionários russos são os únicos e autênticos herdeiros das ideias de Marx. Denunciando os socialistas europeus como partidários da "colaboração de classes", o texto sustenta a proposta de cisão do movimento socialista internacional, consolidada um ano depois, com a fundação da Internacional Comunista.

GRANDE ANIVERSÁRIO

No difícil ano do centenário do nascimento do grande criador do socialismo científico, o mundo capitalista lançou a humanidade na guerra mais destruidora que a história mundial já viu.

Em vez de uma "associação na qual o desenvolvimento livre de cada um seja a condição para o livre desenvolvimento de todos", a nova sociedade cujo avanço Marx previu no *Manifesto comunista*, presenciamos uma colisão entre abutres imperialistas armados até os dentes.

O estandarte do internacionalismo erguido por Marx foi pisoteado na lama, o partido socialista oficial, que jurou em nome do grande ensinamento, vergonhosamente traiu o slogan "Proletários de todos os países, uni-vos"; cada um dos partidos socialistas, em aliança com as classes dominantes de seus países, faz todo o possível para um prolongamento sem fim dessa guerra fratricida.

Os líderes oficiais do socialismo traíram os ensinamentos do grande fundador do socialismo e bandearam-se para o campo do capital.

Na luta intransigente do proletariado, na oposição com todas as forças à sociedade burguesa, Marx viu a garantia da criação do socialismo — em vez disso, vemos uma completa capitulação dos líderes do proletariado diante do velho mundo, contribuindo, já pelo quarto ano, para a prática de colaboração entre as classes.

O esplêndido florescer das forças produtivas no âmbito da sociedade capitalista, para Marx, era condição necessária para o sucesso da organização planificada da economia popular nos interesses de toda a sociedade no socialismo — em vez disso, vemos um desperdício louco das riquezas acumuladas pela humanidade e o terrível regresso das forças produtivas.

"O trabalhador não tem pátria, não se pode tirar dele algo que ele não tem", escreveu Marx no *Manifesto comunista* — e milhões e milhões de proletários, já pelo quarto ano, morrem em nome da defesa da sociedade capitalista.

E é preciso ter esperanças de que os líderes do social-chauvinismo não ofendam a imensa memória de Karl Marx com a celebração de seu grande aniversário — eles entenderão que não cabe a eles lembrar o importante mestre.

Mas, por outro lado, na época atual as ideias de Marx celebram seu triunfo — começa a época que ele previu, cujo início ele ansiava com todas as fibras de sua alma — a época da revolução socialista.

A guerra mundial, que, para uma visão míope, pode parecer a destituição de todas as esperanças do proletariado, na verdade abre uma nova época da história mundial, uma temporada de tempestade e ímpeto — a guerra mundial imperialista é um prólogo da revolução mundial socialista.

Em um dos países mais atrasados da Europa, na Rússia, claramente se acendeu a luz do socialismo, o proletariado russo ergueu alto o estandarte do internacionalismo, os senhores de terras e capitalistas foram varridos do poder — e a Revolução Russa brilha claramente para toda a humanidade trabalhadora e explorada, distribuindo por todos os lados faíscas de um incêndio mundial.

Ao proletariado russo coube a honra de ser o primeiro a reverenciar com imponentes atos a memória do grande mestre — e não é possível imaginar melhor homenagem à memória de Marx do que a luta heroica do proletariado russo pelo socialismo, pela libertação de toda a humanidade.

Que, no Ocidente, as classes dominantes e seus lacaios façam tudo o que está em suas forças para calar o grande aniversário — na Rússia, a classe trabalhadora subiu ao poder e será capaz de honrá-lo com dignidade — na Rússia, as festividades estatais serão consagradas à memória de Marx, o poder estatal proletário erguerá monumentos a ele.

E se a carnificina fratricida entre os povos, que continua até os nossos dias, for um triunfo dos inimigos de Marx, então a Revolução Russa é o mais brilhante triunfo de suas ideias — ela representa aquela faísca da qual, segundo as palavras do nosso grande poeta Púchkin, "se acende a chama" — a chama do incêndio mundial —, e se cumprirá a enorme promessa de Marx no *Manifesto comunista*: "Na medida em que a exploração de um indivíduo por outro for abolida, também o será a exploração de uma nação pela outra".

Com o fim do antagonismo de classes no interior das nações, desaparece também a hostilidade entre as nações.

Izvestia, nº 40, 8 de maio de 1918

89. A ditadura revolucionária

Publicado pouco depois da assinatura do Tratado de Paz de Brest-Litovski, o texto a seguir faz uma avaliação do passado recente, da situação atual, e fixa orientações para o futuro próximo. Embora um pouco longo (mesmo em forma resumida), é extremamente expressivo do ponto de vista da história do socialismo soviético. V. Lênin parece acreditar que a República Soviética ganhara então (abril de 1918) uma valiosa trégua e se estende em suas concepções sobre a construção do socialismo na Rússia. A guerra civil, que se prolongaria até março de 1921 (Tratado de Riga), acabaria por devastar ainda mais a Rússia, mas não eliminaria, ao contrário, muitas destas orientações, que permaneceriam vigentes, suscitando debates e controvérsias.

AS TAREFAS IMEDIATAS DO PODER DOS SOVIETES

1. A situação internacional da República dos Sovietes da Rússia e as tarefas essenciais da revolução socialista

Graças à paz que conquistamos, por mais dolorosa e precária, a República dos Sovietes da Rússia está doravante em condições de concentrar suas forças no setor mais importante e mais difícil da revolução socialista, a saber, a tarefa de organização. [...]

A precariedade da paz está ligada ao fato de que, nos Estados imperialistas... que possuem uma força militar considerável, pode triunfar, em qualquer momento, o partido militar, tentado pela fraqueza momentânea da Rússia e estimulado pelos capitalistas que odeiam o socialismo e gostam de pilhar.

Nessa situação, nossa única garantia... é a rivalidade entre as potências imperialistas...

Assim, nossa República Socialista Soviética encontra-se numa situação internacional... incontestavelmente crítica. Nós devemos... aproveitar a trégua que nos oferecem as circunstâncias para tratar das graves feridas causadas pela guerra... e reerguer o país economicamente, sem o que não se pode falar a sério de um aumento de sua capacidade de defesa.

Da mesma forma, é evidente que não poderemos ajudar seriamente a revolução socialista no Ocidente... salvo se soubermos lidar com a tarefa de organização que nos incumbe.

A condição essencial do sucesso no cumprimento dessa tarefa... é compreender a fundo a diferença radical que existe entre as revoluções burguesas e a atual revolução socialista.

Nas revoluções burguesas, a tarefa principal das massas trabalhadoras consistia em realizar um trabalho negativo ou destruidor: abolir o regime feudal, a monarquia, os resquícios da Idade Média. Quanto ao trabalho positivo... a minoria proprietária, a minoria burguesa da população é que o realizava. E o fazia... com uma facilidade relativa, não apenas porque a resistência das massas exploradas pelo capital era... fraca... mas também porque a principal força organizadora da sociedade capitalista com sua estrutura anárquica era o mercado nacional e internacional, que se amplia espontaneamente em profundidade e em extensão.

Ao contrário, a tarefa principal que o proletariado e

os camponeses pobres devem realizar... é um trabalho positivo ou criador que consiste em construir um sistema extremamente complexo e delicado de novas relações de organização, compreendendo a produção e a distribuição regulares de produtos necessários à existência de dezenas de milhões de homens... Criando um tipo novo de Estado, soviético, que oferece às massas trabalhadoras e oprimidas a possibilidade de participar ativamente, de uma forma autônoma, da construção da sociedade nova, nós resolvemos apenas uma pequena parte de um problema muito difícil. A principal dificuldade reside no domínio econômico: realizar em toda a parte o recenseamento e o controle os mais rigorosos da produção e da distribuição dos produtos, aumentar o rendimento do trabalho, socializar a produção na prática.

[...]

A primeira tarefa de todo partido... é a de convencer a maioria do povo da justeza de seu programa e de sua tática. Hoje, essa tarefa... foi cumprida no essencial... A segunda tarefa de nosso partido era de conquistar o poder político e esmagar a resistência dos exploradores. [...] No essencial... essa tarefa foi realizada no período que se estende de 25 de outubro de 1917 a fevereiro de 1918...

Uma terceira tarefa, a de organizar a administração da Rússia, se coloca agora na ordem do dia, como uma tarefa urgente e imediata... Trata-se da tarefa principal, da tarefa central. [...] A grande dificuldade que caracteriza o momento atual é compreender as particularidades da transição de um período em que nossa tarefa essencial era convencer o povo e esmagar militarmente os exploradores, a um novo período, em que nossa tarefa essencial é a tarefa de administração.

[...]

Devemos nos mostrar dignos realizadores dessa tarefa muito difícil (e muito fecunda) da revolução socialista... É a tarefa mais difícil, porque se trata de organizar de uma nova forma as bases mais profundas, as bases econômicas, da existência de dezenas e dezenas de milhões de homens. E se trata também da tarefa mais fecunda, porque só depois de tê-la realizado é que se poderá dizer que a Rússia se tornou uma República não apenas soviética, mas também socialista.

2. *A palavra de ordem geral do momento*

[...]

O poder dos sovietes só poderá assegurar... a passagem da Rússia ao socialismo... se ele conseguir, apesar da resistência da burguesia, dos mencheviques e dos socialistas revolucionários de direita, realizar praticamente essas primeiras tarefas mais elementares capazes de salvaguardar as bases da vida pública.

[...]

Cuide de suas contas com esmero e consciência, organize sabiamente suas despesas, não seja preguiçoso, não roube, observe a mais estrita disciplina no trabalho; essas palavras de ordem, debochadas com razão pelos proletários revolucionários quando a burguesia as usava para camuflar sua dominação de classe... tornam-se hoje, depois da derrubada da burguesia, as principais palavras de ordem do momento. De um lado, a aplicação prática dessas palavras de ordem pela massa dos trabalhadores é a condição única de salvação deste país terrivelmente martirizado pela guerra imperialista... de outro lado, a aplicação prática dessas palavras de ordem pelo poder soviético... é a condição necessária e suficiente para a vitória definitiva do socialismo.

[...] esforços perseverantes e tenazes devem ser assumidos pelos melhores e mais conscientes operários e camponeses para realizar uma reviravolta completa no estado de espírito das massas, ajudá-las a passar a um trabalho regular, organizado e disciplinado. Só essa reviravolta da massa pobre (proletários e semiproletários) tornará definitiva a vitória sobre a burguesia, e, principalmente, sobre a burguesia camponesa, a mais obstinada e a mais numerosa.

3. *Uma nova fase da luta contra a burguesia*

[...]

O essencial é organizar o recenseamento e o controle os mais rigorosos, por todo o povo, da fabricação e da distribuição dos produtos. Ora, nas empresas, nos setores e nos domínios da economia que tiramos da burguesia, não conseguimos ainda organizar o recenseamento e o controle: ora, sem isso, não conseguiremos alcançar a segunda condição material, não menos importante, da instauração do socialismo, que é o aumento da produtividade do trabalho à escala de todo o país.

[...]

Até aqui, o que estava em primeiro plano eram as medidas destinadas a expropriar os expropriadores. Hoje, o que se encontra em primeiro plano é a organização do recenseamento e do controle nas empresas onde os capitalistas já foram expropriados e também em todas as outras.

[...]

Os lacaios da burguesia nos criticaram por termos recorrido à Guarda Vermelha contra o capital. Crítica absurda e bem digna de lacaios... Na época, as circunstâncias nos obrigavam... a lançar a Guarda Vermelha contra o capital. Em primeiro lugar, o capital resistia então militarmente... uma resistência militar só pode ser quebrada por meios militares, e os guardas vermelhos realizaram uma obra histórica das maiores e das mais nobres, emancipando os trabalhadores e os explorados do jugo dos exploradores.

Em segundo lugar, não poderíamos então colocar no primeiro plano os métodos de administração em vez dos métodos de repressão, também porque a arte de administrar não é inata — ela se adquire pela experiência... Nós temos agora essa experiência.

Em terceiro lugar, não podíamos dispor de especialistas nos diversos setores do conhecimento e da técnica... Ora, agora, vencemos a sabotagem... vencemos tanto a resistência militar como a resistência pela sabotagem... vencemos com os métodos de repressão, saberemos vencer também com os métodos de administração. É preciso saber mudar os métodos de luta contra o inimigo à medida que mudam as circunstâncias.

[...]

Aproxima-se uma época em que o poder de Estado do proletariado deverá empregar os especialistas burgueses para revolver o solo, de tal maneira que nenhuma burguesia possa neste solo crescer novamente.

[...]

Sem a direção dos especialistas nos diversos domínios do conhecimento, da técnica e da experiência, a transição para o socialismo é impossível, porque o socialismo requer uma progressão consciente e massiva, no sentido de uma produtividade do trabalho superior à do capitalismo e na base dos resultados alcançados por esse sistema. [...] Ora, a maioria dos especialistas é obrigatoriamente burguesa, em virtude das condições da vida social que fizeram deles especialistas.

[...]

Vejamos a questão de um ponto de vista prático. Admitamos que a República dos Sovietes da Rússia precise de mil sábios e especialistas de primeira ordem nos diversos domínios do conhecimento... Suponhamos que seja preciso pagar a cada uma dessas "estrelas de primeira grandeza"... 25 mil rublos por ano. Suponhamos que essa soma (25 milhões de rublos) possa ser dobrada... ou mesmo quadruplicada (considerando as exigências de algumas centenas de especialistas estrangeiros). A questão se coloca: pode-se considerar excessiva ou esmagadora para a República dos Sovietes uma despesa anual de 50 milhões ou 100 milhões de rublos destinados à reorganização do trabalho do povo segundo a última palavra da ciência e da técnica? Não, evidentemente. A imensa maioria dos operários e camponeses conscientes aprovará essa despesa.

[...]

Não deveríamos contestar a influência desagregadora que os altos salários exercem sobre o poder soviético... mas não estamos em condições de nos livrar imediatamente da funesta herança legada pelo capitalismo, e só poderemos emancipar a República Soviética do "tributo" de 50 milhões a 100 milhões de rublos... nos organizando, melhorando a disciplina entre nós, limpando nossas fileiras de todos os que "guardam a herança do capitalismo", ou que "observam as tradições do capitalismo", isto é, os preguiçosos, os parasitas, os dilapidadores... Se conseguirmos criar uma poderosa disciplina do trabalho, então, após um ano, nos livraremos desse "tributo"... exatamente na medida do sucesso de nossa disciplina do trabalho e de nossa organização operária e camponesa.

[...]

O centro de gravidade na luta contra a burguesia se desloca para a organização do recenseamento e do controle. [...] definir exatamente as tarefas atuais da política econômica e financeira no que diz respeito à nacionalização dos bancos, à monopolização do comércio externo, ao controle do Estado sobre a circulação monetária, ao estabelecimento de um imposto satisfatório, do ponto de vista proletário, sobre as fortunas e as rendas, à introdução de um serviço de trabalho obrigatório. [...]

4. A importância da luta pelo recenseamento e pelo controle populares

[...]

Um certo tempo se passará antes que as massas... compreendam... pela própria experiência, por sua experiência soviética, que, sem um vasto recenseamento e controle exercidos pelo Estado sobre a produção e a distribuição dos produtos, o poder dos trabalhadores não poderá se manter, e o retorno do jugo do capitalismo será inevitável.

Todos os hábitos e as tradições da burguesia em geral e da pequena burguesia em particular opõem-se ao controle do Estado e se afirmam pela inviolabilidade da "sacrossanta propriedade privada", da "sacrossanta" empresa privada. Constatamos agora a que ponto é justa a tese marxista segundo a qual o anarquismo e o anarcossindicalismo são tendências burguesas; o quanto estão em contradição irredutível com o socialismo, a ditadura do proletariado, o comunismo. A luta por inculcar nas massas a ideia do registro e do controle do Estado soviético, a luta pela aplicação dessa ideia, pela ruptura com o passado maldito que habituara as gentes a considerar o esforço para conseguir o pão e as roupas como um assunto "privado", a venda e a compra como uma transação que diz respeito "apenas a mim", é uma luta de imensa envergadura, de um alcance histórico universal, da consciência socialista contra a espontaneidade burguesa e anárquica.

[...]

O Estado socialista só pode nascer sob a forma de uma rede de comunas de produção e de consumo que registrarão estritamente a produção e o consumo, não desperdiçarão o trabalho, aumentando sem parar a produtividade, chegando assim a reduzir a jornada de trabalho a sete, seis horas e ainda menos. [...] o capitalismo nos há legado organizações de massa que podem facilitar a passagem ao recenseamento e ao controle massivos da distribuição dos produtos — são as cooperativas de consumo.

Elas são menos desenvolvidas na Rússia que nos países avançados, mas contam apesar de tudo com mais de 10 milhões de filiados. O decreto sobre as cooperativas de consumo... evidencia o que há de particular... na situação e nas tarefas da República Socialista Soviética.

Esse decreto marca um acordo com as cooperativas burguesas e as cooperativas operárias que se colocam ainda do ponto de vista burguês. [...]

Assinando esse acordo com as cooperativas burguesas, o poder soviético definiu os objetivos táticos e os métodos de ação particulares para a etapa atual do desenvolvimento, a saber: na medida em que dirigimos os elementos burgueses, e os utilizamos, fazendo-lhes concessões parciais, criamos as condições de um movimento que será mais lento que o previsto, mas, ao mesmo tempo, mais durável... Agora, os sovietes podem (e devem) avaliar seu sucesso na construção do socialismo... considerando o número exato das comunidades... onde o desenvolvimento das cooperativas tende a englobar a população em seu conjunto e em que proporções.

5. *O aumento da produtividade do trabalho*

[...] uma tarefa essencial passa ao primeiro plano: realizar uma estrutura social superior à do capitalismo, isto é, aumentar a produtividade do trabalho... organizar o trabalho de uma forma superior.

[...] se alguns dias bastam para tomar o poder central do Estado, se se pode, em algumas semanas, reprimir a resistência militar (e a sabotagem) dos exploradores... é preciso vários anos para dar uma solução permanente ao problema do aumento da produtividade do trabalho. [...]

O crescimento da produtividade do trabalho exige, antes de tudo, que seja assegurada a base material da grande indústria, que seja desenvolvida a produção de combustível, de ferro, de máquinas, de produtos químicos. A República dos Sovietes da Rússia encontra-se em condições favoráveis, na medida em que dispõe... de imensas reservas de minérios (nos Urais), de combustível na Sibéria ocidental (carvão), no Cáucaso e no Sudeste (petróleo), na Rússia central (turba), enormes riquezas em florestas, em energia hidráulica, em matérias-primas para a indústria química (Kara-Boghaz)...

Outra condição para o crescimento da produtividade do trabalho é, em primeiro lugar, o desenvolvimento da instrução e da cultura das grandes massas da população... Em segundo lugar... é preciso ainda desenvolver a disciplina dos trabalhadores, a habilidade no trabalho, a diligência, intensificar e organizar melhor o trabalho.

[...] É preciso colocar na ordem do dia... o salário por peça (segundo os resultados de cada um); aplicar os vários elementos científicos... previstos pelo sistema Taylor...

Ensinar a trabalhar, eis a tarefa que o poder dos Sovietes deve colocar ao povo... A última palavra do capitalismo nesse sentido, o sistema Taylor, conjuga, como todos os progressos do capitalismo, a crueldade refinada da exploração burguesa às conquistas científicas mais valiosas no que diz respeito à análise dos movimentos mecânicos no trabalho, a supressão dos movimentos supérfluos e inábeis, a elaboração dos métodos de trabalho mais racionais, a introdução dos melhores sistemas de recenseamento e controle etc. [...] Nós poderemos realizar o socialismo... na medida em que conseguirmos combinar o poder dos sovietes e o sistema soviético de gestão com os mais recentes progressos do capitalismo. É preciso organizar na Rússia o estudo e o ensino do sistema Taylor, sua experimentação e sua adaptação sistemáticas. [...]

As particularidades do período de transição... exigem...

de um lado, que sejam lançadas as bases da organização socialista da emulação e, de outro lado, que se empreguem meios de coerção, de modo que a palavra de ordem da ditadura do proletariado não seja desacreditada pelo estado de deliquescência do poder proletário na vida prática.

6. *A organização da emulação*

[...] Só o socialismo, que suprime as classes, e, em consequência, a servidão das massas, abre, pela primeira vez, o caminho de uma emulação verdadeiramente massiva.

[...]

Colocar a publicidade a serviço da emulação econômica. [...] criar uma imprensa que não divertirá e não enganará as massas... mas submeterá à sua avaliação as questões econômicas cotidianas e as ajudará a estudar seriamente essas questões. [...]

[...] organizar a emulação nas comunas, introduzir a contabilidade e a publicidade na produção do trigo, dos tecidos etc., transformar os balanços burocráticos, áridos e mortos, em exemplos vivos, servindo ora de modelos negativos, ora de modelos positivos.

[...] o valor do exemplo pode, pela primeira vez, exercer sua ação sobre as massas. As comunas modelo devem ser e serão educadoras, guias, estímulos para as comunas atrasadas. A imprensa deve servir de instrumento para a construção socialista: ela deve divulgar em todos os detalhes os êxitos das comunas modelo, estudar as causas do sucesso, os métodos de trabalho e de gestão; por outro lado, ela colocará na “lista negra” as comunas que teimam em conservar as “tradições do capitalismo”, isto é, a anarquia, a preguiça, a desordem, a especulação.

[...]

Claro que precisaremos não apenas de semanas, mas de longos meses e de anos para que a nova classe social, até agora oprimida, esmagada pela miséria e pela ignorância, possa adaptar-se à nova situação, orientar-se... formar seus quadros organizadores. [...]

No "povo", isto é, entre os operários e os camponeses que não exploram o trabalho alheio, há uma multidão de organizadores de talento... Nós aprenderemos a encontrá-los se nos dedicarmos com todo o nosso entusiasmo revolucionário, entusiasmo sem o qual não pode haver revoluções vitoriosas.

[...]

Que os cachorrinhos da sociedade burguesa, de Bielorussov a Martov, possam latir ao barulho das árvores cortadas que caem na grande e velha floresta! Se eles rosnam para o elefante proletário, é justamente porque eles são cachorrinhos. Deixem-nos latir! Nós seguiremos nosso caminho... experimentando e identificando... os verdadeiros organizadores, os homens dotados de espírito lúcido e de bom senso prático, os homens capazes de aliar o devotamento ao socialismo à capacidade de desenvolver... o trabalho em comum, enérgico e concertado... no quadro da organização soviética. [...] Nós não sabemos ainda fazê-lo, mas o aprenderemos.

7. *A "organização harmônica" e a ditadura*

A resolução do último Congresso dos Sovietes... indica como primeira tarefa do momento a criação de uma "organização harmônica" e o reforço da disciplina.

Agora, todo o mundo "vota" e "assina" com tranquilidade resoluções desse gênero. Mas, em termos habituais, não se pensa o suficiente que sua aplicação impõe a coerção, e mais precisamente sob a forma da ditadura. Ora, imaginar que a transição do capitalismo ao socialismo possa se fazer sem coerção e sem ditadura seria cometer a maior bobagem e dar provas do mais absurdo utopismo. [...]

Ou bem a ditadura de Kornilov... ou bem a ditadura do proletariado: para um país engajado numa evolução extremamente rápida, com reviravoltas extremamente bruscas, em condições de uma terrível ruína econômica, engendrada pela mais dolorosa das guerras, não haveria outra saída possível. Todas as soluções intermediárias são ou uma mistificação do povo pela burguesia que não pode dizer a verdade, que não pode dizer que necessita de Kornilov, ou um efeito da estupidez dos democratas pequeno-burgueses, dos Tchernov, dos Tsereteli e dos Martov, com seu palavreado sobre a unidade da democracia, da ditadura da democracia, a frente comum da democracia e outras baboseiras.

[...]

A ditadura é necessária por duas razões essenciais... Primeiro, não se pode vencer e extirpar o capitalismo sem reprimir impiedosamente a resistência dos exploradores... Em seguida, mesmo que não houvesse guerra externa, toda grande revolução em geral, toda revolução socialista em particular, é impensável sem guerra civil... que engendra um estado de extrema incerteza, de desequilíbrio e de caos... (assim) todos os elementos de decomposição da velha sociedade não podem deixar de se "manifestar"... multiplicando os crimes, os atos de banditismo, de corrupção, de especulação, as infâmias de toda a espécie. Para liquidar isso, é preciso tempo e é preciso uma mão de ferro.

A história não conhece uma única revolução em que o povo não sentiu isso de maneira instintiva e não deu provas de uma firmeza salutar fuzilando imediatamente os ladrões.

[...]

Essa experiência histórica... foi resumida por Marx numa fórmula breve, clara, precisa e impactante: ditadura do proletariado. (Ora), o poder dos sovietes não é outra coisa senão a forma de organização da ditadura do proletariado. [...]

A ditadura é um poder de bronze, de uma ousadia revolucionária e expeditiva, impiedosa quando se trata de aniquilar os exploradores, assim como os desordeiros. Ora, nosso poder é demasiadamente doce: com muita frequência ele faz lembrar o melaço e não o bronze.

Não podemos em nenhum momento esquecer que o elemento burguês e pequeno-burguês luta contra o poder dos sovietes de duas formas: de um lado, agindo de fora para dentro... através de conspirações e de sublevações...; de outro lado, agindo de dentro, tirando partido de cada fator de decomposição, de cada fraqueza para subornar, para agravar a indisciplina, a negligência, a anarquia. Quanto mais estivermos próximos do esmagamento militar da burguesia, mais perigoso se tornará para nós esse elemento anárquico pequeno-burguês. A luta contra esse elemento não pode ser travada unicamente pela propaganda e pela agitação... Essa luta deve ser travada também pela coerção.

[...] o tribunal deve tornar-se a manifestação típica da repressão e da coerção... Mas nossos tribunais revolucionários são excessivamente, incrivelmente fracos. [...]

Quem quer que infrinja a disciplina do trabalho em qualquer tipo de empresa, seja qual for a área de atividade, é responsável pelos sofrimentos causados pela fome e pelo desemprego; é preciso descobrir esses culpados, entregá-los à Justiça e castigá-los sem piedade.

[...]

Uma luta característica se travou... quanto ao último decreto sobre a gestão das estradas de ferro, conferindo poderes ditatoriais (ou poderes "ilimitados") a certos dirigentes. Os representantes conscientes (ou inconscientes) da negligência pequeno-burguesa quiseram ver (nisso) um abandono de princípio da colegialidade, da democracia e dos princípios do poder dos sovietes. [...]

A questão tem um alcance imenso. Em primeiro lugar, a questão de princípio: a nomeação de determinadas pessoas com poderes ditatoriais ilimitados é compatível... com os princípios fundamentais do poder dos sovietes? Em segundo lugar, qual é a relação entre esse caso preciso — esse precedente — e as tarefas particulares do poder na etapa concreta atual?

[...]

(Quanto à primeira questão), se não formos anarquistas, devemos aceitar a necessidade do Estado, ou seja, da coerção, para passar do capitalismo ao socialismo. [...] A diferença entre a ditadura do proletariado e a da burguesia é que a primeira golpeia a minoria dos exploradores no interesse da maioria dos explorados... e através de organizações concebidas justamente para estimular as massas... a realizar uma obra criativa histórica (as organizações soviéticas são desse tipo).

(Quanto à segunda questão), a submissão incondicional a uma vontade única é absolutamente indispensável para o êxito de um trabalho organizado no modelo da grande indústria mecânica. [...] Nos dias atuais, a revolução exige, para garantir seu desenvolvimento e consolidação, no interesse do socialismo, que as massas obedeçam incondicionalmente à vontade única dos dirigentes do trabalho. [...] Nisso não pensam os que são vítimas de crise de histeria filistina, como os partidários do *Novaia Jizn*, do *Vperiod*, do *Dielo Naroda* e do *Nach Viek*. [...] é preciso encontrar um caminho em que seja possível conciliar a realização de assembleias sobre as condições de trabalho com a submissão incondicional à vontade do dirigente soviético, do ditador, durante o trabalho. [...]

Nós tivemos êxito na primeira tarefa da revolução... derrubar os exploradores. [...] Tivemos êxito na segunda tarefa...: despertar e chamar à ação as camadas sociais "inferiores"... e que ganharam, depois de 25 de outubro de 1917, completa liberdade para sacudir o jugo dos exploradores... Estamos agora na terceira etapa... (trata-se) de consolidar tudo isso em formas permanentes de disciplina cotidiana. Precisamos aprender a conjugar o espírito democrático das massas trabalhadoras, tal como se manifesta nas assembleias... com uma disciplina de ferro... com a submissão absoluta durante o trabalho à vontade... do dirigente soviético.

Não sabemos ainda fazê-lo.

Vamos aprendê-lo.

A restauração da exploração burguesa nos ameaçava ontem... nós a vencemos. Essa mesma restauração nos ameaça hoje sob uma outra forma, sob o aspecto da negligência pequeno-burguesa e da anarquia, da moral do pequeno proprietário: "Primeiro, eu; o resto não me diz respeito", sob a forma de ataques diários, ínfimos, mas numerosos, que esse elemento empreende contra o espírito de disciplina proletário. Nós devemos vencer esse elemento anárquico pequeno-burguês, e nós o venceremos.

8. O desenvolvimento da organização soviética

O caráter socialista da democracia soviética... consiste no seguinte: primeiro, os eleitores são as massas trabalhadoras e exploradas, a burguesia fica de fora; segundo, todas as formalidades são suprimidas, as próprias massas é que fixam a forma e a data das eleições e têm toda a liberdade para revogar os eleitos; terceiro, forma-se a melhor organização de massa da vanguarda dos trabalhadores... uma organização que permite que se dedique pela primeira vez a esta tarefa: criar as condições para que seja toda a população, verdadeiramente, que aprenda a governar e que começa a governar.

Tais são as principais características da democracia aplicada à Rússia, democracia de tipo superior, que quebra sua deformação burguesa e marca a transição à democracia socialista e às condições nas quais o Estado começa a se extinguir.

[...]

Existe uma tendência pequeno-burguesa que objetiva transformar os membros dos sovietes em "parlamentares", ou, por outro lado, em burocratas. [...]

Nosso objetivo é fazer participar quase todos os pobres, sem exceção, do governo do país... Nosso objetivo é que as funções do Estado sejam desempenhadas de modo gratuito por todos os trabalhadores, uma vez terminadas suas oito horas de "tarefas" na produção: chegar a isso é particularmente difícil, mas é apenas isso que é a garantia da consolidação definitiva do socialismo. [...]

A luta contra a deformação burocrática da organização soviética é garantida pela solidez dos laços que unem os sovietes ao "povo"... pela flexibilidade e pela elasticidade desses laços. Os parlamentos burgueses, mesmo o da melhor república capitalista do mundo, do ponto de vista democrático, nunca são considerados pelos pobres como instituições "deles". Enquanto, para a massa dos operários e dos camponeses, os sovietes são "deles" e bem "deles". Hoje, os sociais-democratas... sentem repugnância pelos sovietes, sentem-se atraídos pelo respeitável parlamento burguês ou pela Assembleia Constituinte, como Turguêniev se sentia atraído pela Constituição Monárquica e nobiliárquica moderada e sentia repugnância pelo democratismo mujique de Dobroliubov e Tchernychevski.

[...]

Quanto mais devemos lutar resolutamente hoje por um poder forte e sem piedade, pela ditadura pessoal em determinados setores de trabalho, ou no exercício de funções de pura execução, mais devem ser variadas as formas e os meios de controle por baixo, a fim de paralisar a menor deformação possível do poder dos sovietes, a fim de extirpar ainda e sempre o joio do burocratismo.

Conclusão

[...]

O revolucionário pequeno-burguês hesita e oscila a cada reviravolta dos acontecimentos...

A origem social desse tipo de homem é o pequeno patrão exasperado pelos horrores da guerra, a súbita ruína, os sofrimentos desconhecidos da fome e da desorganização econômica; procurando uma saída, um caminho de salvação, ele agita-se histericamente, oscilando entre a confiança no proletariado e o apoio a este e, por outro lado, os acessos de desespero. É preciso compreender que, sobre essa base social, é impossível construir o socialismo. Só pode dirigir as massas trabalhadoras e exploradas uma classe que segue seu caminho sem hesitar, sem se desencorajar, sem cair no desespero nas horas mais difíceis, mais duras e mais perigosas. Não temos necessidade de entusiasmos histéricos. O que precisamos é da marcha cadenciada dos batalhões de ferro do proletariado.

V. Lênin
Publicado em 28 de abril, no nº 83 do *Pravda*
e no suplemento do jornal *Izvestia*,
do Comitê Executivo Central dos Sovietes
da Rússia, nº 85

Cronologia

JANEIRO/1917 — ABRIL/1918

Para cada registro, a presente cronologia oferecerá duas datas. A primeira refere-se ao calendário juliano, e a segunda, ao calendário gregoriano. O calendário juliano, formulado por Júlio César em 46 a.C., permaneceu vigente na Rússia até 10 de fevereiro de 1918, quando houve o ajuste com o calendário gregoriano, formulado pelo papa Gregório XIII, em 1582, vigente, desde então, entre os Estados europeus e suas colônias.

Entre os dois calendários, no século XIX, havia uma defasagem de doze dias. No século XX, a defasagem passou a treze dias.

1917

JANEIRO

31/13 de fevereiro. Greves em fábricas de Petrogrado.

FEVEREIRO

05/18. O general Khabalov é nomeado comandante do Distrito Militar de Petrogrado com amplos poderes.

10/23. O presidente da Duma do Estado, M. V. Rodzianko, propõe ao tsar a designação de um novo ministério que tenha a confiança do povo.

14/27. Onda de greves em Petrogrado.

15/28. O general Khabalov decreta racionamento do pão em Petrogrado.

18/03 de março. Greve nas fábricas Putilov, em Petrogrado.

21/06 de março. Encerra-se a conferência militar em Petrogrado entre Rússia, Inglaterra, França e Itália (iniciada em 20 de janeiro).

23/08 de março. Dia Internacional da Mulher. Têm início em Petrogrado, através de uma passeata de mulheres, logo acompanhada por milhares de operários, comerciários e funcionários, as cinco jornadas que resultarão na Revolução de Fevereiro e na deposição do tsarismo. Primeiros choques com a polícia.

24/09 de março. Novas manifestações, provindas dos bairros operários, chegam ao centro da cidade, apesar das barreiras policiais. A cavalaria reprime, ocasionando mortos e feridos.

25/10 de março. Terceiro dia de manifestações, já com participação dos partidos clandestinos. Greve geral em Petrogrado. Escolas fechadas. Jornais não aparecem. Tiroteios em várias ruas da cidade. Choques entre cossacos e policiais. O Parlamento (Duma) aprova resolução solicitando liberdade de palavra e de imprensa. O tsar adia a sessão da Duma para maio e ordena reprimir à bala as manifestações.

26/11 de março. Tropas vigiam ruas, mas não impedem o quarto dia de manifestações. Ocorrem confraternizações entre manifestantes e soldados, mas destacamentos atiram sobre a multidão, provocando dezenas de mortos e de feridos. Governo decreta Estado de Sítio. Presidente da Duma reitera ao tsar a proposta de constituição de um governo de confiança popular, investido por ela. Greves começam em Moscou.

27/12 de março. Tropas amotinam-se de manhã cedo em três regimentos (Pavlovski, Preobrazhenski e Volynski) e confraternizam com manifestações provindas dos subúrbios operários. Tomada do Arsenal e distribuição de armas aos manifestantes. Palácio da Justiça incendiado. O tsar nomeia o general N. Ivanov como "ditador" de Petrogrado, com plenos poderes para restabelecer a ordem. Amotinados ocupam a fortaleza de São Pedro e São Paulo. Formação do Soviete de Deputados

Operários no Palácio Tauride, sede do Parlamento (Duma). Eleição de uma Comissão Executiva sob a presidência de N. S. Chkheidze (menchevique). Deputados da Duma constituem o "Comitê para o restabelecimento da ordem e das relações entre as instituições e as personalidades". Um pouco mais tarde, dispõem-se a "assumir o poder" e constituir um governo. Ministros do governo tsarista são presos.

28/13 de março. Rende-se o almirantado, onde estavam as últimas tropas fiéis ao tsarismo em Petrogrado. Dissolve-se a expedição do general N. Ivanov. Em Moscou, um comitê revolucionário assume o governo. Formado o soviete de Moscou.

MARÇO

1/14. O povo nas ruas festeja a vitória da revolução. Formação do primeiro governo provisório. Ordem de Serviço (Prikaz) nº 1. O soviete de Petrogrado decide não participar do governo e só apoiá-lo desde que "aplicasse um programa com o qual o soviete estivesse de acordo".

2/15. O tsar Nicolau II abdica em favor do irmão, grão-duque Michael Alexandrovitch Románov.

5/18. Abdicação do grão-duque Michael A. Románov. Formação de uma Assembleia Nacional (Rada) na Ucrânia (Kiev).

6/19. Anistia geral. Proclamação da autonomia da Finlândia. Comitê Executivo do Soviete nomeia comissários em todas as unidades do Exército. Fim da greve geral.

8/21. Efetuada a prisão do imperador Nicolau II e de sua família (decretada no dia anterior).

10/23. Encontro do governo provisório com representantes do comércio e da indústria — ênfase na reconstrução da economia nacional.

12/25. Os governos da França, Inglaterra e Itália reconhecem o governo provisório. Abolida a pena de morte. Transferência das propriedades de Nicolau II para o Estado.

13/26. O governo dos Estados Unidos reconhece o governo provisório russo.

14/27. O soviete de Petrogrado conclama os povos de todo o mundo a concluir uma paz democrática.

15/28. Greves em Moscou pela jornada de trabalho de oito horas.
16/29. Proclamação da independência da Polônia pelo governo provisório.
17/30. Organização de sovietes registrada em 49 cidades.
20/2 de abril. Governo provisório proclama igualdade de direitos para as mulheres.
22/4 de abril. Organização de sovietes registrada em 77 cidades.
23/5 de abril. Enterro solene dos mortos nas jornadas de fevereiro.
25/7 de abril. Em Irkutsk, delegados dos Buriatas e de outros povos do leste da Sibéria deliberam a favor de autonomia em assuntos locais.
28 de março-3 de abril/10-16 de abril. Em Petrogrado, ocorre a Conferência dos Sovietes de Toda a Rússia (quatrocentos delegados), organizada pelo Comitê Executivo Central (CEC) do soviete de Petrogrado.

ABRIL

3/16. V. Lênin e outros revolucionários bolcheviques chegam a Petrogrado.
7/20. Publicação das Teses de Abril (V. Lênin): contra a guerra e o governo provisório: todo o poder aos sovietes.
8/21. Kamenev observa no *Pravda* que as Teses de Abril são opinião pessoal de Lênin.
18/1-5 de maio. P. N. Miliukov, ministro das Relações Exteriores, emite nota a favor de manter acordos firmados pelo tsarismo a propósito dos "objetivos" da guerra.
20/3-5 de maio. Manifestações públicas protestam contra a nota de Miliukov. Congresso de delegados siberianos em Tomsk discute administração regional para a Sibéria.
21/4-5 de maio. Governo provisório constitui um Comitê Central com o propósito de preparar uma Lei Agrária para ser discutida pela Assembleia Constituinte.
23/6-5 de maio. Governo provisório aprova estatutos de organização dos comitês de fábrica.
24-29/7-12 de maio. Conferência Pan-Russa do Partido Bolchevique em Petrogrado (151 delegados, representando 80 mil militantes). Aprovadas as Teses de Abril, de V. I. Lênin.

26/8 de maio. O Comitê Executivo Central do Soviete de Operários e Soldados propõe aos partidos socialistas uma conferência mundial em Estocolmo para debater a guerra e a paz.

30/13 de maio. A. I. Guchkov, ministro da Guerra e da Marinha, renuncia. Dois dias depois, também renuncia P. N. Miliukov.

MAIO

4-20/17 de maio-2 de junho. Congresso Pan-Russo de Deputados Camponeses em Petrogrado, na Casa do Povo (1115 delegados: 537 SRS, 465 sem partido, 103 sociais-democratas). O Congresso elege um Comitê Executivo Central de trinta dirigentes, presidido pelo SR N. D. Avxentiev. Aprovadas as 242 recomendações dos camponeses prevendo a nacionalização de toda a terra, sem indenização.

4/17. L. Trótski chega a Petrogrado.

5/18. Formação do segundo governo provisório (GP) (Primeira Coalizão). Ingresso de dirigentes soviéticos no GP.

6/19. Congresso do Exército ucraniano declara a autonomia da Ucrânia.

30/12 de junho. Congresso camponês ucraniano pronuncia-se por uma República Federal e pela autonomia da Ucrânia. Primeira conferência dos comitês de empresa, em Petrogrado (421 delegados aprovam a proposta de controle operário nas fábricas; hegemonia bolchevique).

JUNHO

3-24/16 de junho-6 de julho. Primeiro Congresso dos Sovietes de Operários e Soldados de Toda a Rússia (882 deputados com direito a voto e 208 com direito apenas a voz: 285 SRS, 248 mencheviques, 105 bolcheviques; 32 internacionalistas; 73 socialistas sem partido; dez sociais-democratas unidos; vinte simpatizantes dos SRS; oito simpatizantes dos mencheviques; dez do partido socialista judeu (Bund); três do Grupo Unidade/Edinstvo (de G. Plekhanov); três socialistas-populistas; cinco trabalhistas/Trudoviks; um anarco-comunista; dois simpatizantes de SRs e de sociais-democratas). Eleição de um CEC formado por 104 mencheviques, 99 SRs, 35 bolcheviques e dezoito de outras filiações. GP propõe conferência dos Aliados para acabar com a guerra e adiamento da questão nacional da Ucrânia para a Assembleia Constituinte.

4/17. O governo provisório decreta autogoverno para a Sibéria e o Extremo Oriente.

7/20. O governo provisório determina o fechamento do Clube Durnovo, de orientação anarquista e sede dos sindicatos do bairro de Viborg.

9/22. Reuniões e protestos contra o fechamento do Clube Durnovo, reunindo 150 delegados de fábricas e unidades militares. Programada manifestação para o dia seguinte.

10/23. Manifestação convocada é adiada por decisão do Congresso dos Sovietes. Bolcheviques e anarquistas aceitam a decisão.

11/24. Assembleia (Rada) ucraniana formula seu "Primeiro Universal" e proclama a autonomia da Ucrânia.

14/27. Governo provisório estabelece a data de 30 de setembro/13 de outubro para a abertura da Assembleia Constituinte.

18/10 de julho. Grande manifestação pública convocada pelo congresso soviético evidencia força dos bolcheviques e de suas palavras de ordem. Anarquistas atacam prisão e libertam presos políticos. Tropas do governo provisório voltam a atacar o Clube Durnovo, matando um anarquista e prendendo outros 59. Tem início uma ofensiva militar russa na Galícia.

21-28/4-11 de julho. Conferência dos Sindicatos de toda a Rússia em Petrogrado (220 delegados, representando 1,475 milhão de filiados; 120 mencheviques, SRs e simpatizantes; oitenta bolcheviques). Teses bolcheviques derrotadas. Conselho Central eleito: dezesseis mencheviques, três SRs e dezesseis bolcheviques; Comissão Executiva: cinco mencheviques e quatro bolcheviques.

28/11 de julho. Derrota da ofensiva militar russa na Galícia.

29 de junho-7 de julho/12-20 de julho. Conferência das organizações militares bolcheviques em Petrogrado: 107 delegados representando 26 mil militantes.

JULHO

2/15. Governo provisório declara a autonomia nacional para a Ucrânia.

3/16. Ministros kadetes renunciam aos cargos no GP em protesto.

3-5/16-18. Crise de Julho. Manifestações em Petrogrado com slogans bolcheviques.

4/17. A seção operária do soviete de Petrogrado, hegemonizada pelos bolcheviques, aprova resolução de tomar o governo e constitui comissão de quinze militantes para encaminhar a proposta na prática. Em contraste, V. Lênin lidera a posição de recuo.

5/18. Bolcheviques são acusados de ser agentes alemães pela imprensa favorável ao governo.

6/19. Ordem de prisão dos líderes bolcheviques. Fechamento de jornais bolcheviques. L. Kamenev e L. Trótski são presos. Desastre militar russo perto de Tarnopol. Assembleia (Seim) finlandesa proclama a autonomia da Finlândia.

7/20. Renúncia do príncipe Lvov à chefia do GP. A. Kerenski torna-se chefe do GP (primeiro-ministro).

8/21. Em Oremburgo, congresso dos quirguizes declara autonomia regional.

12/25. Governo provisório restabelece pena de morte no front militar (fora abolida em 12/25 de março).

18-22/31 de julho-4 de agosto. Conferência dos anarquistas do sul da Rússia, em Karkhov, Ucrânia.

19/10 de agosto. Governo provisório designa general Kornilov como supremo comandante em chefe.

24/6 de agosto. Instalação do terceiro governo provisório (Segunda Coalizão). A. Kerenski confirmado como chefe do GP (primeiro-ministro).

26 de julho-3 de agosto/8-16 de agosto. VI Congresso do Partido Bolchevique, em Petrogrado, realizado na semilegalidade (175 delegados, representando 112 organizações com cerca de 177 mil militantes).

AGOSTO

6/19. Conferência dos comitês de fábrica em Moscou pede a transferência de todo o poder aos sovietes.

7-12/20-25. II Conferência dos Comitês de Fábrica de Petrograde.

11/24. Primeira publicação do jornal *Golos Truda*, anarcossindicalista.

12-15/25-28. Conferência de Estado em Moscou.

16/29. Abre-se em Moscou uma Assembleia/Sobor da Igreja de Toda a Rússia.

21/3 de setembro. Tropas alemães ocupam Riga.

23/5 de setembro. Conferência dos socialistas de esquerda, a chamada III Conferência de Zimmerwald, reúne-se em Estocolmo.

25 de agosto-10 de setembro/7-14 de setembro. Moscou. I Conferência Pan-Russa dos Anarcossindicalistas.

26-30/8-12 de setembro. Tentativa de golpe de Estado do general L. Kornilov. Após a derrota do golpe de Estado, crise do terceiro governo provisório (Segunda Coalizão).

28/10 de setembro. Autorizado oficialmente o armamento de operários — a Guarda Vermelha.

SETEMBRO

1/14. Proclamada a República. Formado um diretório de cinco líderes para se responsabilizar pelo Estado (Kerenski, Tereshchenko, Verkhóvski, Verderevski e Nikitin), enquanto não se forma um novo governo provisório.

3/16. CEC dos Sovietes de Operários e Soldados e CEC dos camponeses convocam um Congresso democrático.

12/25. Texto de V. Lênin: "Os bolcheviques devem assumir o poder".

13/26. Texto de Lênin: "Marxismo e insurreição".

14/27. Conferência Democrática de Toda a Rússia abre-se em Petrogrado, no Teatro Alexandrinsky — questão maior: ministros burgueses entram ou não num quarto governo provisório (Terceira Coalizão).

21/4 de outubro. Conferência Democrática forma Conselho Provisório da República Russa (Pré-Parlamento).

23/6 de outubro. Greve dos ferroviários. CEC dos Sovietes de Toda a Rússia convoca o II Congresso dos Sovietes de Toda a Rússia para o dia 21 de outubro/3 de novembro.

25/7 de outubro. Formação do quarto governo provisório (Terceira Coalizão): três SRs de direita, três mencheviques, quatro kadetes, quatro socialistas sem partido e dois sem partido.

25/8 de outubro. L. Trótski eleito presidente do soviete de Pite, consagrando a hegemonia bolchevique.

29/12 de outubro. Ultimato de Lênin ao Comitê Central do Partido Bolchevique a propósito da insurreição.

OUTUBRO

5/18. Governo provisório resolve transferir a capital para Moscou. Bolcheviques decidem retirar-se do Pré-Parlamento (contra o voto de L. Kamenev). Assembleia (Rada) dos Cossacos de Kuban proclama a independência da República de Kuban no contexto de uma Federação das Nacionalidades da Rússia. Congresso dos Muçulmanos de Oremburgo aprova a autonomia nacional cultural.

7/20. Abre-se o Conselho Provisório da República Russa, chamado Pré-Parlamento (555 delegados: 388 delegados dos partidos nos sovietes, ditos, a Democracia; 167 representando kadetes, cossacos, outras nacionalidades etc.). Bolcheviques denunciam o Conselho e abandonam o recinto. Em Kuban a Assembleia (Rada) resolve formar a União do Sudeste, incluindo os cossacos de Kuban, Don, Terek e Astrakhan e os povos do norte do Cáucaso.

8/21. V. Lênin escreve cartas para os bolcheviques que participam do Congresso dos Sovietes da Região Norte, reiterando a urgência de uma insurreição armada.

10/23. Comitê Central do Partido Bolchevique decide pela insurreição armada para depor o governo provisório.

11/24. Abre-se em Petrogrado o Congresso dos Sovietes da Região Norte, instância não reconhecida pelo CEC. Aprovada proposta de transferir "todo o poder" aos sovietes.

12/25. Formação do Comitê Militar Revolucionário (CMR) no soviete de Petrogrado, para, oficialmente, organizar a defesa de Petrogrado com soldados e operários.

16/29. Carta aos Camaradas. V. Lênin polemiza com L. Kamenev e G. Zinoviev sobre a oportunidade da insurreição. Nova reunião do Comitê Central dos Bolcheviques reitera a insurreição como "tarefa imediata". O Partido Bolchevique registra a existência de 400 mil filiados. O Comitê Central Bolchevique organiza um centro militar próprio.

17/30. O CEC do Soviete de Toda a Rússia adia a abertura do II Congresso dos Sovietes de Toda a Rússia para 25 de outubro/7 de novembro (a data anterior era 21 de outubro/3 de novembro).

18/31. Congresso Pan-Russo dos Comitês de Fábrica em Petrogrado aprova proposta de transferir "todo o poder" aos sovietes. O jornal *Novaia Jizn* publica denúncia de L. Kamenev e G. Zinoviev sobre os planos insurrecionais dos bolcheviques. Lênin escreve cartas condenando-os. L. Kamenev demite-se do Comitê Central.

21/3 de novembro. A guarnição de Petrogrado reconhece a autoridade suprema do Comitê Militar Revolucionário (CMR) e aprova a transferência de "todo o poder" aos sovietes.

22/4 de novembro. O CMR ordena que a guarnição de Petrogrado não obedeça mais às ordens do Comando do Distrito Militar, subordinado ao governo provisório.

23/5 de novembro. O CMR designa comissários especiais para as diferentes unidades militares da guarnição.

24/6 de novembro. Tem início a insurreição revolucionária em Petrogrado. O governo provisório denuncia que a cidade está em estado de insurreição e chama em socorro as tropas da frente de batalha.

25/7 de novembro. Com o controle da cidade, o CMR declara deposto o governo provisório. Abre-se o II Congresso dos Sovietes de Toda a Rússia em Petrogrado, no Smolny. O general Kaledin assume o controle da região do Don. O Congresso militar moldavo proclama a autonomia da Bessarábia. Organizado um Comitê Militar Revolucionário em Moscou.

26/8 de novembro. O Palácio de Inverno cai sob controle das tropas insurretas. Partidos e grupos de oposição à insurreição formam um "Comitê de salvação do país e da revolução". A. Kerenski tenta organizar tropas no norte para esmagar a insurreição. O II Congresso dos Sovietes de Toda a Rússia assume todo o poder e formula os decretos sobre a paz e sobre a terra. Formado um primeiro governo soviético, o Conselho dos Comissários do Povo (CCP), o Sovnarkom. Tropas revolucionárias ocupam o Kremlin em Moscou.

29/11 de novembro. O CCP decreta a jornada de trabalho de oito horas. Têm início negociações com o Pan-Russo dos Ferroviários (Vikjel).

30-31/12-13 de novembro. Derrota das tropas de A. Kerenski em Pulkovo, nas cercanias de Petrogrado.

NOVEMBRO

2/15. Vitória revolucionária em Moscou, sob liderança dos bolcheviques. CCP decreta direito dos povos da Rússia à autodeterminação nacional.

7/20. A Assembleia (Rada) ucraniana proclama a República Nacional da Ucrânia. O CCP ordena ao alto-comando que abra negociações para um armistício.

8/21. L. Trótski propõe armistício geral ao embaixador francês.

9/22. O CCP publica os tratados secretos entre a Rússia, a Inglaterra e a França. O CCP nomeia N. Krylenko comandante em chefe dos Exércitos russos e conclama soldados e marinheiros a negociar com o inimigo.

10/23. O CCP abole distinções civis e de classe.

10-15/23-28. Congresso especial dos deputados camponeses em Petrogrado.

12-14/25-27. Eleições para a Assembleia Constituinte.

14/27. As potências centrais (Alemanha e Austro-Hungria) resolvem abrir negociações com o CCP. CEC decreta a Lei do Controle Operário. Acordo entre bolcheviques e SRs de esquerda cria condições para o ingresso dos SRs de esquerda no CCP.

15/28. Conselho nacional estoniano designa comitê para assumir funções de governo local. Formado governo regional da Transcaucásia.

18/10 de dezembro. Delegação russa parte para Brest-Litovski para iniciar negociações sobre um armistício.

19/2 de dezembro. Conselho nacional da Moldávia (Staful Tserii) proclama a República democrática da Moldávia como parte de uma República Federativa da Rússia.

20/3 de dezembro. General N. Dukhonin, ex-comandante em chefe dos Exércitos russos, é morto pelos soldados.

22/5 de dezembro. Acordo para a suspensão das hostilidades assinado em Brest-Litovski.

26/9 de dezembro. CCP declara guerra aos chefes cossacos (A. Kaledin, L. Kornilov, A. Dutov), agrupados no sul da Rússia. Abre-se o II Congresso dos Camponeses de Toda a Rússia em Petrogrado.

27/10 de dezembro. Assembleia Nacional Tártara (Kurultai) designa diretório de cinco dirigentes para formar um governo da República Tártara da Crimeia.

28/11 de dezembro. Congresso muçulmano proclama autonomia territorial do Turquestão.

DEZEMBRO

1/14. CEC estabelece o Conselho Nacional da Economia.

2/15. Assinatura do armistício em Brest-Litovski (válido até 10 de janeiro de 1918).

4/17. CCP envia ultimato à Rada ucraniana.

7/20. Formada a Comissão Extraordinária para o combate da contrarrevolução e da sabotagem (Tcheka).

9/22. Socialistas revolucionários de esquerda passam a integrar o CCP. Tropas romenas entram na Bessarábia.

10/23. Assembleia Nacional Tártara da Crimeia elege governo regional.

12/25. O I Congresso Soviético de Toda a Ucrânia, em Kharkov, elege um CEC para tomar o poder na Ucrânia.

13/26. Congresso quirguiz declara a autonomia do Quirguistão e forma um governo próprio.

14/27. CCP decreta a nacionalização dos bancos e o confisco dos depósitos em ouro.

18/31. O CCP reconhece a independência da Finlândia. Tropas soviéticas dispersam um congresso de russos-brancos. O chamado Exército de Voluntários, comandado pelo general M. Alekséiev, forma administração civil em Novocherkaask, província de Rostov, no sudoeste da Rússia.

23/5 de janeiro. Representantes da Rada ucraniana, apoiados pelos alemães, chegam a Brest-Litovski para negociar a paz com potências centrais. CCP dissolve o CC dos Zemstvos de toda a Rússia.

1918

JANEIRO

1/14. O Império Otomano propõe um tratado de paz ao governo independente do Cáucaso.

3/16. O CEC dos sovietes declara que na República russa todo o poder pertence aos sovietes e só é legítimo quando exercido por eles.

5/18. Instalação da Assembleia Constituinte. Bolcheviques e SRS de esquerda retiram-se.

6/19. O CEC dos sovietes dissolve a Assembleia Constituinte.

9/22. A Rada proclama a independência da Ucrânia.

10/23. O III Congresso Pan-Russo dos Sovietes de Toda a Rússia aprova a "Declaração dos direitos do povo trabalhador e explorado" e a dissolução da Assembleia Constituinte. Formado um Comitê Militar Revolucionário (CMR) cossaco para lutar contra as tropas do general A. Kaledin.

13/26. O III Congresso Pan-Russo dos Camponeses aprova a dissolução da Assembleia Constituinte.

15/28. O III Congresso Pan-Russo dos Camponeses aprova a Constituição da República Socialista Federativa Soviética da Rússia (RSFSR). O CCP decreta a organização de um Exército Vermelho operário-camponês.

16/29. Tem início uma guerra civil na Finlândia. Tropas soviéticas entram em Kiev, depondo a Rada ucraniana. O CEC dos sovietes em Kharkov proclama um governo revolucionário ucraniano.

18/31. O III Congresso dos Sovietes de Toda a Rússia adota a Lei Fundamental da Socialização da Terra.

19/10 de fevereiro. O patriarca da Igreja Ortodoxa excomunga os bolcheviques.

23/5 de fevereiro. Decretada a separação entre a Igreja e o Estado.

26/8 de fevereiro. CCP nacionaliza a Marinha Mercante. As tropas tcheco-eslovacas na Rússia declaram-se parte autônoma das forças tchecas na França.

28/10 de fevereiro. CCP anula os empréstimos contraídos pelos governos russos anteriores. Um congresso dos camponeses de toda a Sibéria aprova a constituição de um Parlamento (Duma) Regional. Os russos suspendem negociações em Brest-Litovski, adotando a posição "Nem paz nem guerra" (L. Trótski).

NA RÚSSIA REVOLUCIONÁRIA, O DIA 31 DE JANEIRO FOI SEGUIDO PELO DIA 14 DE FEVEREIRO, PARA AJUSTAR OS CALENDÁRIOS.

NA PARTE ORIENTAL DO PAÍS, O AJUSTE DE CALENDÁRIOS SÓ SE CONCRETIZOU EM 1920.

FEVEREIRO

16. Alemães declaram que, a partir do dia 19, o armistício será revogado.

18. CCP aceita os termos impostos pelos alemães.

25. O Exército Vermelho ocupa Novocherkaask, capital da região do Don.

27. Diplomatas dos Estados aliados deixam Petrogrado.

MARÇO

3. Assinado tratado de paz de Brest-Litovski.

5. Tropas inglesas desembarcam em Mursmank, no norte da Rússia.

6-8. VII Congresso do Partido Bolchevique. Aprovadas a paz de Brest-Litovski e a mudança de nome do partido para Partido Comunista (Bolchevique) da Rússia.

12. Moscou torna-se a sede do governo revolucionário.

14-16. IV Congresso dos Sovietes ratifica a paz de Brest-Litovski.

16. Tropas alemãs ocupam Kiev.

26. Acordo prevendo evacuação da legião tcheca da Rússia.

ABRIL

5. Desembarque de tropas japonesas e inglesas em Vladivostok, no Extremo Oriente da Rússia. Tropas alemãs tomam Kharkov, na Ucrânia oriental.

9. Tropas romenas ocupam a Bessarábia.
11. Clubes anarquistas são fechados pelo CCP.
13. Tropas alemãs ocupam Odessa, no mar Negro.
15. Tropas turcas ocupam Batum, na Geórgia.
20. Tropas alemãs ocupam a Crimeia.
22. República Transcaucásia declara independência. O CCP nacionaliza o comércio externo.

Fontes:

BUNYAN, J.; FISHER, H. H. *The Bolshevik Revolution, 1917-1918*. Stanford: Stanford University Press; Londres: H. Milford, Oxford University Press, 1934.

RABINOVITCH, A. *The Bolsheviks Come to Power: The Revolution of 1917 in Petrograd*. Chicago: Haymarket; Londres: Pluto, 2004. (1. ed., 1976.)

Referências bibliográficas

A historiografia sobre a Revolução Russa, como se sabe, é gigantesca. Na seleção dos textos, priorizei alguns critérios:
1) o período a que se dedicou a presente antologia — 1917-8;
2) interpretações e documentos de época ou produzidos nos anos 1920 e 1930;
3) diversidade temática e de ângulos historiográficos;
4) autores russos, transliterados em português, títulos em russo e tradução destes para o português (ênfase em coleção de documentos, testemunhos e materiais);
5) autores brasileiros.

Certo de que será impossível satisfazer a todos, espero ao menos que as indicações possam incentivar a construção de olhares brasileiros sobre as revoluções russas.

ABRAMOVITCH, R. R. *The Soviet Revolution, 1917-1939*. Nova York: International Universities Press, 1962.

Академия наук СССР, Институт истории/ Academia de Ciências da URSS, Instituto de História. Петроградскии военно-революционый комитет: Документы и материялы/ *Comitê Militar Revolucionário de Petrogrado: Documentos e materiais*. Org. de D. A. Chugaev. 3 v. Moscou: Издательство Академии Наук СССР/ Ed. da Academia de Ciências da URSS, 1966.

_____. Революционное движение в России после свержения самодержавия/ *O movimento revolucionário na Rússia depois da derrubada da autocracia*. Org. de D. A. Chugaev et al. Moscou: Издательство Академии Наук СССР/ Ed. da Academia de Ciências da URSS, 1957.

Академия наук СССР, Институт истории/ Academia de Ciências da URSS, Instituto de História. Великая октябрьскаия револютция: Октябрьское вооруженное восстание в Петрограде. Документы и материялы/ *A grande Revolução de Outubro: A insurreição armada em Petrogrado. Documentos e materiais*. Org. de G. N. Golikov et al. Moscou: Издательство Академии Наук СССР/ Ed. da Academia de Ciências da URSS, 1957.

AKHUN, M. I.; PETROV, V. A. 1917 год в Петроград: хроника событии и библиография/ *O ano de 1917 em Petrogrado: Crônica dos acontecimentos e bibliografia*. Leningrado: Lenpartizdat, 1933.

ANTONOV-OVSEENKO, V. A. В семнадцатом году. Moscou: Gosizdat, 1933.

ANWEILER, O. *The Soviets: The Russian Workers', Peasants', and Soldiers' Councils, 1905-1921*. Trad. para o inglês de Ruth Hein. Nova York: Pantheon, 1974.

ARCHINOV. *História do movimento Macnovista* (*A insurreição dos camponeses da Ucrânia*). Prólogo de Voline. Lisboa: Assirio & Alvim, 1976.

AUNOBLE, E. *La Révolution russe, une histoire française. Lectures et représentations depuis 1917*. Paris: La Fabrique, 2016.

AVRICH, P. "The Bolchevik Revolution and Workers' Control in Russian Industry". *Slavic Review*, pp. 47-63, mar. 1963.

______. *The Russian Anarchists*. Princeton: Princeton University Press, 1967.

BAIROCH, P. "Niveaux de croissance au XIXeme siècle". In: *Annales E.S.C*, n. 6, pp. 1091-118, 1965.

BAMMATE, Haidar. *Le Caucase et la révolution russe*. Paris: Union Nationale des Émigrés de la République du Caucase du Nord, 1929.

BAYNAC, J. *Les Socialistes-révolutionnaires*. Paris: Laffont, 1979.

BERDIAEV, N. *Les Sources et le sens du communisme russe*. Paris: Gallimard, 1951.

BERLIN, I. *Pensadores russos*. São Paulo: Companhia das Letras, 1988.

BERNSHTAM, M. S. Независимое рабочие дивижение в 1918 году/ *O movimento dos operários independentes em 1918*. Paris: [s.n.], 1981.

BIENSTOCK, J. W. *Lettres de l'Impératrice Alexandra Feodorovna à l'Empereur Nicolas II*. Paris: Payot, 1924.

BLOK, A. "Os doze"; "Catilina" e "O povo e a intelligentsia".

BOGDANOVITCH, E. V. Историческое паломничество нашего Царя в 1913 году/ *A peregrinação histórica de nosso tsar em 1913*. São Petersburgo: [s.n.], 1914.

BONCH-BRUEVICH, V. На боевых постах февральской и октябрьбкой революции/ *No posto de combate nas revoluções de fevereiro e de outubro*. Moscou: Federatsia, 1931.

BRINTON, M. *Os bolcheviques e o controle operário*. Porto: Afrontamento, 1975.

BROVKIN, Vladimir. *The Mensheviks after October*. Ithaca: Cornell University Press, 1987.

BROWDER, R.; KERENSKI, A. *The Russian Provisional Government, 1917: Documents*. Stanford: Stanford University Press, 1961. 3 v.

BUCHANAN, G. *My Mission to Russia and Other Diplomatic Memoirs*. Londres: Cassel, 1923. 2 v.

BUNYAN, J. *Intervention, Civil War, and Communism in Russia, April-December, 1918*. Documents and Materials. Baltimore: The Johns Hopkins Press, 1936.

BUNYAN, J.; FISHER, H. H. *The Bolshevik Revolution. 1917--1918*. Stanford: Stanford University Press; Londres: Oxford University Press, 1934.

BUTENKO, A. F.; CHUGAEV, D. A. (Orgs.). Второй всероссииски съезд советов рабочих и солдатских депутатов: сборник документов/ *Segundo Congresso dos Sovietes de Deputados Operários e Soldados: Coleção de documentos*. Moscou: Gospolitizdat, 1957.

BYRNES, R. F. *Pobedonostsev: His Life and Thought*. Bloomington: Indiana University Press, 1968.

CARR, E. H. *A revolução bolchevique, 1917-1923*. Porto: Afrontamento, 1977. 3 v.

CARRERE D'ENCAUSSE, H. *Réforme et révolution chez les Musulmans de l'Empire russe*. Paris: A. Colin, 1966.

CHAADAEVA, O. (Org.). Солдатские письма 1917 года/ *Cartas de soldados no ano de 1917*. Moscou: Gosizdat, 1927.

CHAMBERLIN, W. H. *The Russian Revolution, 1917-1921*. Nova York: Macmillan, 1935. 2 v.

CHERNOV, V. *The Great Russian Revolution*. Trad. e org. de P. E. Mosely. New Haven: Yale University Press, 1936.

CHOPARD, T. *Le Martyre de Kiev: 1919. L'Ukraine en révolution, entre terreur soviétique, nationalisme et antisémitisme*. Paris: Vendemiaire, 2015.

COCKS, S. *The Secret Treaties and Understandings. Texts of the Available Documents*. Londres: Union of Democratic Control, 1918.

COHEN, S. *Bukharin e a revolução bolchevik*. São Paulo: Paz e Terra, 1990.

CONQUEST, R. *O último dos impérios*. São Paulo: Dominus, 1964.

_____. *O Grande Terror. Os expurgos de Stálin*. São Paulo: Expressão Cultura, 1970.

CUMMING, C. K.; PETIT, W. W. (Orgs.). *Russian-American Relations, March 1917-March 1920, Documents and Papers*. Westport: Hyperion, 1920.

DAN, F. I. К истории последных дней Временого Правительства/ "Para a história dos últimos dias do governo provisório". Летопис Революции/ *Anais da Revolução*, 1923.

DANIELS, R. V. *Red October*. Nova York: Scribners, 1967.

DENIKIN, A. I. *The Russian Turmoil*. Londres: Hutchinson & Co., 1922.

_____. *The White Army*. Londres: J. Cape, 1930. 2 v.

DEUTSCHER, I. *O profeta armado*. Rio de Janeiro: Civilização Brasileira, 1966.

Документальное наследие Анархисты. Документы и материалы/ Patrimônio documental dos anarquistas. *Documentos e materiais*. Moscou: росспэн, 1999. v. 2, 1917-1935.

DUNE, Eduard M. *Notes of a Red Guard*. Urbana; Chicago: University of Illinois Press, 1993.

ELLEINSTEIN, J. *A revolução das revoluções, a propósito da história da revolução soviética*. Lisboa: Ed. Prelo, 1975.

FAYET, J.-F.; PREZIOZO, S.; HAVER, G. (Orgs.). *Le Totalitarisme en question*. Paris: L'Harmattan, 2008.

FERON, B. *La Russie, espoirs et dangers*. Paris: Le Monde; Marabout, 1995.

FERRO, M. *La Révolution de 1917. Février-octobre*. Paris: Aubier-Montaigne, 1967. 2 v.

_____. *1917. Les Hommes de la révolution*. Paris: Omnibus, 2011.

_____. *Nicolas II*. Paris: Payot, 1990.

_____. *Des Soviets au communisme bureacratique*. Paris: Gallimard; Julliard, 1980.

FISHER, L. *The Soviet in World Affairs: a History of Relations between the Soviet Union and the Rest of the World*. Londres: J. Cape, 1930.

FITZPATRICK, S. *La revolución rusa*. Buenos Aires: Siglo Veinteuno, 2012.

FLORINSKI, M. *The Fall of the Russian Empire*. Nova York: Collier, 1961.

FRAME, M.; KOLONITSKII, B.; MARKS, S. G.; STOCKDALE, M. K. (Orgs.). *Russian Culture in War and in Revolution, 1914-1922*. Bloomington: Slavica Publishers; Indiana University, 2016. 2 v.

FURET, F. *Le Passé d'une illusion*. Paris: Laffont; C. Lévy, 1995.

GALILI, Z. *The Menchevik Leaders in the Russian Revolution: Social Realities and Political Strategies*. Princeton: Princeton University Press, 1989.

GAPONENKO, L. S. (Org.). Революционное движение в Русской армии/ *O movimento revolucionário no Exército russo*. Moscou: Nauka, 1968.

GETTY, J. A. *Origins of the Great Purges: The Soviet Communist Party Reconsidered, 1933-1938*. Londres: Cambridge University Press, 1987.

GETTY, J. A.; NAUMOV, O. V. (Orgs.). *The Road to Terror: Stalin and the Self-Destruction of the Bolsheviks, 1932-1939*. New Haven: Yale University Press, 1999.

GETZLER, I. *Nikolai Sukhanov*. Oxford: Palgrave, 2002.

_____. *Martov: A Political Biography of a Russian Social Democrat*. Londres: Cambridge University Press, 1967.

GILLIARD, P. *Le Tragique Destin de Nicolas II et de sa famille*. Paris: Payot, 1921.

GIRAULT, R. *Diplomatie européenne et impérialisme, 1871-1914*. Paris: Masson, 1979.

GOLDER, F. A. *Documents of Russian History, 1914-1917*. Nova York: Century, 1927.

GORKY, M. *Untimely Thoughts: Essays on Revolution, Culture and the Bolsheviks, 1917-1918*. Trad. de Herman Ermolaev. New Haven: Yale University Press, 1995.

_____. *Écrits de révolution*. Trad. de André Pierre. Paris: Stock, 1922.

GORSUCH, A. E. *Youth in Revolutionary Russia: Enthusiasts, Bohemians, Delinquents*. Bloomington: Indiana University Press, 2000.

GRINEVETSKY, V. I. Послевоенный перспестивы русской промышленность, Москва/ *Perspectivas da produção industrial russa depois da guerra*. Moscou: [s.n.], 1922.

GROSSKOPF, S. *L'Alliance ouvrière et paysanne en URSS (1921-1928): Le problème du blé*. Paris: François Maspero, 1976.

HAIMSON, L. H. (Org.). *The Mencheviks: from the Revolution of 1917 to the Second World War*. Chicago: Chicago University Press, 1974.

HOBSBAWN, E. *A história do marxismo*. São Paulo: Paz e Terra, 1982-5. vv. II-V.

IGRITSKY, I. V. *1917* год в деревне: Воспоминания крестьян/ *O ano de 1917 na aldeia: Recordações dos camponeses*. Moscou: [s.n.], 1919.

INGERFLOM, C. *Le Tsar c'est moi*. Paris: PUF, 2015.

_____. "A modernidade sem o Estado: Por uma história política descentralizada". In: AARÃO REIS, D. et al. (Orgs). *Tradições e modernidades*. Rio de Janeiro: FGV, 2010. pp. 257-82.

_____. "Sobre el concepto de Estado en la historia de Rusia". In: *Historia Contemporânea*, Bilbao, Espanha, n. 28, v. 1, pp. 53-60, 2004.

KANEV, S. Октябрьская революция и крах анархизма (борьба партии болшеников против анархизма/ *A Revolução de Outubro e o colapso do anarquismo (luta do partido bolchevique contra o anarquismo), 1917-1922*. Moscou: [s.n.], 1975.

KATKOV, G. *Russia, 1917. The February Revolution*. Nova York: Harper & Row, 1967.

KERENSKI, A. *Prelude to Bolshevism: The Kornilov Rising*. Nova York: Dodd, Mead and Co., 1919.

_____. *The Catastrophe: Kerensky's Own Story of the Russian Revolution*. Nova York: Appleton-Century-Crofts, 1927.

KLIUCHNIKOV, Yu; SABANIN, A. V. Международная политика новеишего времени в договорах, нотах и декларациах/ *A política internacional dos novos tempos através de tratados, notas e declarações*. Moscou: [s.n.], 1923-8. 3 v.

KNIPOVITCH, B. N. Очерк деятельности народного комиссариата земледелия за три года, 1917-1920, Москва, 1920/ *Esboço das atividades do Comissariado do Povo para a Agricultura ao longo de três anos, 1917-1920*. Moscou: [s.n.], 1920.

KNOX, A. *With the Russian Army. 1914-1917*. Londres: Hutchinson & Co., 1921. 2 v.

KOLONITSKI, B. Символы и борьба за власть: к изучению политической културы Россииской революция 1917 года/ *Símbolos de poder e luta pelo poder: Para o conhecimento da cultura política na Revolução Russa de 1917*. [S.l.]: SPB, "Faces of Russia", 2011.

_____. Погоны и борьба за власть в 1917 году/ *Distintivos e luta pelo poder no ano de 1917*. Ostrov: SPB, 2001.

KOLONITSKI, B.; FIGES, O. *Interpreting the Russian Revolution: The Language and Symbols of 1917*. New Haven; Londres: Yale University Press, 1999.

KOENKER, D. *Moscow Workers and the 1917 Revolution*. Princeton: Princeton University Press, 1981.

_____; ROSENBERG, W. G. *Strikes and Revolution in Russia, 1917*. Princeton: Princeton University Press, 1989.

KOTELNIKOV, K. G.; MELLER, V. L. Крестянское движение в 1917 году/ *O movimento camponês no ano de 1917*. Moscou--Leningrado: [s.n.], 1927.

KOTSONIS, Y. *States of Obligation: Taxes and Citizenship in the Russian Empire and the Early Soviet Republic*. Toronto: University of Toronto Press, 2014.

KOUSTOVA, E. "Les Fêtes révolutionnaires russes entre 1917 et 1920: Des pratiques multiples et une matrice commune". *Cahiers du Monde Russe*, v. 47/4, pp. 683-714, 2006.

KOUSTOVA, E. “De la ‘Fête partisane’ à la ‘fête d’Etat’: Célébrations et rituels révolutionnaires au lendemain d’Octobre”. *Le Mouvement Social*, n. 212, pp. 59-76, jul.-set. 2005.

Красных, Е. Князь Феликс Юсупов: Биография/ *O príncipe Felix Iussupov: Biografia*. Moscou: Indrik, 2012.

KRASSIN, L. *Leonid Krassin: His Life and Work*. Londres: Skeffington, 1929.

LA CHESNAIS, P. G. *Les Peuples de la Transcaucasie pendant la guerre et devant la paix*. Paris: Bossard, 1921.

LÊNIN, V. I. Полное собрание сочинении/ *Obras completas*. Moscou: Gospolitizdat, 1958-65. 55 v.

_____. *Toward the Seizure of Power*. Nova York: [s.n.], 1932. 2 v.

_____. *Oeuvres complètes*. Paris; Moscou: Sociales; Progrès, 1966-72. 46 v.

LEONTOVITCH, V. *Histoire du libéralisme en Russie*. Paris: Fayard, 1974.

LEROY-BEAULIEU, A. *L’Empire des tsars et les russes*. Paris: Laffont, 1991. (1. ed., 1898.)

LEWIN, Moshe. *The Making of the Soviet Union*. Nova York: Pantheon 1985.

_____. *Russia/USSR/Russia*. Nova York: New Press, 1995.

_____. *O século soviético*. Rio de Janeiro: Record, 2007.

LINHART, R. *Lênin, os camponeses, Taylor*. São Paulo: Marco Zero, 1983.

LORIS-MELICOF, J. *La Révolution russe et les nouvelles républiques transcaucasiennes*. Paris: F. Alcan, 1920.

LUKOMSKY, A. *Memoirs of the Russian Revolution*. Londres: T. F. Unwin, 1922.

LUNATCHARSKI, A. *Revolutionary Silhouettes*. Trad. e org. de Michael Glenny. Londres: Penguin, 1967.

MAKHNO, N. *A revolução contra a revolução*. São Paulo: Cortez, 1988.

MANDEL, D. *The Petrograd Workers and the Soviet Seizure of Power: From the July Days 1917 to July 1918*. Nova York: St. Martin’s, 1984.

MARCU, V. *Lenine, 1870-1924*. Paris: Payot, 1930.

MEDVEDEV, Roy. *La Révolution d’Octobre était-elle inéluctable?*. Paris: Albin Michel, 1976.

MELGUNOV, S. P. *The Bolshevik Seizure of Power*. Santa Barbara: ABC-Clio, 1972.

MILIUKOV, P. N. Изтория второй русской революции/ *História da segunda Revolução Russa*. Sófia: Rossiisko-Bolgarskoe knigoizdatelstvo, 1921-4. 3 v.

______. Историа второй русской революции/ *The Russian Revolution*. [S.l.]: Academic International Press, 1978. 3 v.

MILIUTIN, V. P. Историа экономического развития СССР, 1917-1927/ *História do desenvolvimento econômico da URSS*. Moscou; Leningrado: [s.n.], 1929.

NICOLAEVSKII, B. I. Меньшевики в дни октябрьского перевота/ *Os mencheviques nos dias da Revolução de Outubro*. Projeto interuniversitário sobre a história do movimento menchevique. Paper n. 8, Nova York, 1952.

NOVE, A. *An Economic History of the URSS*. Londres: Penguin, 1990.

OLDENBURG, S. *Le Coup d'état bolcheviste, 20 octobre-décembre 1917: Recueil des documents relatifs à la prise du pouvoir par les bolchevistes*. Paris: [s.n.], 1929.

PALEOLOGUE, M. *Le Crépuscule des tsars* (*Journal, 1914-1917*). Paris: Mercure de France, 2007.

PALMIER, J-M. *Lénine, l'art et la révolution*. Paris: Payot, 1975.

PARTIDO COMUNISTA DA URSS (bolchevique). *História do Partido Comunista (bolchevique) da União Soviética*.

первый всеросииский сезд советов, р.и.с.д./ Primeiro Congresso dos Sovietes de Toda a Rússia. Moscou: [s.n.], 1930-1931. 2 v.

PETROGRAD, October, 1917. Moscou: Foreign Languages Publishing House, 1957.

PIPES, R. *História da Revolução Russa*. Rio de Janeiro: Record, 1995.

______. (Org.). *Revolutionnary Russia: A symposium*. Cambridge: Harvard University Press, 1968.

PODVOISKII, N. I. Год 1917/ *O ano de 1917*. Moscou: Gospolitizdat, 1958.

POKROVSKII, M. N.; IAKOVLEV, Ia. A. (Orgs.). Рабочее движение в 1917 году/ *O movimento operário no ano de 1917*. Moscou; Leningrado: Gosizdat, 1926.

POKROVSKII, M. N.; IAKOVLEV, Ia. A. (Orgs.). Разложение армии в 1917 году/ *A dissolução do Exército em 1917*. Moscou; Leningrado: Gosizdat, 1925.

_____. Второй всероссиские съезд советов Р. и С./ *II Congresso Pan-Russo de Operários e Soldados*. Moscou; Leningrado: Gosizdat, 1928.

POPOV, A. L. Октибряский перевот: факты и документы/ *O golpe de Estado de outubro: Fatos e documentos*. Petrogrado: [s.n.], 1918.

POZNANSKI, R. *Intelligentsia et révolution: Trois écrivains russes confrontés aux événements révolutionnaires de 1917*. Tese apresentada ao Institut d'Études Politiques de Paris. Études politiques et sociales sur l'URSS, 1978.

RABINOVITCH, A. *Prelude to Revolution: The Petrograd Bolsheviks and the July 1917 Uprising*. Indiana: Bloomington, 1968.

_____. *The Bolsheviks Come do Power: The Revolution of 1917 in Petrograd*. Chicago: Haymarket; Londres: Pluto, 2004. (1. ed., Nova York: W. W. Norton and Co., 1976.)

RADKEY, O. H. *The Agrarian Foes of the Bolshevism*. Nova York: Columbia University Press, 1958.

RAPPAPORT, H. *Conspirator: Lenin in Exile*. Nova York: Basic Books, 2012.

RASKOLNIKOV, F. F. Кронстадт и Питер в 1917 году/ *Kronstadt e Piter no ano de 1917*. Moscou; Leningrado: Gosizdat, 1925.

REED, John. *Ten Days That Shook The World*. Nova York: Vintage, 1960. [Ed. bras.: *Dez dias que abalaram o mundo*. São Paulo: Companhia das Letras, 2010.]

REIS, D. A. *Uma revolução perdida: A história do socialismo soviético*. 2. ed. São Paulo: Perseu Abramo, 2007.

_____. *As revoluções russas e o socialismo soviético*. São Paulo: Ed. Unesp, 2004.

RETISH, A. *Russia's Peasants in Revolution and Civil War: Citzenship, Identity and the Creation of the Soviet State, 1914--1922*. Cambridge: Cambridge University Press, 2008.

RETISH, A.; BADCOCK, S.; NOVIKOVA, L. G. *Russia's Revolution in Regional Perspective, 1914-1921*. Bloomington: Slavica Press, Indiana University, 2015.

RITTERSPORN, G. T. "Nouvelles recherches, vieux problèmes". *Revue des Études Slaves*, t. 64, fasc. 1, pp. 9-25, 1992.

_____. *Simplifications staliniennes et complications soviétiques: Tensions sociales et conflits politiques en URSS, 1933-1953*. Paris: Archives Contemporains, 1988.

ROMANOV, N. Дневники императора Николая II-ого/ Дневники императора. *Diários do imperador Nicolau II/ Diários do imperador, 1894-1918*. Moscou: [s.n.], 1991.

ROSENBERG, W. G. *Liberals in the Russian Revolution: the Constitutional Democratic Party, 1917-1921*. Princeton: Princeton University Press, 1974.

_____. "Russian Labor and Bolshevik Power after October". *Slavic Review*, pp. 228-38, verão 1985.

ROSS, E. A. *The Russian Bolshevik Revolution*. Nova York: The Century Co., 1921.

SALMON, C. *Le Rêve mathématique de Nicolai Bukharine*. Paris: Sycomore, 1980.

SAZONOV, S. *Les Années fatales*. Paris: Payot, 1927.

SCHAPIRO, L. *Origins of the Communist Autocracy*. Nova York: Praeger, 1965.

SEGRILLO, A. *Os russos*. São Paulo: Contexto, 2012.

SELISHCHEV, A. M. Язык революционной эпохи/ *A língua da época revolucionária*. Moscou: [s.n.], 1928.

SETON-WATSON, H. *The Russian Empire, 1801-1917*. Oxford: Clarendon, 1967.

SHLIAPNIKOV, A. G. Семнадцатый год/ *O ano de 1917*. Moscou: [s.n.], 1923-5. 2 v.

SHUB, D. *Lénine*. Paris: Gallimard, 1972.

SMITH, S. A. *Red Petrograd: Revolution in the Factories, 1917-1918*. Cambridge (Ingl.); Nova York: Cambridge University Press, 1983.

STALIN, J. et al. *Histoire de la révolution russe*. Paris: Ed. Sociales, 1950. 3 v.

STEINBERG, I. N. *Quand J'Étais Commissaire du peuple*. Paris: Les Nuits Rouges, 2016.

STEINBERG, M.; KHRUSTALËV, V. *A queda dos Románov: A história documentada do cativeiro e execução do último czar russo e sua família*. Rio de Janeiro: Zahar, 1996. (1. ed. em inglês, 1995.)

SUKHANOV, N. N. Записки о революции/ *Notas sobre a revolução*. Berlim; Petersburgo; Moscou: Z. Grzhevin, 1922-3. 7 v.

_____. *The Russian Revolution, 1917*. Trad. e org. de Joel Carmichael. Nova York: Harper & Row, 1962. 2 v.

_____. *La Révolution russe*. Introd. de J. Carmichael. Paris: Stock, 1965. v. 1.

SUMPF, A. *Révolutions russes au cinéma: Naissance d'une nation, URSS, 1917-1985*. Paris: Armand Colin, 2015.

_____. *La Grande Guerre oubliée: Russie 1914-1918*. Paris: Perrin, 2014.

SUNY, R. G. *The Baku Commune, 1917-1918*. Princeton: Princeton University Press, 1972.

_____. "Revision and retreat in the historiography of 1917: Social history and its critics". *The Russian Review*, v. 53, pp. 165-82, abr. 1994.

_____. *State of Nations: Empire and Nation-Making in the Age of Lenin and Stalin*. Oxford: Oxford University Press, 2001.

SUNY, R.; ADAMS, A. *The Russian Revolution and Bolshevik Victory: Visions and Revisions*. Lexington (Mass.): D. C. Heath, 1990.

TCHERNYCHEVSKI, N. G. *O que fazer?*. Trad. de Angelo Segrillo. Curitiba: Prismas, 2015.

TRÓTSKI, L. D. От октября до Бреста/ *De outubro a Brest*. Moscou: [s.n.], 1924. Obras de Trótski, III, livro 2.

_____. *História da revolução russa*. Rio de Janeiro: Civilização Brasileira, 1966.

TSERETELI, I. G. Воспоминания о февральской революции/ *Recordações sobre a Revolução de Fevereiro*. Paris: Mouton, 1963. 2 v.

TUCKER, R. C. *The Lenin Anthology*. Nova York: Norton, 1975.

UNITED STATES Department of State. *Papers Relating to the Foreign Relations of the United States, 1918, Russia*. Washington DC, 1931-2. 3 v.

Великая октябрьская социялистическая революция: сборник воспоминамии участников революции в Петрограде и Москве/ *A grande revolução socialista de outubro: Co-*

leção de recordações dos participantes da revolução em Petrogrado e Moscou. Moscou: Gospolitizdat, 1957.

VENTURI, Franco. *Il populismo Russo*. Turim: Einaudi, 1972. 3 v.

VERKHÓVSKI, A. I. Россия на голгофе/ *O calvário russo*. Petrogrado: [s.n.], 1918.

VILLARD, O. G. *Full Texts of Secret Treaties as Revealed at Petrograd. The Sensational "Secret Diplomacy" Disclosures Made by Trotski when the Bolshevik Came in the Possession of the Russian Archives*. Nova York: [s.n.], 1918.

VOKOGONOV, D. *Le Vrai Lenine*. Paris: Laffont, 1995.

VOLINE, V. M. *Révolution inconnue, 1917-1921*. Paris: Pierre Belfond, 1969.

VYRUBOVA, A. *Memories of the Russian Court*. Nova York: Macmillan, 1923.

WADE, R. A. *Documents of Soviet History: The Triumph of Bolshevism. 1917-1919*. Gulf Breeze (Fl.): Academic International Press, 1991.

WERTH, N. *Histoire de l'Union Soviétique*. Paris: PUF, 1992.

_____. *The Russian Search for Peace: February-October 1917*. Stanford: Stanford University Press, 1969.

WILDMAN, A. K. *The End of the Russian Imperial Army*. Princeton: Princeton University Press, 1980-7. 2 v.

YUSSUPOV, F. *Rasputin, His Malignant Influence and His Assassination*. Trad. de Oswald Rayner. Londres: Jonathan Cape, [s.d.].

ZAKHAROVA, L.; AREL, D.; CADIOT, J. *Cacophonie d'empire: Le gouvernement des langues dans l'empire russe et en URSS*. Paris: CNRS, 2010.

Lista de traduções

CECÍLIA ROSAS

A Alemanha concordou em fazer um cessar-fogo em todos os fronts

A paz de Brest-Litowski: Expectativas e tensões

A situação na frente de batalha

Aos cidadãos da Rússia!

Carta a Iakov M. Sverdlóv

Carta ao presidente do Comitê Regional do Exército, Marinha e Operários da Finlândia, I. T. Smilga

Carta aos membros do Comitê Central

Chegada da delegação russa a Brest-Litovski

Comunicado da delegação de paz

Conferência bolchevique do Exército Vermelho

Declaração do Partido Operário Social-Democrata da Rússia (POSDR) (bolcheviques) sobre a reunião da assembleia constituinte

Declaração dos direitos do povo trabalhador e explorado

Decreto de prisão dos líderes da guerra civil contra a revolução

Decreto sobre a paz

Discurso aos soldados

Discurso de V. Lênin na praça da estação Finlândia para os trabalhadores, soldados e marinheiros

Do Comitê Agrário Central sobre o projeto de S. L. Maslov

Grande aniversário

Marxismo e insurreição

No curso do dia de ontem, o Comitê Militar Revolucionário ocupou todas as estações de estradas de ferro...

Notícias do dia: Os boatos de que uma paz...
O derramamento de sangue deve ser detido...
Os bolcheviques devem tomar o poder
Projeto de decreto sobre o controle operário
Resolução sobre a formação do governo operário e camponês
Reunião do Comitê Central do POSDR (B)
Reunião do Comitê Central POSDR (bolchevique)
Sobre o Congresso de Deputados Camponeses
Subscrição de assinaturas do jornal operário diário
Últimas notícias...
Uma lição dura, mas necessária

DANIEL ARÃO REIS

As tarefas imediatas do poder dos sovietes
Colaboração de classes com o capital ou luta de classes contra o capital?
Memória da revolução de fevereiro em Moscou
Novo conchavo
Rumo à III Internacional
Varshavianka/ A Varsoviana

ERICK FISZUK

"A Internacional" (hino)
A revolução de fevereiro de 1917
Congresso extraordinário
Declaração do governo provisório
Manifesto da federação ambulante dos futuristas
Manifesto de abdicação do imperador Nicolau II
Memorando ao tsar
Ordem de serviço nº 1
Primeiro Congresso Pan-Russo dos poeteiros (baiatchi) do futuro
Sessão noturna extraordinária do Comitê Executivo Central dos Sovietes de Deputados Operários, Soldados e Camponeses
Uma bofetada no gosto público

GRAZIELA SCHNEIDER URSO

À operária

KRISTINA BALYKOVA

Hoje em dia, as hienas do capital...

KRISTINA BALYKOVA E GRAZIELA SCHNEIDER URSO

A ceifa sangrenta
A efervescência revolucionária na Áustria continua...
À população operária de Petrogrado
Aos hospitais militares, civis e enfermarias da cidade de Petrogrado e de seus arredores
Aos mentirosos assustados
As decisões de Kronstadt
Assembleia Constituinte
Assinada a paz
Banqueiro e soldado (diálogo)
Canção e Primeiro de Maio
Carta para a redação
Congresso sobre a paz
Contra o despotismo
Cursos soviéticos de engenharia
Do Departamento de Organização e Instrução do Exército Vermelho
Do front
Do Primeiro Regimento Socialista de Metralhadores
Manifestação dos operários
Movimento sindical
No front de Kaledin
Nossa delegação de paz volta a Petrogrado...
Nota de convocação
Novas eleições para Soviete de Deputados Soldados e Operários
O Pravda e o fechamento da Assembleia Constituinte
O tratado de paz imposto...
Oração
Organização do Exército Vermelho
Os contrarrevolucionários russos liderados pelo príncipe Lvov...
Resolução do segundo regimento nacional de metralhadoras
Resolução dos soldados da guarnição de Kiev
Resolução sobre a guerra do Birô do Comitê Central do

Partido Operário Social-Democrata Russo (POSDR)
Sobre as relações com o governo provisório
Sobre o governo
Tática revolucionária
Todo o poder aos Sovietes!
Velho Parviáinen
Vida de guerra
Vida na guerra

MARINA SINEGUB DINIZ
Cartas de longe
I Congresso Pan-Russo de deputados soldados e trabalhadores
Resolução sobre o momento atual
Sobre a revolução de 1905
Três crises

LEIA MAIS PENGUIN-COMPANHIA

CLÁSSICOS

John Reed

Dez dias que abalaram o mundo

Tradução de
BERNARDO AZJENBERG
Introdução de
A. J .P. TAYLOR

Dez dias que abalaram o mundo é não só um testemunho vivo, narrado no calor dos acontecimentos, da Petrogrado nos dias da Revolução Russa de 1917, como também a obra que inaugura a grande reportagem no jornalismo moderno. A Universidade de Nova York elegeu este livro como um dos dez melhores trabalhos jornalísticos do século XX. Reed conviveu e conversou com os grandes líderes Lênin e Trotski, e acompanhou assembleias e manifestações de rua que marcariam a história da humanidade.

"Jack" Reed fixou a imagem do repórter romântico, que corre riscos e defende causas socialmente justas. Cobriu os grandes eventos de sua época — a Revolução Russa, a Revolução Mexicana e a Primeira Guerra Mundial. Suas coberturas serviram de inspiração para dois filmes clássicos dirigidos por Sergei Eisenstein, *Outubro* (1927) e *Viva México!* (1931). Em 1981, Warren Beatty dirigiu o filme Reds, no qual interpreta Reed.

Esta edição traz apêndice com notas e textos de panfletos, decretos, ordens e resoluções dos principais personagens e grupos ligados à revolução, além de introdução assinada pelo historiador A. J. P. Taylor.

Karl Marx e Friedrich Engels

Manifesto do Partido Comunista

Tradução de
SERGIO TELLAROLI
Posfácio de
MARSHALL BERMAN
Revisão técnica de
RICARDO MUSSE

Mais de vinte anos após a queda do Muro de Berlim e o fim da União Soviética, o legado intelectual de Karl Marx e Friedrich Engels ainda pode ajudar a compreender as transformações do mundo contemporâneo? A crise financeira deflagrada em 2008 escancarou as fragilidades estruturais do capitalismo e ratificou diversos postulados dos autores do *Manifesto do Partido Comunista*. Desde então, o grande número de reedições dos livros basilares do marxismo em todo o mundo atesta que o estudo das contradições inerentes à reprodução do capital tem se renovado e ampliado.

Análise militante da luta de classes, denúncia dos mecanismos de perpetuação da opressão, este que é um dos textos políticos mais influentes da história moderna retorna com o selo Penguin-Companhia das Letras para seguir provocando polêmicas e paixões.

Com tradução direta do alemão por Sergio Tellaroli e posfácio do filósofo marxista Marshall Berman, além de prefácios de Marx e Engels para edições em vários países, o *Manifesto* recupera a força explosiva da prosa original. Como afirma Berman, o autor de *O capital*, “ateu fazendo as vezes de profeta bíblico, ainda tem muito a dizer”.

Alexis de Tocqueville

Lembranças de 1848

As jornadas revolucionárias em Paris

Tradução de
MODESTO FLORENZANO

O ano é 1848. Ao longo de um inverno particularmente rigoroso, agitações políticas e sociais espalham-se pela França. A população de Paris, centro nevrálgico da monarquia, subleva-se no final de fevereiro, forçando a abdicação e a fuga do rei Luís Filipe. Uma forte reação conservadora, porém,logo se impõe no governo republicano e na nova Assembliea Constituinte. No mês de junho, dezenas de milhares de operários levantam barricadas na primeira revolução socialista moderna, cuja representação implacável resulta na morte de quase 5 mil pessoas.

Em *Lembranças de 1848*, Alexis de Tocqueville oferece à posteridade seu testemunho daquele momento crucial da história da França e de toda a Europa, reconstituindo com vividez os fatos e personagens do drama revolucionário de seu posto de vista de cidadão, deputado e ministro do "partido da ordem" (como Marx denominou as forças reacionárias de então).

Esta obra foi composta em Sabon por Alexandre Pimenta
e impressa em ofsete pela Geográfica sobre papel Pólen Soft da Suzano
Papel e Celulose para a Editora Schwarcz em julho de 2017

FSC
www.fsc.org
MISTO
Papel produzido
a partir de
fontes responsáveis
FSC® C019498

A marca FSC® é a garantia de que a madeira utilizada na fabricação do papel deste livro provém de florestas que foram gerenciadas de maneira ambientalmente correta, socialmente justa e economicamente viável, além de outras fontes de origem controlada.